USI ARTUSI ARTUSI
USI ARTUSI ARTUSI ARTUSI
USI ARTUSI ARTUSI ARTUSI
USI ARTUSI ARTUSI ARTUSI
USI ARTUSI ARTUSI ARTUSI
USI ARTUSI ARTUSI ARTUSI
USI ARTUSI ARTUSI ARTUSI
USI ARTUSI ARTUSI ARTUSI
USI ARTUSI ARTUSI ARTUSI
USI ARTUSI ARTUSI ARTUSI
USI ARTUSI ARTUSI ARTUSI
USI ARTUSI ARTUSI ARTUSI

Pellegrino Artusi

Von der Wissenschaft des Kochens und der Kunst des Genießens

Pellegrino ARTUSI

Von der Wissenschaft des Kochens und der Kunst des Geniessens

Mit Illustrationen von Steppen Butz

BÜCHERGILDE GUTENBERG

Inhalt

Geleitwort des Verlages

Die Kochkunst Italiens ist untrennbar mit dem Namen Pellegrino Artusi verbunden. Erstaunlicherweise blieb es einem »Amateur« vorbehalten zu beginnen, was Fachleute vor über hundert Jahren noch nicht gewagt hätten: eine Bestandsaufnahme der Küche Italiens. Pellegrino Artusi pflegte nicht selbst am Herd zu stehen. Er betrachtete die Gastronomie aus der Perspektive des ambitionierten Genießers, sammelte Rezepte, wo immer er sie finden konnte, ließ die jeweiligen Gerichte kochen, und was ihm gut schmeckte, nahm er in seine Sammlung auf. Und da er als Bankier sehr wohl wußte, wie man ein gutes Produkt gut verkauft, landete er einen Bestseller, der über viele Jahrzehnte hinweg in immer wieder ergänzten Fassungen reißenden Absatz fand.

Zwei Faktoren haben zum anhaltenden Erfolg des »Großen Artusi« beigetragen: Zum einen war es die damals bahnbrechende Idee des »Direktmailing«, zum anderen fiel sein Werk exakt in die Zeit des »Risorgimento«, der nationalen Einigung des bis dahin politisch zersplitterten Italien. Die Italiener gewöhnten sich daran, die Dinge nicht mehr aus venetianischem oder sizilianischem, sondern aus italienischem Blickwinkel zu betrachten, und Liebe geht nun einmal durch den Magen – auch die

zum teueren Vaterland. So wurde Pellegrino Artusi zum Begründer der italienischen Küche.

Doch die Zeiten ändern sich und mit ihnen auch die Lebens- und Eßgewohnheiten. Pflegte man vor hundert Jahren üppig und gehaltvoll zu speisen, um die nötige Energie für einen körperlich anstrengenden Arbeitstag aufzunehmen, so lieben wir es heute leicht, frisch, pikant, und der Bauch, den Artusis Zeitgenossen noch mit Stolz trugen, gilt als Makel. Deshalb wurde auch der »Große Artusi« einer Abmagerungskur unterzogen, indem fünf international renommierte italienische Spitzen-köche die beschriebenen Gerichte auf ihre Eignung für die moderne Ernährung prüften, Unzeitgemäßes wegließen und die verbleibenden Rezepte um eine den Erfordernissen der modernen Küche angepaßte Kochanleitung ergänzten.

Damit erscheinen die klassischen Rezepte sowohl in altem als auch in modernem Gewande und sind nunmehr auch für jene leicht nachvollziehbar, die bisher mit den mitunter durchaus kryptischen Beschreibungen des Altmeisters nicht ganz so gut zurechtkamen. So bleibt der »Große Artusi«, was er seit über hundert Jahren ist: das ultimative Handbuch der italienischen Küche.

Die merkwürdige Geschichte
von der Entstehung eines Klassikers

Pellegrino Artusis kulinarisches Credo »Von der Wissenschaft des Kochens und der Kunst des Genießens«, in Italien einfach als »der Artusi« bekannt, ist eine ebenso einmalige wie skurrile Erscheinung in der italienischen Verlagsgeschichte. Das Werk wurde im Jahre 1891 erstmals gedruckt, nachdem es von den wichtigsten Verlegern der damaligen Zeit abgelehnt und darüber hinaus bei den Kritikern durchgefallen war. Heute, über hundert Jahre später, gehört es zu den erfolgreichsten Büchern in italienischer Sprache.

Pellegrino Artusi aus Forlimpopoli in der Romagna war im Hauptberuf Bankier in Florenz, dazu ein erfolgloser Literat und ein dilettierender Gastronom. Als Buchautor wurde er sein eigener Verleger und schließlich sogar einer der ersten Vorläufer des Versandbuchhandels. Artusi ließ von dem Florentiner Drucker Salvatore Landi die ersten tausend Exemplare der »Wissenschaft des Kochens« auf eigene Kosten herstellen. Zudem bediente er sich einer Marketing-Methode – des Versandhandels –, die Ende des 19. Jahrhunderts als aufsehenerregend und höchst innovativ galt; er kaufte sogar Werbeflächen in verschiedenen Zeitungen, um sein Werk bekannt zu machen.

Bis 1911 vertrieb Artusi die »Wissenschaft des Kochens« auf eigene Rechnung und zeigte damit, daß er ein kluger Unternehmer war. Wie aus dem Schriftverkehr mit Salvatore Landi hervorgeht, trug er die Druckkosten selbst und kassierte auch alle Erlöse. Diese gewagte Geschäftspraxis wurde bereits im Juni 1901 mit der fünften Auflage belohnt. Dem Verlag Bemporad, ab 1924 offizieller Herausgeber, gelang es in diesem Jahr, auch in Amerika hundert Exemplare des Buches abzusetzen.

Im Laufe der Zeit hatte das Buch beträchtlich an Umfang gewonnen. Aus 475 Rezepten im Jahre 1891 waren bis 1909 bei der dreizehnten Auflage bereits 790 geworden. Was waren die Gründe für diesen großen Erfolg? Den ersten hat Artusi vielleicht selbst erkannt, als er im Vorwort der vierzehnten Auflage seinem skeptischen Verleger im Hinblick auf die weitere Zukunft des Buches folgendes ins Stammbuch schrieb:

»… Sie sollten jedoch wissen, und das sage ich nur ungern, daß mit der Tendenz dieses Jahrhunderts zum Materialismus und zu den Genüssen des Lebens eines nicht fernen Tages die Zeit kommen wird, in der Bücher dieser Art zunehmend gesucht und gelesen werden – Bücher, die Geist und Körper erquicken, anstelle der Werke von bedeutenden Wissenschaftlern, die für die Menschheit eigentlich viel nutzbringender sind. Blind ist der, der nicht sieht! Die Zeiten verführerischer und verlockender Illusionen sind vorbei…«

Ein weiterer Grund für den anhaltenden Erfolg liegt darin, daß »Von der Wissenschaft des Kochens« keine einfache Rezeptsammlung ist, die auf sterile Art und Weise für ein Fachpublikum geschrieben wurde, sondern den Versuch darstellt, die gastronomische Einheit Italiens zu zeigen.

Es handelt sich dabei keineswegs um eine Anleitung für Küchenchefs und Köche – wie sollte es das auch sein? Artusi war ja schließlich Bankier, ein Mann, der Geld zu hohen Zinssätzen verlieh und selbst höchstwahrscheinlich gar nicht kochen konnte. Doch er liebte es, sich auf kulinarische Versuche und Experimente einzulassen, alte Rezepte auszuprobieren, scheinbar Widersprüchliches zu kombinieren und zwischen den klassischen und modernen Stilrichtungen abzuwechseln. »Der beste Lehrer ist die Praxis«, pflegte er zu sagen.

Um seine Vorstellungen in die Tat umzusetzen, tat er sich mit zwei einheimischen Köchen zusammen: Marietta Sabatini aus Massa e Cozzile in der Toskana und Francesco Ruffilli aus Forlimpopoli in der Romagna – beides Meister am Herd, aber keine professionellen Köche. Denn Artusi mißtraute den hochbezahlten Magiern der Küche. In seinem Vorwort schreibt er:

»Schenken Sie den Büchern, die von dieser Kunst handeln, nicht allzuviel Vertrauen: Sie sind zumeist irreführend und schwer verständlich, vor allem die italienischen, die französischen weniger. Wenn überhaupt, sollten Sie sich aus jedem etwas heraussuchen und somit Ihre eigene Kunst bereichern«.

Der Artusi zählt weder zur Fachliteratur der Köche noch zu den zahlreichen Versuchen der letzten hundert Jahre, Kochbücher in hoher Auflage für den Hausgebrauch zu vertreiben. Viele dieser modernen Kochbücher – auch manche Werke namhafter Küchenchefs – sind aufgrund ihres Mangels an Originalität gescheitert. Meist handelt es sich um mehr oder weniger geglückte Kopien berühmter Handbücher, die weder im Aufbau noch in der Didaktik auf die Bedürfnisse des Privathaushaltes abgestimmt sind. Den Epigonen Artusis hat immer ein grundsätzliches Merkmal gefehlt, nämlich dessen Geist, dessen Sprache und dessen Originalität.

Ein seltsames Schicksal für einen Bankier, der stets davon geträumt hat, ein angesehener Schriftsteller zu werden. Er hat auch noch zwei geistesgeschichtliche Werke verfaßt, die ihm selbst weit mehr bedeuteten, und die er ebenfalls auf eigene Kosten hat drucken lassen. Doch in die Geschichte eingegangen ist er ausgerechnet mit seinem gastronomischen Werk. Piero Caporesi, der das Vorwort zu »Von der Wissenschaft des Kochens« in der Einaudi-Ausgabe geschrieben hat, sagt:

»Die Bedeutung Artusis ist äußerst bemerkenswert; es sollte nicht verkannt werden, daß sein Buch für die Einigung Italiens wohl mehr geleistet hat, als das berühmte Buch ›Die Verlobten‹ von Manzoni. Denn mit dem Artusi hat man ein in Italien allgemein gültiges Handbuch geschaffen, hingegen ist Manzoni stilistisch und lautschöpferisch gescheitert. Das wird auch verständlich, wenn man bedenkt, daß nicht jeder lesen kann, daß aber alle essen…«

Der Sprachforscher Tullio De Mauro hat im übrigen festgestellt, daß die Einigung Italiens seinerzeit nur von etwas mehr als ca. 2,5 Prozent der Gesamtbevölkerung getragen wurde. Neben der gastronomischen Einigung hat Artusi ganz sicher dazu beigetragen, die Italiener auch sprachlich zu vereinigen. Denn es ist Artusis Sprache, die seinen glänzenden Erfolg ausgemacht hat. Der Autor läßt sich nie auf die blumigen und gestelzten Redewendungen des 19. Jahrhunderts ein, und während sich die Küchenchefs und Köche seiner Zeit um eine Wortwahl bemühten, die Richtern bei der Abfassung von Urteilen zur Ehre gereicht hätte, wird bei Pellegrino Artusi die kulinarische Reise zu einem amüsanten Streifzug. Es war ihm einfach unmöglich, die Experimente von Marietta und Francesco in distanziert-unpersönlicher Weise zu vermitteln. Manchmal würzt er seine Beschreibungen mit Anekdoten, wie zum Beispiel bei dem Rezept der Cappelletti nach Art der Romagna, in dem er erzählt, daß Carlino, der verwöhnte Sohn aus reichem Hause, einen Teller hausgemachter Nudeln dem Jura-Studium in Ferrara vorzog; manchmal sind es Schilderungen von Personen oder augenzwinkernde Ratschläge, wie die Empfehlung, nicht an Wettessen teilzunehmen, denn nach hundert Cappelletti könnte man tot umfallen. Manchmal kleidet er seine Beschreibung sogar in Gedichtform.

Diese lockere und vergnügliche Art, über Gastronomie zu plaudern, nimmt den Leser schnell gefangen, besonders wenn man sie mit den schweren, langatmigen und für den Laien eher langweiligen Ausführungen anderer Fachautoren jener Zeit vergleicht. Aus dem Werk Artusis spricht der Geist eines Gastronomen, der versucht, ein gesundes Gleichgewicht zwischen Genuß und Gesundheit zu finden. Zweifelsohne haben der Antropologe, Politiker und Lebemann Paolo Mantegazza, mit dem Artusi eng befreundet war, sowie Olindo Guerrini (Stecchetti), Dichter aus der Romagna und Autor eines der wichtigsten gastronomischen Fachbücher der Zeit (»L'Arte di utilizzare gli avanzi della mensa«), diese »Lebensphilosophie« stark beeinflußt.

Die Kochkunst stellt für Artusi eine poetische Leidenschaft dar. Die Gerichte bekommen einen eigenen Charakter, haben ihre Entwicklungsgeschichte und sind nicht nur mehr oder weniger gelungene Kombinationen von Rohstoffen.

Aus diesen Gründen ist das Werk Artusis heute noch zeitgemäß. Es trotzt der Gleichgültigkeit der Küchenchefs und der Kritiker, die sich darauf beschränken, die Art und Weise der Zubereitung eines Gerichtes zu beurteilen, aber die begrenzten Möglichkeiten des Privathaushalts außer Acht lassen. Im Gegenteil verwirrt die

»Wissenschaft des Kochens« eher die Fachleute, weil Familien, Hausfrauen und auch einfachere Leute direkt angesprochen werden, während der Rat und die Unterweisung von autorisierten Küchenchefs und Experten einfach übergangen werden. Es ist sicher kein Zufall, daß dieses Buch jahrelang als eines der beliebtesten Hochzeitsgeschenke galt und in vielen Regionen Italiens lange fester Bestandteil der Aussteuer war.

Vielleicht hängt Artusis Erfolg beim weiblichen Geschlecht auch damit zusammen, daß er zum ersten Mal ein Kochbuch ganz und gar den Frauen gewidmet hat. Er wendet sich in der Tat in erster Linie an die Frauen, die meist auch heute noch unumstrittenen über Haus und Küche herrschen. Die Frauen sind für Artusi überdies »Musen der Inspiration«. Manchen Rezepten hat er den Namen der Frau gegeben, von der es stammt: Bracioline alla Bartola, Sformato della signora Adele, Panettone Marietta, Soufflet Luisella.

Man kann Artusis Werk fast als Handbuch für die Pflege von Ehemännern ansehen. Denn die Liebe geht bekanntlich durch den Magen, und so vergißt Artusi nicht, der Frauenwelt Italiens die köstlichsten Rezepte besonders ans Herz zu legen:

»Verehrte Frauen, Liebhaberinnen der Kochkunst, vergessen Sie nur dieses Gericht nicht, denn es wird Ihren Männern gut schmecken, und auf Grund der feinen Komposition werden Sie gewiß von ihnen belohnt …«

Die »Wissenschaft des Kochens«, reich an Ratschlägen, Hinweisen und Anekdoten, eine Art Zwiesprache zwischen Hausfrauen, stellt eher eine Sammlung hausgemachter Erzählungen dar als eine bloße Zusammenstellung von Kochrezepten. Der innovative Charakter und zeitgemäße Geist des Werkes sind im Inhalt und in den zugrundeliegenden Werten zu suchen: Sauberkeit, Wirtschaftlichkeit, Genuß und Gesundheit – Begriffe, die in der Gegenwart wieder aufgewertet wurden und zu neuer Aktualität gefunden haben. Unter umgekehrten Vorzeichen ist der Versuch, die Ansprüche des Gaumens mit denen der Gesundheit in Einklang zu bringen, ein wichtiges Anliegen der Überflußgesellschaft.

Pellegrino Artusi war ein typischer Vertreter der Bourgeoisie des ausgehenden 19. Jahrhunderts. Hungerleider mit leeren Mägen und leeren Taschen waren in seinem Weltbild nicht vorgesehen. Überraschenderweise ist sein Werk infolge gesellschaftlicher und wirtschaftlicher Umbrüche dennoch eine Art Volksbuch geworden. Geschrieben für die Bourgeoisie, haben es im Laufe der Zeit auch die unteren Gesellschaftsschichten – Bauern und Arbeiter – für sich entdeckt. Das kam nicht von ungefähr. Denn die »Wissenschaft des Kochens« versucht eigentlich, die Küche der Reichen – Erben der gastronomischen Tradition der Renaissance, der Fürstenhöfe und der Kurie mit ihrem verschwenderischen Umgang mit Fleisch, Wild, Saucen und seltenen Gewürzen – mit der Küche der Armen zu vereinen, die aus reiner Überlebenskost auf der Basis von Brot und Polenta bestand. Artusi gelingt dieser Kunstgriff, indem er auf die Küchentradition der Toskana zurückgreift, die auf Suppen und Nudelgerichten basiert, und auf die Küche der

Romagna mit ihren einfachen, aber schmackhaften Gerichten.

Der Bankier aus Forlimpopoli präsentiert die besten Rezepte aus allen Regionen Italiens, doch ohne den Aufwand und den Prunk der »großen« Küche seiner Zeit. Aufs Ganze gesehen ist ihm der Versuch, die Küche der Poebene mit ihrem Reichtum an Milch und Fleisch mit der Küche des Südens und ihrer Gemüsevielfalt zu vereinen, gut gelungen. Denn Artusi bemüht sich um eine einheitliche kulinarische Diktion, die sowohl der Küche des Nordens, basierend auf Butter und Schmalz, als auch der des Südens und Mittelitaliens, in der man Olivenöl bevorzugt, gerecht wird.

Der anhaltende Verkaufserfolg ist der beste Beweis dafür, daß er mit Recht als Schöpfer des ersten gültigen Handbuch der italienischen Küche gefeiert wird.

Davide Paolini

(Herausgeber der aktualisierten Ausgabe des Artusi, erschienen 1991 bei Sperling & Kupfer Edition S. p. A., Mailand

An den Leser

Zwei Hauptaufgaben gibt es im Leben: die Ernährung und die Erhaltung der Art. Jenen also, die ihren Sinn im wesentlichen auf diese beiden Grundlagen der Existenz richten, sie studieren und Normen erarbeiten, wie sie auf die bestmögliche Art befriedigt werden können, um das eigene Leben weniger trübe zu machen und der Menschheit zu dienen, sei die Hoffnung erlaubt, daß dies, auch wenn man ihre Bemühungen nicht so sehr schätzt, doch mit ausgesprochener Nachsicht betrachtet wird.

Da der Sinn dieser Zeilen mit weitaus größerem Geschick in einem persönlichen Brief ausgesprochen ist, den mir der sehr verehrte Dichter Lorenzo Stecchetti schrieb, mache ich mir das Vergnügen, euch seine Worte zu übermitteln:

»Das Menschengeschlecht erhält sich einzig, weil der Mensch den Selbsterhaltungs- und den Fortpflanzungstrieb hat und den lebhaften Drang spürt, sie zu befriedigen. Mit der Befriedigung eines Triebs ist immer ein Vergnügen verbunden. Das Vergnügen der Selbsterhaltung erfahren wir im Geschmack, das der Fortpflanzung im Tastsinn. Wenn dem Menschen das Essen nicht schmeckte und wenn er keinen Sexualreiz verspürte, würde die menschliche Gattung sofort enden.

Geschmack und Tastsinn sind also die wichtigsten Sinne, unerläßlich für das Leben sowohl des Individuums als auch der Gattung. Die anderen helfen nur, und man kann blind und taub leben, aber nicht ohne richtig funktionierende Geschmacksorgane. Wie kommt es nun, daß unter den Sinnen die beiden für das Leben und sein Fortbestehen wichtigsten so niedrig eingeschätzt werden? Weil das, was die anderen Sinne befriedigt – Malerei, Musik usw. – sich Kunst nennt, sich vornehm dünkt dem gegenüber, was den gemeinen Appetit befriedigt. Weil einer, der ein gutes Bild ansieht oder einer Symphonie lauscht, dem überlegen gilt, der sich an einer ausgezeichneten Mahlzeit freut. Gibt es also auch unter den Sinnen solche Ungleichheiten, wie sie das alte Sprichwort »Wer arbeitet, hat ein Hemd, wer nicht arbeitet hat deren zwei« beschreibt?

Es muß von der tyrannischen Herrschaft herrühren, die das Gehirn heute über alle Körperorgane ausübt. Zur Zeit des Menenius Agrippa herrschte der Magen, heute dient er nicht einmal mehr, oder er dient nur schlecht. Gibt es unter diesen übermäßigen Verstandesmenschen einen mit guter Verdauung? Sie scheinen nur aus Nerven, Neurosen, Neurasthenie zu bestehen, und die Figur, der Brustumfang, die Widerstands- und Zeugungskraft nehmen täglich ab bei diesem Geschlecht von Weisen und Künstlern voller Geist und Rachitis und voller Zartgefühl, mit Drüsen, die sich nicht ernähren, sondern mittels Kaffee, Alkohol und Morphium erregt und am Leben erhalten werden. Darum werden die rational ausgerichteten Sinne für vornehmer gehalten als die der Erhaltung dienenden, und es wäre wahrhaft an der Zeit, dieses ungerechte Urteil zu kassieren.

O gesegnetes Fahrrad, das uns die Freuden eines gesunden Appetits genießen läßt – zum Ärger der Dekadenten, die von Bleichsucht, Auszehrung und den Höhenflügen idealer Kunst träumen! An die Luft, an die freie, gesunde Luft, damit das Blut rot und die Muskeln stark werden! Schämen wir uns also nicht, das Beste zu essen, das wir bekommen können, und geben wir der Gastronomie ihren Rang zurück. Schließlich wird auch das tyrannische Hirn dabei gewinnen, und diese nervenkranke Gesellschaft wird endlich verstehen, daß auch in der Kunst eine Diskussion über die Zubereitung von Aal soviel wert ist wie eine Dissertation über das Lächeln der Beatrice.

Der Mensch lebt nicht vom Brot allein – wie wahr, man will schließlich auch Belag, und die Kunst, ihn schmackhafter, gesünder zu bereiten, ich sage es und ich verfechte es auch, ist wahre Kunst! Rehabilitieren wir den Geschmackssinn und schämen wir uns nicht, ihn rechtschaffen so zu befriedigen, wie er es uns vorschreibt.

Brühe und Grundsaucen

Es ist allgemein bekannt: wenn man eine gute Brühe kochen will, legt man Fleisch in warmes Wasser und bringt es ganz langsam zum Kochen. Keinesfalls darf man es zu heftig aufwallen lassen. Wenn man allerdings nur gekochtes Fleisch haben will, kann man es gleich ohne besondere Maßnahmen ins kochende Wasser werfen. Es ist auch bekannt, daß poröse Knochen der Brühe Geschmack und Aroma verleihen. Brühe von Knochen allein ist nicht nahrhaft.

In der Toskana ist es fast allgemein üblich, der Brühe mit einem Sträußchen aromatischer Kräuter Würze zu geben. Es besteht nicht aus Blättern, sondern aus ganzen Stengeln von Sellerie, Petersilie und Basilikum, dazu ein kleines Stückchen Mohrrübe, alles in sehr kleinen Mengen. Manche setzen auch noch etwas geröstete Zwiebel zu, aber das ist nicht für jeden bekömmlich, weil es Blähungen verursachen kann.

Will man der Brühe auf französische Art etwas Farbe geben, so braucht man nur ein wenig Zucker auf dem Herd karamelisieren lassen, bis er braun geworden ist. Dann gibt man ihn in frisches Wasser, läßt aufkochen, damit er sich gänzlich löst und verwahrt ihn in einer Flasche.

Will man Brühe im Sommer von einem Tag zum anderen aufbewahren, so muß man sie abends und morgens kurz aufkochen.

Der Schaum im Kochtopf besteht aus dem Eiweiß der äußeren Schichten des Fleisches, das in der Wärme gerinnt und sich mit dem Hämoglobin, dem Farbstoff des Blutes, verbindet. Die traditionellen irdenen Kochtöpfe sind als schlechte Wärmeleiter den eisernen oder kupfernen vorzuziehen, weil sie die Wärme besser regulieren.

BRODO PER GLI AMMALATI
Fleischbrühe als Krankenschonkost

Ein bekannter Professor, der eine schwer erkrankte Dame meiner Bekanntschaft heilte, hatte ihr eine auf folgende Art zubereitete Fleischbrühe verordnet: »Schneidet mageres Kalb- oder Rindfleisch in dünne Scheiben und legt sie schichtweise übereinander in einen großen Topf. Salzt sie ein wenig und gießt soviel warmes Wasser nach, bis sie bedeckt sind. Deckt den Tiegel mit einem Teller zu, der fest abschließt, und in dem ständig Wasser sein muß. Dann laßt das Fleisch 6 Stunden lang kochen, aber so, daß die Flüssigkeit kaum aufwallt. Am Ende laßt es dann 10 Minuten lang heftig aufkochen und passiert die Brühe durch ein Leinentuch.« Aus 2 kg Fleisch erhält man so $1/3$ oder $3/4$ Liter einer angenehm gefärbten, kräftigen und nahrhaften Brühe.

SO KOCHT DER MEISTER

Möhren, Champignons, Lauch und Sellerie waschen, putzen und in feine Stifte schneiden.
Die Hühnerbrühe (falls nicht vorhanden durch Instant-Brühe ersetzen) zum Kochen bringen, mit Salz und Pfeffer abschmecken. Das Gemüse zugeben und für etwa 15 Minuten kochen lassen. Das Gemüse darf dabei nicht zerfallen und muß noch Biß haben.
Die Tomaten in kochendes Wasser tauchen, dann herausnehmen, abtropfen lassen, in kaltem Wasser abschrecken und schälen. Das Fruchtfleisch in kleine Stücke schneiden. Die Schalotte zusammen mit dem Basilikum fein hacken. Tomatenstücke, Schalotte, Basilikum und Olivenöl miteinander vermischen. Die übrigen Kräuter fein hacken.
Die gehackten Tomaten in kleinen Suppenschüsseln anrichten und mit den Kräutern bestreuen. Das Ganze mit der Hühnerbrühe aufgießen und nach Belieben warm oder kalt servieren.

Zutaten für vier Personen:

50 g Möhren
50 g Champignons
30 g Lauch
30 g Sellerieknolle oder Bleichsellerie
1 l Hühnerbrühe
100 g frische Tomaten
1 Schalotte
1 Bund Basilikum
4 EL Olivenöl »extra vergine«
1 Bund Petersilie
1 Bund Kerbel
1 Zweig Estragon

2. FLEISCHSAUCE
Spanische Sauce

Diese kulinarische Erfindung, die gares Fleisch, Geschmortes und eine gute Sauce ergibt, scheint mir praktisch und wirtschaftlich zugleich, weil alles verwertbar ist und die Sauce zu allen Gerichten paßt.

Man nehme 1 kg mageres Rindfleisch mit Knochen, schneidet davon 400 g in Scheiben und macht mit gut 1 $\frac{1}{2}$ l Wasser aus dem Rest, wie gewohnt, eine Fleischbrühe. Man gibt etwas Butter in einen Schmortopf, dann bedeckt man den Boden mit Schinken- und Speckscheiben. Darüber verstreut man eine geschnittene Zwiebel und legt die Rindfleisch-Schnitzel darauf. Wenn das Fleisch bei kräftigem Feuer auf der Unterseite Farbe bekommen hat, gießt man mit einer Kelle von der vorher angesetzten Fleischbrühe darüber und wendet es, damit auch die andere Seite Farbe bekommt. Dann gießt man ein zweites Mal Brühe darüber, salzt ausreichend, fügt eine Gewürznelke hinzu oder statt dessen 9 bis 10 gestoßene Pfefferkörner und schließlich noch 1 TL Zucker. Dann setzt man den Rest der Brühe zu, außerdem eine in Scheiben geschnittene Mohrrübe und ein Sträußchen, das aus Sellerie, Petersilie und anderen aromatischen Kräutern gemischt sein kann. Das Ganze läßt man ungefähr 2 Stunden langsam kochen, nimmt dann die Schnitzel heraus, passiert die Sauce und schöpft das Fett ab. Man kann sie für andere Gerichte, Gemüse etc. verwenden oder sie mit Zusatz von Kartoffelmehl und Butter eindicken und eine Minestra asciuta, eine dicke Suppe, damit würzen.

SO KOCHT DER MEISTER: SUGO DI CARNE

Zutaten für vier Personen:

50 g getrocknete Pilze
1 Zwiebel, 1 Möhre
1 Stange Staudensellerie
100 g durchwachsener Speck
100 g Hühnerleber
150 g Hackfleisch vom Kalb
150 g Hackfleisch vom Rind
60 g Butter
100 ml Rotwein, 50 g Tomatensauce
100 ml Brühe, Salz und Pfeffer
$\frac{1}{2}$ l Milch

Die Pilze mindestens eine Stunde einweichen, ausdrücken und in kleine Stücke schneiden.

Zwiebel, Möhre, Sellerie und Speck würfeln. und in eine Schüssel geben. Die Hühnerlebern fein hacken und mit dem Fleisch unter das Gemüse mischen.

Die Butter in einer Kasserolle erhitzen und die Fleisch-Gemüse-Masse darin einige Minuten anbraten. Mit dem Wein und der Brühe aufgießen und die Pilze zugeben. Die Tomatensauce unterheben und alles mit Salz und Pfeffer herzhaft abschmecken.

Die Milch erhitzen und über die Fleischmasse gießen. Den Sugo zugedeckt so lange auf ganz kleiner Flamme köcheln lassen, bis die Milch eingekocht und die Sauce sämig geworden ist.

3. SUGO DI POMODORO
Tomatensauce

Später werde ich noch von Tomaten-Salsa sprechen, die man von Tomaten-Sugo unterscheiden muß; denn letzteres ist einfach, das heißt, die Sauce besteht nur aus gekochten und durchpassierten Tomaten. Natürlich kann man etwas Sellerie, ein paar Petersilienblätter oder Basilikum zusetzen, wenn man glaubt, diese Kräuter seien dem jeweiligen Verwendungszweck angemessen.

SO KOCHT DER MEISTER

Die Tomaten wenige Minuten in kochendes Wasser geben, kalt abschrecken und die Häute abziehen. Das Fruchtfleisch mit einer Gabel zerdrücken.
Das Öl, die Tomaten, die Salbei- und Lorbeerblätter in eine Kasserolle geben und aufkochen. Die Sauce salzen und 15 Minuten lang kochen lassen.
Die Sauce vom Herd nehmen, Salbei- und Lorbeerblätter entfernen, den Balsamico-Essig zugeben und das Ganze gut durchmischen.
Die Sauce kann zu Nudelgerichten verwendet werden, die man mit frischer Butter oder geriebenem Parmesan bzw. Pecorino-Käse serviert.

Zutaten für vier Personen:

1 kg reifeTomaten
100 ml Olivenöl »extra vergine«
einige Salbeiblätter
einige Lorbeerblätter
100 ml Balsamico-Essig
Salz

Suppen und Pasta

Früher hieß es einmal, die Suppe sei der »Hafer« des Menschen. Heute raten die Ärzte, nur wenig davon zu essen, um den Magen nicht zu dehnen, und der Fleischnahrung den Vorrang zu geben, weil sie das Gewebe kräftigt, während die Mehlprodukte, die meist zur Minestra gehören, zu Fettansatz führen und das Gewebe schwächen. Ich widerspreche dieser Theorie nicht. Wenn mir aber ein Einwand erlaubt ist, möchte ich sagen: Wenig Suppe empfiehlt sich für Menschen, die sich nicht im Vollbesitz ihrer Kräfte befinden oder aus Gesundheitsgründen eine spezielle Behandlung brauchen. Wenig Suppe auch für jene, die zu Fettleibigkeit neigen und ihr entgegenwirken wollen. Wenig und nur leichte Suppen reiche man, wenn Gäste bei einem Gastmahl einer Vielzahl von Gerichten die Ehre erweisen müssen. Aber von diesen Fällen abgesehen ist eine gute, gehaltvolle Suppe bei einem nicht zu reichlichen Mittagsmahl stets willkommen, und man genießt sie. Aus diesem Grund mache ich es mir zur Pflicht, nach und nach alle Suppen zu erwähnen, die sich aus dem Zusammenhang ergeben.

CAPPELLETTI
Kleine Ravioli

Diese Teigwaren heißen so, weil sie die Gestalt eines Hutes haben. Eine Spielart, die den Magen nicht sonderlich belastet, ist einfach zuzubereiten.
Die halbe Brust eines in Butter gebratenen Kapauns oder Masthähnchens wird mit dem Wiegemesser fein zerkleinert.

180 g Quark oder Quark und Ziegenkäse gemischt, 30 g geriebener Parmesankäse, 1 Ei und 1 Eidotter, etwas Muskat, wenig Gewürz, evtl. Zitronenschale, 1 Prise Salz

Bei der Zubereitung kosten und nach Bedarf korrigieren, denn die Zutaten sind nicht immer gleich stark wirksam. Statt der halben Geflügelbrust kann man auch 100 g mageres Schweinefleisch aus der Lende nehmen und es auf gleiche Weise behandeln.
Wenn der Quark oder der Ziegenkäse zu weich ist, setzt man etwas Eiweiß zu, im entgegengesetzten Falle noch 1 Eigelb. Als Umhüllung macht man einen dünn ausgerollten Mehlteig, den man einstreicht, wozu sich das übriggebliebene Eiweiß verwenden läßt. Man schneidet daraus Scheibchen von 6 bis 7 cm Durchmesser. Die fertige Mischung legt man mitten auf die ausgestochenen Scheibchen und faltet sie so zusammen, daß ein Halbmond entsteht. Dann nimmt man dessen spitze Enden hoch, drückt sie zusammen und das Cappelletto ist fertig. Ist der Teig unter der Hand getrocknet, so feuchtet man die Ränder der Scheibchen mit einem in Wasser getauchten Finger an. Diese Minestra ist am schmackhaftesten mit Hühnerbrühe, die zum Beispiel um Weihnachten oft verfügbar ist. Man kocht die Cappelletti darin, wie es in der Romagna geschieht, wo man Helden treffen kann, die sich rühmen, an Festtagen bis zu hundert Cappelletti verschlungen zu haben. Das hat dann natürlich schlimme Folgen, wie es bei einem meiner Bekannten der Fall war. Einem mäßigen Esser werden zwei Dutzend genügen.

Bei dieser Gelegenheit erzähle ich euch ein Geschichtchen, das sicher unbedeutend ist, aber Anlaß zum Nachdenken sein könnte.

Vielleicht ist euch bekannt, daß die reichen Herrn in der Romagna keine besondere Lust haben, sich den Kopf über Büchern zu zerbrechen, etwa weil die Jungen von Kindheit an daran gewöhnt sind, daß auch die Alten alles andere lieber tun als Bücher wälzen, oder auch, weil sie es nicht für nötig halten, in einem Land, in dem man mit Wenigem gut leben kann, etwas Ordentliches zu lernen. Also widmen sich neunzig Prozent der jungen Leute nach der Gymnasialzeit dem Nichtstun und entwickeln nur geringen Ehrgeiz.

Dieses Problem machte auch den Eltern Carlinos zu schaffen. Der Vater hätte seinen Sohn zwar gut versorgen können, aber er gehörte zur Fortschrittspartei und wünschte aus seinem Sohn einen Advokaten zu machen, vielleicht sogar einen Deputierten; denn vom einen zum anderen ist nur ein kleiner Schritt. Nach vielen Debatten, Beratungen und Auseinandersetzungen in der Familie wurde die große Trennung beschlossen. Carlino sollte seine Studien in einer großen Stadt fortsetzen, und da Ferrara am nächsten lag, mußte er dahin. Sein Vater begleitete ihn, aber schweren Herzens, denn er hatte ihn von der Brust der zärtlichen Mama losreißen müssen, die in Tränen zerfloß.

Noch keine Woche war verstrichen, die Eltern hatten sich gerade zu einer Minestra di Cappelletti an den Tisch gesetzt, und nach einem langen Schweigen und vielen Seufzern brach es aus der Mutter hervor:

»Ach, wenn doch unser Carlino hier wäre! Dem haben die Cappelletti immer so gut geschmeckt!«

Kaum waren diese Worte ausgesprochen, da klopfte es an der Haustür, und gleich darauf stürzte Carlino fröhlich in den Speisesaal.

»Oh, Kutsche mit Retourbillet«, rief der Vater. »Was ist los?«

»Das ist los«, erklärte Carlino, »daß es mir nicht paßt, über den Büchern zu vermodern, und daß Ihr mich in Stücke hauen könnt, ehe ich in dieses Zuchthaus zurückgehe.«

Die gute Mama eilte frohlockend zu ihrem Sohn. Sie umarmte ihn und beschwichtigte ihren Gatten: »Laß ihn doch, besser ein lebender Esel als ein toter Doktor, und wer weiß, ob sie dort Cappelletti machen.«

Seitdem durfte Carlino sich wieder seinem Jagdgewehr, seinem Hund, seiner Kutsche und anderen nützlichen Beschäftigungen der gehobenen ländlichen Jugend widmen.

SO KOCHT DER MEISTER:
CAPPELLETTI ALL'USO DI ROMAGNA

Zutaten für vier Personen:

Für den Teig:
300 g Mehl, 3 Eier

Für die Füllung:
40 g Kapaunbrust (Masthahn)
40 g Lonza di maiale (geräuchertes Lendenstück vom Schwein)
30 g Butter, Salz, Pfeffer
einige Salbeiblätter
80 g Ricotta-Käse
30 g Parmesan, 2 Eier
abgeriebene Schale einer Zitrone
eine Prise abgeriebene Muskatnuß
1 Prise Zimt, 1 l Hühnerbrühe

Aus dem Mehl und den Eiern einen Teig kneten. Kapaunbrust und Lonza in der Butter mit Salz, Pfeffer und Salbei anbraten. Das Ganze fein hacken. Den Ricotta, den geriebenen Parmesan, die Eier, die abgeriebene Zitronenschale, Muskatnuß und Zimt zugeben. Alles mit Salz und Pfeffer abschmecken und gut durchmischen, bis die Masse fein und geschmeidig ist.
Den Nudelteig dünn ausrollen und zu 5 cm großen Vierecken schneiden.
In die Mitte eines jeden Teigstückes etwas Füllung setzen, den Teig zu einem Dreieck zusammenklappen und die Ecken hochbiegen.
Die Hühnerbrühe zum Kochen bringen und die Cappelletti darin etwa 10 Minuten kochen.

Dazu paßt ein Chardonnay aus dem Trentino.

23

PANATA
Brotsuppe

Diese Suppe wird in der Romagna auch als »Tridura« bezeichnet und man serviert sie bevorzugt zu Ostern. In der Toskana ist diese Bezeichnung verlorengegangen, war aber zu Beginn des 16. Jahrhunderts noch geläufig. Dies beweist ein mittelalterliches Dokument, in dem das Patronat des Klosters Settimo in Cafaggiolo bei Florenz anerkannt wurde. Daraus schöpften die Mönche das Recht auf eine jährliche Gabe, die aus einer neuen Holzschüssel voll Tridura und zehn Pfund mit Lorbeerblättern garniertem Schweinefleisch bestand, das auf Holzstäben über der Schüssel anzurichten war.
In dieser Welt ist alles einem schnellen Wandel unterworfen, auch der Gebrauch und die Bedeutung von Worten. Was vielfach bleibt, sind die Inhalte – wie die Zutaten zu dieser Suppe

130 g Brot vom Vortag, gerieben, 4 Eier, 50 g Parmesan, etwas geriebene Muskatnuß, etwas Salz

Alle Zutaten in einer Schüssel vermengen und gegebenenfalls noch etwas geriebenes Brot hinzufügen. Diese Paste mit warmer, aber nicht zu heißer Brühe aufgießen. Bei milder Hitze kochen, bis die Suppe andickt.

SO KOCHT DER MEISTER

Zutaten für vier Personen:

4 Eier, 50 g Semmelbrösel
100 g Parmesan
Salz und schwarzer Pfeffer
etwas abgeriebene Muskatnuß
4 Scheiben Schwarzbrot
1 EL Olivenöl, 1 l Fleischbrühe
200 g Miesmuscheln
1 Bund Petersilie

Die Eier in eine Schüssel aufschlagen. Die Semmelbrösel dazugeben. Den Parmesan reiben und ebenfalls zu den Eiern geben. Alles mit Salz und Pfeffer sowie einer Prise Muskat würzen und mit einer Gabel verschlagen.
Das Schwarzbrot grob würfeln. Das Olivenöl in einer Pfanne erhitzen und die Brotwürfel darin goldbraun braten. Die Miesmuscheln aus den Schalen lösen und in reichlich Salzwasser blanchieren, abgießen und beiseitestellen.
Die Fleischbrühe bis zum Siedepunkt erhitzen, aber nicht kochen lassen. Die Eimasse unter Rühren in die Brühe gleiten lassen, die Miesmuscheln dazugeben und das Ganze etwa 5 Minuten simmern lassen. Inzwischen die Petersilie fein hacken. Die Brotwürfel auf 4 Suppenteller verteilen, die Suppe darüber schöpfen und zuletzt mit der Petersilie bestreuen.

Dazu paßt ein Trentino DOC Gewürztraminer bzw. ein Trentino DOC Pinot Grigio.

MINESTRA DI PASSATELLI
Spargelcremesuppe mit Passatelli

Hier sind zwei Rezepte, die sich – von der unterschiedlichen Menge abgesehen – kaum unterscheiden.

Erste Art: 100 g Semmelbrösel, 20 g Rindermark, 40 g geriebener Parmesan, 2 Eier, Muskat oder Zitronenschale oder beides zusammen
Diese Menge kann für 4 Personen ausreichen.
Zweite Art: 170 g Semmelbrösel, 30 g Rindermark, 70 g geriebener Parmesan, 3 Eier und 1 Eidotter, Muskat oder Zitrone wie oben
Diese Menge reicht für 6 bis 8 Personen.

Das Rindermark macht die Masse geschmeidiger. Es muß nicht über dem Feuer zerlassen werden, man zerkleinert es mit dem Messer. Jetzt wird alles verknetet, bis ein fester Teig entsteht. Man hält ein wenig Semmelbrösel zurück, um sie notfalls zusetzen zu können.
Der Name Passatelli rührt daher, daß man den Teig durch Locheisen passiert (in Süddeutschland gibt es dafür den Spätzleschaber), wie es sie in der Romagna in jedem Haushalt gibt. Man kann auch einen Spritzbeutel nehmen.

SO KOCHT DER MEISTER

Die Schalotte fein hacken. Den Spargel in kleine Stücke schneiden. 20 g Butter in einer Kasserolle zerlassen und die Schalotte darin andünsten. Den Spargel dazugeben und einige Minuten lang bei kleiner Hitze mitdünsten. Inzwischen die Hühnerbrühe erhitzen und das Gemüse damit angießen. Das Ganze aufkochen und den Spargel auf kleiner Flamme gar kochen.
Den Spargel abgießen und die Brühe auffangen. Das Gemüse im Mixer oder mit dem Mixstab pürieren und zusammen mit der Sahne wieder zur Brühe geben. Alles aufkochen und mit etwas Salz abschmecken.
Für die Passatelli die Eier in einer größeren Schüssel mit Muskatnuß und der abgeriebenen Zitronenschale schlagen. Den geriebenen Käse, Ochsenmark, Salz und

Zutaten für vier Personen:

1 Schalotte
300 g grüner Spargel, küchenfertig
50 g Butter, 1 l Hühnerbrühe
300 ml Sahne, Salz, 3 Eier
eine Prise abgeriebene Muskatnuß
abgeriebene Schale von
1 unbehandelten Zitrone
200 g geriebener Parmesan
200 g Semmelbrösel (aus altbackenem
und nicht aus trockenem Brot)
50 g Ochsenmark, Salz

die Semmelbrösel dazugeben, alles zu einem dickflüssigen, glatten Teig verrühren. Diesen durch das Passatelli-Sieb in die heiße Spargelcreme drücken. Die Passatelli einige Minuten auf kleiner Flamme kochen und in der Spargelcreme servieren.

Variation

Zutaten für vier Personen:

100 g geriebener Pecorino-Käse
100 g geriebener Parmesan, 3 Eier
20 g Rindermark
eine Prise abgeriebene Muskatnuß
die abgeriebene Schale von
1 unbehandelter Zitrone
200 g altbackenes Brot (nicht trocken),
frisch gerieben, Salz
³/₄ l Fleischbrühe
30 g schwarze Trüffel

Den Pecorino und den Parmesan reiben. Die Eier in eine größere Schüssel aufschlagen. Muskatnuß und geriebene Zitronenschale dazugeben und die Eier mit einer Gabel verschlagen. Den Käse, das Brot und das Rindermark dazugeben und das Ganze gut durchkneten, bis ein geschmeidiger Teig entsteht. Die Masse mit Salz abschmecken.

Die Fleischbrühe zum Kochen bringen. Den Teig in das dafür vorgesehene Passatelli-Sieb geben und die Passatelli in die kochende Brühe drücken. Die Suppe bei milder Hitze kochen, bis die Passatelli an die Oberfläche steigen. Die Suppe in vorgewärmte Suppentassen schöpfen und über jede Portion einige Trüffelscheiben hobeln.

Dazu paßt ein Trentino DOC Bianco.

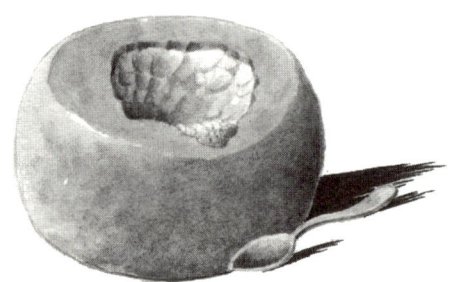

MINESTRA DI BOMBOLINE DI PATATE
Suppe mit Kartoffelwürfeln

500 g Kartoffeln, 40 g Butter, 40 g geriebener Parmesan, 3 Eigelb, geriebene Muskatnuß

Man gart die Kartoffeln in Wasser oder noch besser in Dampf, pellt sie, drückt sie warm durch das Sieb und salzt sie. Dann setzt man obige Ingredienzien zu und verrührt sie. Das Nudelbrett wird mit Mehl bestreut und der Teig darauf zu Stäbchen ausgezogen, wobei aber kein Mehl eindringen soll. Aus den Stäbchen bildet man nuß-großе Kügelchen. Diese werden in Öl oder ausgelassenem Speck schwimmend gebra-ten, in die Terrine gegeben und mit kochen-der Fleischbrühe übergossen.
Die Menge kann für 8 bis 10 Personen reichen.

SO KOCHT DER MEISTER

Die Kartoffeln und den Kürbis garen, schälen und in Würfel schneiden. Die Paprikaschoten halbieren und in den heißen Backofen oder unter den Grill legen, bis sich die Haut dunkel färbt. Dann herausnehmen und mit ei-nem feuchten Küchentuch abdecken. Wenn die Paprika etwas abgekühlt sind, die Haut abziehen und das Fruchtfleisch ebenfalls würfeln.
Die Zwiebeln fein würfeln und in wenig Öl goldbraun anbraten. Die Paprikawürfel zugeben und etwas mitga-ren lassen. Die Kürbis- und die Kartoffelwürfel hinzufü-gen, das Ganze mit soviel Wasser aufgießen, daß das Gemüse vollständig bedeckt ist, mit Salz und Pfeffer abschmecken und fertiggaren.

Zutaten für vier Personen:

300 g Kartoffeln
300 g Kürbis
100 g Paprikaschoten
300 g Zwiebeln
100 ml Olivenöl »extra vergine«
Salz
schwarzer Pfeffer

Dazu paßt ein Trentino DOC Moscato giallo, trocken.

ZUPPA DI OVOLI

Pilzsuppe

Zur Pilzzeit läßt sich eine Suppe bereiten, mit der man an jeder herrschaftlichen Tafel Ehre einlegen kann. Kaiserlinge sind orangegelbe Pilze. Junge Pilze sind eiförmig, die reiferen sind offen und flach. Man nimmt davon 600 g. Wenn sie gesäubert und geputzt sind, bleiben noch etwa 500 g übrig. Sie werden sorgfältig gewaschen und in kleine dünne Scheiben oder auch in Stückchen geschnitten.

Man mischt 50 g Speck mit etwas Petersilie, setzt es zum Feuer, gibt 50 g Butter und 3 Eßlöffel Öl hinzu. Wenn alles gebräunt ist, schüttet man die Pilze hinein, salzt sie wenig und läßt sie halbgar kochen, dann gießt man Pilze und Zutaten zusammen in die Fleischbrühe und läßt sie noch einmal 10 Minuten kochen. Man gibt 1 Ei und 1 Eidotter mit einer Handvoll Parmesan in die Suppenterrine, dazu noch geröstete Brotstückchen in die Minestra und gießt diese langsam unter ständigem Umrühren in die Terrine. Die Suppe muß auf jeden Fall dünnflüssig bleiben. Die Menge kann für 6 oder 7 Personen ausreichen. Will man nur die Hälfte ansetzen, genügt 1 Ei.

SO KOCHT DER MEISTER

Zutaten für vier Personen:

300 g Steinpilze, 150 g Butter
75 g Reismehl, 1/2 l Fleischbrühe
1/2 l Milch, 200 ml Sahne
1 Bund Petersilie
1 Schalotte
4 Scheiben Toastbrot
einige Basilikumblätter
Salz

Die Kaiserlinge aus dem Originalrezept können durch Steinpilze ersetzt werden. Die Pilze putzen und in dünne Scheiben schneiden.

50 g Butter in einer Pfanne zerlassen, das Reismehl zugeben und anrösten. Brühe und Milch einrühren, das ganze zum Kochen bringen und auf kleiner Flamme ca. 40 Minuten kochen lassen.

Die Petersilie fein hacken, die Schalotte fein würfeln. 50 g Butter erhitzen, die Pilze zusammen mit der gehackten Petersilie und den Schalottenscheiben dazugeben und weich schmoren. Das Ganze mit Salz abschmecken und im Mixer pürieren.

Das Pilzpüree zur Suppe geben und alles weitere 20 Minuten kochen. Inzwischen das Toastbrot in Würfel schneiden und in etwas Butter rösten. Die Basilikumblätter in feine Streifen schneiden.

Am Ende der Garzeit die Sahne und die übrige Butter unter die Suppe rühren und das Ganze fein abschmecken. Die Steinpilzcreme in vorgewärmte Suppentassen schöpfen, mit den Brotwürfeln und dem Basilikum garnieren.

ZUPPA REGINA
Königinsuppe

Dem Namen nach zu schließen müßte es sich um die beste aller Suppen handeln. Gewiß gehört sie zu den besten, aber der Titel ist trotzdem eine leichte Übertreibung. Man bereitet sie aus dem weißen Fleisch eines gebratenen Huhns, das man von Haut und Sehnen befreit und mit dem Wiegemesser gut zerkleinert hat. Dann wird es zusammen mit 5 oder 6 geschälten Mandeln und in Brühe oder Milch eingeweichtem Weißbrot (ohne Kruste, etwa $^1/_5 - ^1/_6$ der Fleischmenge) im Mörser zerstoßen. Nachdem die Masse sehr gut zerkleinert ist, wird sie durch ein Haarsieb gedrückt, in die Suppenschüssel gegeben und mit einer Kelle warmer Fleischbrühe verrührt.

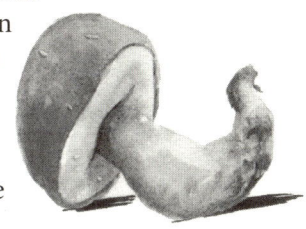

Man schneidet Brot in Stückchen, röstet es in Butter und legt es auch in die Terrine. Dann gießt man kochende Fleischbrühe darüber, rührt um und serviert den Parmesan gesondert.

Die Mandeln haben vorwiegend den Zweck, die Brühe milchig zu machen. Die Flüssigkeit darf aber nicht zu dick geraten. Manche geben auch noch gekochtes und zerdrücktes Eigelb in die Brühe.

SO KOCHT DER MEISTER

Die Hühnerbrust häuten und eventuell sichtbares Fett wegschneiden. Die Hühnerbrühe – selbstgemacht oder aus dem Glas – zum Kochen bringen und die Hühnerbrust darin etwa 20 Minuten garen.

Die Hühnerbrust herausnehmen, ausbeinen und in feine Streifen schneiden. Fleisch und Brühe beiseitestellen.

Den Lauch putzen und in dünne Scheiben schneiden. Die Butter in einer Kasserolle zerlassen, den Lauch dazugeben und einige Minuten andünsten. Das Reismehl zum Lauch geben und alles kurze Zeit weiterdünsten.

Unter kräftigem Rühren die Brühe angießen und alles etwa 40 Minuten kochen lassen.

Inzwischen die Selleriestangen in dünne Scheiben schneiden. Nach Ablauf der Garzeit die Sellerie- und Hühnerfleischscheiben zur Suppe geben und das Ganze noch weitere 10 Minuten garen. Die Zuppa Regina sehr heiß servieren.

Dazu paßt ein Trentino DOC Pinot bianco.

Zutaten für vier Personen:

1 Hühnerbrust
1 l Hühnerbrühe
4 Lauchstangen
80 g Butter
1 Stange Staudensellerie
70 g Reismehl

QUAGLIE CON RISO
Wachteln mit Reis

Schinken und ¼ Zwiebel werden zerhackt und mit Butter ans Feuer gesetzt. Wenn die Zwiebel Farbe bekommen hat, legt man die ausgenommenen und gerupften Wachteln ganz dazu. Salzen und pfeffern, und wenn die Wachteln braun sind, nimmt man sie aus der kochenden Brühe heraus, in die man jetzt den Reis schüttet. Sobald er gar ist, setzt man noch Parmesan zu und serviert ihn in Brühe oder »asciuto« mit den Wachteln.
Vier Wachteln und 400 g Reis mögen für 4 Personen ausreichen.

SO KOCHT DER MEISTER

Zutaten für vier Personen:

5 Zweige Rosmarin
4 Wachteln
Salz, Pfeffer
4 dünne Scheiben magerer Bauchspeck
½ l Brunello di Montalcino (oder ein guter Rotwein aus Montalcino)
1 Schalotte
80 g Butter
300 g Rundkornreis
Fleischbrühe nach Bedarf
100 g geriebener Parmesan

In der modernen Interpretation verliert dieses Rezept seinen Suppencharakter.
Den Backofen auf 200 °C vorheizen. Die Rosmarinnadeln von den Zweigen streifen. Die Wachteln putzen, mit Salz, Pfeffer und etwas Rosmarin würzen, in den Bauchspeck einrollen und etwa 30 Minuten im Ofen garen. Während des Garens nach und nach mit einem Drittel des Weines begießen. Die Brüste ausbeinen und warm stellen. Das Schenkelfleisch in kleine Stücke schneiden. Die Schalotte fein hacken. 30 g Butter erhitzen und die Schalotte darin goldbraun anbraten. Den Reis und das Fleisch zur Schalotte geben und leicht anbraten. Den restlichen Wein zugießen und verdunsten lassen. Inzwischen den restlichen Rosmarin fein hacken und die Brühe zum Kochen bringen. Die Hälfte des Rosmarins zum Reis geben. Nach und nach soviel Brühe dazugeben, daß die Reismasse stets feucht und geschmeidig bleibt. Dabei immer wieder umrühren.
Den fertig gegarten Reis vom Herd nehmen, mit der restlichen Butter und dem geriebenen Parmesan vermengen. Die Masse in vier Förmchen füllen und einige Minuten im heißen Ofen backen. Den Reissavarin aus den Förmchen auf heiße Teller stürzen und die warm gehaltenen Wachtelbrüstchen darauflegen. Mit dem restlichen Rosmarin garnieren und servieren.

Dazu paßt ein Trentino DOC Lagrein Rosé.

MALFATTINI

In Gegenden, wo man fast täglich Teigwaren mit Ei im Hause herstellt, gibt es keine Köchin, die sie nicht hervorragend macht, besonders weil sie sehr einfach sind. Ich notiere sie hier aber für Gegenden, wo sie unbekannt sind. Die einfachsten Malfattini macht man aus Mehl. Man verrührt es mit Ei und knetet auf dem Nudelbrett einen festen Teig daraus. Diesen schneidet man in Scheiben von einem halben Finger Dicke, die man zum Trocknen der Luft aussetzt. Dann werden sie mit dem Wiegemesser körnig zerkleinert, zu Stückchen von der Größe eines halben Reiskorns. Man gibt sie noch durch ein Sieb, damit die Körner gleich groß sind – oder man schabt auch gleich den ganzen Teig mit einem Sieb. Auf keinen Fall soll man sich jenen anschließen, die Malfattini so groß wie einen Spatzenschnabel machen, so sind sie schwer verdaulich. Aus demselben Grund kann man statt Mehl auch Semmelbrösel nehmen, oder auch etwas Parmesan und anregendes Gewürz zusetzen. Wenn es frische Erbsen gibt, kann man sie dazu reichen, man kann auch fein zerkleinerten Mangold zusetzen oder sonstwie komponieren. Übrigens habe ich bemerkt, daß in Florenz, wo man sehr viel aromatische Kräuter in der Küche verwendet, der Dill unbekannt ist, den man anderswo gerne mit Mangold mischt, was ein gutes Aroma ergibt.

SO KOCHT DER MEISTER

Aus dem Mehl, den Eiern und der Muskatnuß einen festen Teig kneten und in 1 cm große Scheiben schneiden. Die Teigscheiben auf ein Brett legen und trocknen lassen. Die angetrockneten Teigscheiben fein hacken, auf ein Küchentuch legen und ganz trocknen lassen.
Für die Brühe den Tintenfisch putzen, samt Kopf fein hacken und in eine Schüssel geben.
Die Zwiebel und den Knoblauch fein würfeln. In einer Kasserolle das Öl erhitzen und die Zwiebel und den Knoblauch darin goldbraun braten. Das Fischhack zur Zwiebel geben und einige Minuten mitbraten lassen. Das Ganze mit 1 1/2 l Wasser aufgießen, Tomatenmark und Chilischote zufügen und mit Salz und Pfeffer abschmecken. Die Suppe bei mäßiger Hitze etwa 1 Stunde kochen lassen. Die Malfattini in die Tintenfischbrühe geben und 5 Minuten kochen lassen.

Zutaten für vier Personen:

200 g Mehl, 2 Eier
etwas abgeriebene Muskatnuß
1 Tintenfisch von ca. 1/2 kg
1 Zwiebel, 1 Knoblauchzehe
100 ml Olivenöl »extra vergine«
50 g Tomatenmark
1 Chilischote, Salz
schwarzer Pfeffer

MINESTRONE
Gemüsesuppe

Das Wort Minestrone bringt mir ein Jahr großer Ängste ins Gedächtnis und ein seltsames Erlebnis.

Ich weilte während der Badesaison des Jahres 1855 in Livorno, und die Cholera, die hier und da in den italienischen Provinzen aufflackerte, hielt jedermann in Furcht vor einer allgemeinen Epidemie, die dann auch nicht auf sich warten ließ. An einem Samstagabend ging ich in eine Trattoria und fragte: »Was für Minestra gibt es?« »Minestrone«, wurde mir geantwortet. »Also gut, dann Minestrone«, antwortete ich. Ich speiste, machte noch einen Spaziergang und begab mich zu Bett. Ich hatte auf der Piazza del Voltone in einer neugebauten, weißen Villa Quartier genommen, die ein gewisser Domenici bewirtschaftete. In der Nacht revoltierte es in meinem Leib, daß es zum Fürchten war. Ständig war ich zu jenem Kabinett unterwegs, das man in Italien nicht »die Bequemlichkeit« sondern »Unbequemlichkeit« nennen sollte. »Verfluchte Minestrone, auf dich falle ich nie mehr herein«, sagte ich zornig vor mich hin, obwohl sie vielleicht keine Schuld hatte.

Am Morgen fühlte ich mich erschöpft und fuhr mit dem ersten Zug wieder nach Florenz, wo es mir sofort besser ging. Der Montag brachte dann die traurige Nachricht, daß in Livorno die Cholera ausgebrochen und Domenici als ihr erstes Opfer gestorben war. Gewiß, diese Geschichte hat nur zufällig mit Minestrone zu tun, trotzdem widme ich dieser seitdem besondere Aufmerksamkeit.

Nach Erprobung verschiedener Rezepte habe ich endlich eine Zusammenstellung nach meinem Geschmack gefunden. Aber ihr könnt sie natürlich nach eigenem Belieben, nach der Gegend und den zur Verfügung stehenden Gemüsen abwandeln.

Das Fleisch wird wie üblich gekocht. Dann wirft man eine Handvoll geschälte oder grüne Bohnen in die Brühe. (Wenn sie trocken sind, werden sie vorher halbgar gekocht.) Wirsing, Spinat und etwas Mangold werden fein aufgeschnitten, in frischem Wasser eingeweicht, in einer Kasserolle (mit Deckel) trocken aufgesetzt, bis das Wasser heraus ist, dann abgegossen und mit dem Schaumlöffel ausgedrückt. Zu einer Minestrone für 4 oder 5 Personen zerkleinert man 40 g fetten Schinken, 1 Knoblauchzehe und etwas Petersilie, bräunt alles in der Pfanne und gießt es in die Kasserolle, hinzu kommen noch – sehr fein zerkleinert – Sellerie, Mohrrübe, 1 Kartoffel, 1 Zucchino und sehr wenig Zwiebel. Man schüttet die Bohnen hinein, manche legen eine Speckschwarte darauf oder geben etwas Tomatensauce zu, dann Salz und Pfeffer.

Schließlich wird das Ganze mit Fleischbrühe zum Kochen gebracht. Als letztes setzt man noch soviel Reis zu, daß die Minestrone sehr dick wird, und vor dem Auftragen gibt man noch eine ordentliche Prise Parmesan hinein.

Ich muß aber darauf hinweisen, daß dies keine Minestra für einen schwachen Magen ist.

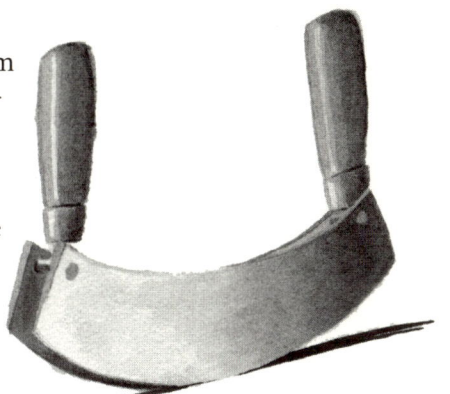

SO KOCHT DER MEISTER

Zutaten für vier Personen:

200 g weiße Bohnen, 2 Kartoffeln
2 Tomaten, 2 Möhren,
100 g grüne Bohnen
150 g Erbsen
150 g dicke Bohnen
einige Kohlblätter
einige Mangoldblätter, 1 Zwiebel
1 Knoblauchzehe (Schalotte)
1 Stange Staudensellerie
2 Zucchini, 30 g Pilze
200 ml Olivenöl »extra vergine«
200 g Hartweizennudeln
50 g geriebener Parmesan
Salz

Die weißen Bohnen über Nacht einweichen, die Kartoffeln schälen und vierteln. Die Tomaten in kochendem Wasser brühen, häuten und das Fruchtfleisch würfeln. Das übrige Gemüse putzen, waschen und in mundgerechte Stücke schneiden. Die Pilze putzen und in Scheiben schneiden.

2 Liter Wasser in einem großen Topf aufsetzen, salzen und sobald es zu kochen beginnt, das gesamte Gemüse und die Pilze dazugeben. Das Öl zufügen und die Suppe etwa 2 Stunden kochen lassen. Die Kartoffel herausnehmen, zerdrücken und wieder hineingeben, damit die Brühe dickflüssiger wird.

Die Nudeln in die Suppe geben und etwa 10 Minuten kochen.

Vor dem Servieren die Minestrone gut umrühren und mit geriebenem Parmesan oder mit einem Schuß Olivenöl abschmecken.

ZUPPA CON LE CIPOLLE ALLA FRANCESE
Französische Zwiebelsuppe

Man kann diese Suppe mit Milch oder Brühe ansetzen. Die folgenden Mengen reichen für 5 Personen.

2 große, weiße Zwiebeln, 50 g Butter, etwa 1¹/₂ l Milch oder Brühe, 250 g Weißbrot, 3 gequirlte Eier, 80 g geriebener Gruyèrekäse, 40 g geriebener Parmesan,

Die Zwiebeln werden in sehr dünne Scheiben geschnitten und mit der Butter zum Feuer gesetzt. Wenn sie anfangen zu bräunen, werden sie mit der Brühe (bzw. Milch) so gekocht, daß man sie durch ein feines Sieb passieren und wieder in die Flüssigkeit zurückgeben kann. Das in Scheiben oder Würfel geschnittene Brot wird geröstet und schichtweise in die Suppenschüssel gelegt, nach jeder Schicht gießt man Ei, Gruyère und Parmesan darüber. Zum Schluß gießt man die kochende Brühe (oder Milch) darüber und serviert.
Wenn man die Suppe mit Milch zubereitet, sollten die Eier ausreichend gesalzen sein. Was die Zwiebeln betrifft: wer sich gesundheitlich nicht auf der Höhe fühlt, sollte diese Suppe meiden.

SO KOCHT DER MEISTER

Zutaten für vier Personen:

300 g Zwiebeln
100 g Butter
20 g Mehl
100 ml Cognac
4 Scheiben altbackenes Weißbrot
1 EL Olivenöl, 100 g Gruyère-Käse
Salz, Pfeffer
etwas geriebener Parmesan

Die Zwiebeln schälen und in dünne Scheiben schneiden. In einer Kasserolle die Butter erhitzen. die Zwiebeln dazugeben und auf kleiner Flamme dünsten. Die Zwiebeln mit Mehl bestreuen, gut umrühren und den Cognac darübergießen.
Die Zwiebelmasse mit 2 l Wasser angießen, salzen und pfeffern. Die Suppe zum Kochen bringen und etwa eine halbe Stunde kochen lassen.
Pro Portion eine Brotscheibe in sehr wenig Olivenöl rösten. Die gerösteten Brotscheiben und etwas geriebenen Gruyère in einen Tontopf legen, die Zwiebelbrühe würzen, darübergießen und das Ganze mit geriebenem Parmesan bestreuen. Die Suppe im Grill überbacken, bis der Käse goldbraun wird.

Dazu paßt ein Trentino DOC Müller Thurgau.

34

STRICCHETTI ALLA BOLOGNESE

Zwei Eier, Mehl, 40 Gramm geriebenen Parmesan und etwas abgeriebene Muskatnuß zu einem Teig kneten. Den Teig nicht zu dünn ausrollen und mit einem Rädchen eineinhalb Finger breite Streifen schneiden. Die Teigstreifen mit dem Teigrädchen in derselben Breite schräg schneiden, so daß viele kleine Stücke entstehen. Die vier Ecken der Teigstücke mit den Fingern zusammendrücken, zwei nach oben und zwei nach unten, so daß die Stricchetti wie zwei zusammengebundene Ringe aussehen. Kurz in Brühe kochen. (Zwei Eier sind für 3 Personen ausreichend).

Wenn euch diese Suppe schmeckt, seid einer jungen, sympathischen Frau aus Bologna dankbar, Rondinella genannt, die mir das Rezept mit Freude beigebracht hat.

SO KOCHT DER MEISTER

Zutaten für vier Personen:

Für den Teig:
100 g Spinat
400 g Mehl
3 Eier
etwas Salz

Für die Sauce:
100 g Blattgemüse
100 g Butter
100 g roher Schinken
100 g frische Erbsen
100 g geriebener Parmesan
etwas Salz

Den Spinat putzen, waschen und in wenig Salzwasser weich dünsten. Den Spinat gut abtropfen lassen und pürieren.

Das Mehl auf ein Backbrett häufen und in die Mitte eine Mulde drücken. Die Eier in die Mehlmulde aufschlagen, 1 Teelöffel Salz darüberstreuen und das Ganze zu einem geschmeidigen Teig verarbeiten. Bei Bedarf tropfenweise etwas Wasser dazugeben.

Die Teigkugel teilen und die eine Hälfte mit dem Spinatpüree verkneten.

Mit dem Teigrädchen 4 mal 2 cm große Vierecke ausschneiden und diese in der Mitte zusammendrücken, so daß eine Schmetterlingsform entsteht (Stricchetti).

Für die Sauce das Blattgemüse waschen und abtropfen lassen. In einer Pfanne 50 g Butter erhitzen. Den Schinken in schmale Streifen schneiden und in der heißen Butter anbraten. Die Erbsen und das Gemüse zugeben.

Die Stricchetti in reichlich Salzwasser kochen, abgießen und mit der Sauce sowie der restlichen Butter in der Pfanne schwenken. Mit dem geriebenen Parmesan vermischen, salzen und sofort servieren.

Dazu paßt ein Trentino DOC Pinot Bianco.

ANOLINI ALLA PARMIGIANA

Eine Dame aus Parma, die ich leider nicht kennengelernt habe und die in Mailand geheiratet hat, schreibt mir: »Ich nehme mir die Freiheit, Ihnen das Rezept für eine Suppe zuzusenden, die in Parma, meiner Heimatstadt, bei Familienfesten zubereitet wird; in jedem Haus, glaube ich, werden zu Weihnachten und Ostern die traditionellen Anolini gemacht.«
Ich fühle mich dieser Dame gegenüber verpflichtet, da ich diese Suppe zubereitet habe und sie so gut gelungen ist, daß ich mich damit dem Publikum und der verehrungswürdigen Garnison erkenntlich zeigen möchte.
Zutaten für fünf Personen:

500 g mageres Rindfleisch ohne Knochen, 20 g Schweinespeck, salz, Pfeffer, 50 g Butter, 1/2 Zwiebel

Das Fleischstück mit dem Schweinespeck spicken, binden, mit Salz, Pfeffer und Gewürzen bestreuen. Das Fleisch in einem Tontopf oder in einer Kasserolle mit der Butter und der grob geschnittenen Zwiebel anbraten. Nach diesem Vorgang zwei Schöpflöffel Brühe dazugeben, den Topf mit mehreren Lagen Papierblättern abdecken, auf die man eine Schüssel mit Rotwein stellt. Und warum Wein und nicht Wasser? Dafür konnte auch die Dame keine Erklärung finden.
Das Fleisch bei geringer Hitze acht bis neun Stunden garen lassen, so daß am Ende vier, fünf Löffel intensiver Sauce übrigbleiben. Die Sauce durchseihen und für den nächsten Tag aufheben.
Die Füllung für die Nudeln zubereiten:

100 g altes Brot, leicht geröstet, 50 g geriebener Parmesan, etwas abgeriebene Muskatnuß, 1 Ei und die Fleischsauce

Eine glatte Masse aus diesen Zutaten herstellen. Den weichen Nudelteig dünn ausrollen. Gezackte Kreise ausschneiden, mit der Masse füllen und in Halbmondform zusammendrücken. Diese Zutaten reichen für 100 Stück. Sie können mit Brühe oder wie Tortellini gegessen werden, wobei die Anolini nicht so schwer im Magen liegen. Das übriggebliebene Fleisch kann allein bzw. mit einer Gemüse-Beilage gegessen werden.

SO KOCHT DER MEISTER

Die Anolini kann man auch mit einer Gemüsefüllung herstellen.

Für den Nudelteig den Spinat putzen, waschen und in wenig Salzwasser weich dünsten. Den Spinat gut abtropfen lassen und pürieren.

Das Mehl auf ein Backbrett häufen und in die Mitte eine Mulde drücken. Die Eier in die Mehlmulde aufschlagen, 1 Teelöffel Salz darüberstreuen und das Ganze zu einem geschmeidigen Teig verarbeiten. Bei Bedarf tropfenweise etwas Wasser dazugeben. Die Teigkugel teilen und die eine Hälfte mit dem Spinatpüree verkneten.

Für die Füllung die Auberginen und Zucchini in feine Würfel schneiden und salzen, damit sie Flüssigkeit ziehen und abtropfen können. In einer Kasserolle die Butter erhitzen, die Gemüsewürfel zugeben und in der heißen Butter schwenken. Das Gemüse mit dem Weißwein angießen. Sahne und Thymian dazugeben und kochen lassen, bis die Flüssigkeit auf die Hälfte reduziert ist. Das Gemüse durch ein Sieb drücken.

Das Gemüsepüree zusammen mit dem Ricotta, der Hälfte des Parmesans und einer Prise Salz mixen.

Aus den beiden Teigen kleine, halbmondförmige Stücke ausstechen, etwas Füllung in die Mitte geben und sie zu einem Halbmond zusammenfalten.

Für die Sauce die Aubergine und die Zucchini in kleine Würfel schneiden, mit Salz und Thymian würzen. Etwas Butter in einer Pfanne erhitzen und die Gemüsewürfel darin dünsten. Die Sahne angießen, das Ganze einige Minuten kochen und mit Salz abschmecken. Die Sauce abseihen, die Gemüsewürfel aufbewahren.

Die gefüllten Anolini in Salzwasser kochen, abgießen und mit der Butter und dem restlichen geriebenen Parmesan in der Pfanne schwenken. Die Sauce als Spiegel auf Teller geben, die Anolini kreisförmig hineinlegen, abwechselnd einen gelben und einen grünen. In die Mitte des Anolinirings die kleinen Gemüsewürfel setzen und mit etwas frischem Thymian garnieren.

Dazu paßt ein Trentino DOC Pinot Bianco.

Zutaten für vier Personen:

Für den Teig:
40 g gekochter Spinat
300 g Mehl
3 Eier, etwas Salz

Für die Füllung:
3 Auberginen
3 Zucchini, etwas Salz
30 g Butter
100 ml Weißwein, trocken
200 ml Sahne
etwas Thymian
300 g Ricotta-Käse
50 g Parmesan

Für die Sauce:
1 Aubergine
1 Zucchini
etwas Salz
etwas Thymian
1 EL Butter
100 ml Sahne

Traditionell gehört zu einem klassischen italienischen Menue nach den Antipasti eine Minestra als erster Gang. Das kann eine der bisher beschriebenen Suppen sein, aber auch ein Pastagericht. Wurden Pasta als erster Gang gereicht, nannte man sie zu Artusis Zeiten ebenfalls »Minestre«, bezeichnete sie zum Unterschied zu den echten Suppen aber als »trockene Suppen«. Im heutigen Sprachgebrauch ist diese Verwendung des Begriffs »Minestra« auch für die Pasta weitgehend verlorengegangen.

Tortelli

200 g Quark oder Ziegenkäse (oder beides gemischt), 40 g Parmesan, 1 Ei und 1 Dotter, 1 Spur Muskat und Gewürz nach Geschmack, 1 Prise Salz, 1 EL zerkleinerte Petersilie

Man schlägt die Füllung in Teigblättchen, die etwas größer sind, als jene, die für die Cappelletti ausgestochen wurden (etwa 8 cm). Man kann sie auch nur einmal zu einem Halbmond zusammenlegen, aber die Form der Cappelletti ist zu bevorzugen. Man kocht sie ausreichend lange in Salzwasser, hebt sie heraus und gibt noch Butter und Käse zu. Mit der angegebenen Menge lassen sich 24 oder 25 Tortelli machen, und da sie groß sind, reichen sie für 3 Personen.

SO KOCHT DER MEISTER

Zutaten für vier Personen:

Für den Teig:
300 g Mehl
3 Eier
1 TL Salz

Für die Füllung:
1 kg Blattgemüse
200 g Ricotta-Käse
1 Ei
50 g geriebener Parmesan
etwas abgeriebene Muskatnuß
Salz, Pfeffer

Das Mehl auf ein Backbrett häufen und in die Mitte eine Mulde drücken. Die Eier in die Mehlmulde aufschlagen, 1 Teelöffel Salz darüberstreuen und das Ganze zu einem geschmeidigen Teig verarbeiten. Bei Bedarf tropfenweise etwas Wasser dazugeben.

Das Blattgemüse putzen, waschen, abtropfen lassen und in wenig Salzwasser einige Minuten garen. Das Gemüse abgießen, gut abtropfen lassen und fein hacken. Den Ricotta zusammen mit dem Ei, dem geriebenen Parmesan und dem Gemüse in eine Schüssel geben, mit einer Prise abgeriebener Muskatnuß, Salz und frisch gemahlenem Pfeffer würzen und alles gut vermengen.

Den Nudelteig dünn ausrollen. Die Füllung in kleinen Häufchen, alle im gleichen Abstand über die eine Teighälfte verteilen; die andere Teighälfte darüberlegen und die Zwischenräume zusammendrücken. Mit dem Teigrädchen die Tortelli ausschneiden, in Salzwasser kochen und abgießen. Mit zerlassener Butter und geriebenem Parmesan servieren.

Dazu paßt ein Trentino DOC Nosiola.

ZUPPA DI FAGIUOLI

Bohnensuppe

Man sagt mit Recht, die Bohnen seien das Fleisch der Armen, und in manchen Gegenden Italiens, wo es für das Stück Fleisch zu einer guten Minestra für die ganze Familie nicht reicht, sind Bohnen ein gesunder, nahrhafter und nicht zu teurer Ersatz dafür. Mehr noch: Bohnen werden langsam verdaut und stillen für längere Zeit das Hungergefühl. Aber … es gibt ein »Aber« wie bei so vielen Dingen im Leben, und ihr habt mich schon verstanden. Um euch etwas vorzusehen, nehmt Ihr Bohnen mit dünner Haut, oder ihr püriert sie.

Um die Bohnensuppe schmackhafter und aromatischer zu machen, gibt man einer Suppe für 4 bis 5 Personen entsprechend viel Geröstetes hinzu: dazu nimmt man $1/4$ Zwiebel, 1 Knoblauchzehe, 1 Prise Petersilie und 1 gutes Stück weißen Sellerie. Man zerkleinert alles sehr fein mit dem Wiegemesser, setzt es dann mit einem guten Schuß Öl auf das Feuer – auch Pfeffer sollte man ausreichend zusetzen. Wenn es genug gebräunt ist, gießt man 2 Kellen Bohnenbrühe hinein, setzt noch etwas Tomatensauce zu, läßt es kochen und gießt es in den Topf mit garen Bohnen. Wer etwas Gemüse in der Suppe haben will, kann dazu Rotkohl nehmen, der zuerst gekocht wird und dann ein wenig mit der oben beschriebenen Gewürzmischung brät. Man gießt die Suppe über vorher geröstete und in Stückchen aufgeteilte Brotscheiben.

SO KOCHT DER MEISTER

Zutaten für vier Personen:

500 g weiße Bohnen
100 g Weizenmehl, 150 g Maismehl
150 g durchwachsener Speck
1 Zwiebel, 1 Stange Staudensellerie
1 Möhre, etwas Rosmarin
1 EL Butter
80 g Tomatenmark
Salz, Pfeffer
50 g geriebener Pecorino
200 ml Olivenöl »extra vergine«

Die Bohnen mindestens 24 Stunden einweichen und dann in Salzwasser gar kochen.

Weizen- und Maismehl mit etwas warmem Wasser zu einem Teig kneten, diesen $1/2$ cm dick ausrollen und 1 mal 1 cm große Quadrate ausschneiden (Gnocchetti). Speck, Zwiebel, Sellerie und Möhre würfeln und alles mit dem Rosmarin in Butter anbraten. Die Bohnen mit dem Kochsud, dem Tomatenmark zugeben, salzen und pfeffern. Das Ganze ca. 1 $1/2$ Stunden kochen lassen. In einem anderen Topf Salzwasser aufsetzen und die Gnocchetti ca. 10 Minuten darin kochen. $2/3$ des Kochwassers abgießen, die Bohnen mit der Sauce und dem geriebenem Pecorino dazugeben und weitergaren. Nach ca. $1/2$ Stunde mit einem Schuß Olivenöl und frisch gemahlenem Pfeffer servieren.

Dazu paßt ein Kalterersee DOC.

Zuppa Toscana di Magro alla Contadina

Diese Suppe, die sich aus Gründen der Bescheidenheit »alla contadina« (bäuerlicher Art) nennt, wird allen gut schmecken.

300 g weiße Bohnen, 400 g altes, weiches Brot, 150 g Öl, 2 l Wasser, ½ Weißkohl bzw. Wising, Blaukraut in der selben Menge und auch mehr, 1 Bund Mangold, 1 Kartoffel, einige Streifen Dörrfleisch bzw. Schinkenstreifen

Die Bohnen mit den 2 Liter Wasser kochen und das Dörrfleisch zugeben. Während die Bohnen kochen, eine große Zwiebel, zwei Knoblauchzehen, zwei 10 cm lange Selleriestangen und Petersilie feinhacken und in dem Öl goldbraun anbraten; dann das grob geschnittene Gemüse zugeben; zuerst Kohl, dann Mangold und die in Stücke geschnittene Kartoffel. Mit Salz und Pfeffer abschmecken und Tomatensauce bzw. Tomatenmark zugeben. Wenn die Bohnen gar sind, ein Viertel davon zum Gemüse geben und die Fleischstreifen untermischen. Die übrigen Bohnen passieren und in der Brühe auflösen und alles zum Gemüse gießen. Das Ganze mischen, noch etwas kochen lassen. Die Brotwürfel in die Suppenschüssel legen, die Suppe darüber gießen und vor dem Servieren zwanzig Minuten ziehen lassen.

SO KOCHT DER MEISTER

Bohnen mindestens 24 Stunden in kaltem Wasser einweichen, dann in Salzwasser gar kochen. Die Zwiebel, die Schalotte, die Selleriestange und die Petersilie fein hacken. Die Pilze putzen, die Stiele abschneiden und beiseite legen, die Kappen in dünne Scheiben schneiden.
In einem Suppentopf 1 Eßlöffel Olivenöl erhitzen und die Pilzstiele darin zusammen mit dem Gemüse und der Petersilie anbraten. Zunächst die Hälfte der Bohnen mit dem Kochsud, dann die Tomatensauce und etwas Rosmarin zugeben und einige Minuten köcheln lassen. Das Ganze passieren und wieder erhitzen. Die andere Hälfte der Bohnen und die Maltagliati (hausgemachte Bandnudeln) hineingeben.
In einer Pfanne einen weiteren Eßlöffel Olivenöl erhitzen, die Knoblauchzehe dazupressen, die in Scheiben geschnittenen Pilzkappen dazu geben. Die Pilze einige Minuten braten, mit Salz und Pfeffer abschmecken. Die Suppe in vorgewärmten Suppentellern servieren und mit je einem Löffel Pilze, etwas Olivenöl und Pfeffer anrichten.

Zutaten für vier Personen:

400 g weiße Bohnen, 1 Zwiebel
1 Schalotte
1 Stange Staudensellerie
1 Bund Petersilie, 300 g Steinpilze
100 ml Olivenöl »extra vergine«
1 Knoblauchzehe, 50 g Tomatensauce
etwas Rosmarin
200 g Maltagliati-Nudeln
Salz, Pfeffer

41

PASTINE O CAPELLINI SUL BRODO DI OMBRINA

Suppen- oder Fadennudeln mit Fischbrühe

Der Ombrina (Umberfisch, eine Barschart), eine der feinsten Fischarten, wird natural, also ohne jede Würze gekocht und liefert eine Brühe, die sich so gut wie Fleischbrühe zu einer leichten Minestra eignet. Folgende Mengen sollten für 3 bis 4 Personen genügen:

500 g Ombrina, 120 g Suppen- oder Fadennudeln, 30 g Butter, 1 l Wasser

Der Fisch wird in besagtem Wasser gekocht und gesalzen. Wenn er gar ist, gießt man die Brühe durch ein Sieb und kocht daraus die Minestra, indem man Tomatensauce zugibt, um den Fischgeruch zu dämpfen. Man gibt die Butter in die Terrine und gießt die Minestra darüber. Der Parmesan kommt wieder in einer gesonderten Schale auf den Tisch.

SO KOCHT DER MEISTER

Zutaten für vier Personen:

Für den Teig:
200 g Mehl
2 Eier, 1/2 TL Salz

Für die Brühe:
2 Zwiebeln
1 Stange Staudensellerie
1 Möhre
100 ml Olivenöl »extra vergine«
500 g Tintenfische
500 g gemischte Kleinfische
50 g Erbsen, 4 reife Tomaten
Salz und Pfeffer, 1 Chilischote

Das Mehl auf ein Backbrett häufen und in die Mitte eine Mulde drücken. Die Eier in die Mehlmulde aufschlagen, 1 Teelöffel Salz darüberstreuen und das Ganze zu einem geschmeidigen Teig verarbeiten. Bei Bedarf tropfenweise etwas Wasser dazugeben. Den Teig dünn ausrollen und in kleine Vierecke schneiden.

Die Zwiebeln, den Sellerie und die Möhre fein hacken. 2 Eßlöffel Öl in einem Topf erhitzen und die Hälfte der Zwiebelwürfel, den Sellerie und die Möhre darin goldbraun anbraten. Tintenfische und Fische zum Gemüse geben und wenige Minuten mitbraten lassen, dann, mit Wasser auffüllen und salzen. Das Ganze mindestens eine Stunde köcheln lassen. Die Suppe am Ende der Garzeit etwas ruhen lassen, danach die Brühe durch ein Sieb geben. Die Tintenfische putzen und mitsamt der Leber verwenden. Die Fische in kleine Würfel schneiden.

In einem Topf die restlichen Zwiebelwürfel in Öl goldbraun anbraten, die Tintenfische und die Fischfleischwürfel dazugeben. Das Ganze mit der Brühe aufgießen, die Erbsen und Tomaten dazugeben. Alles mit Salz, Pfeffer und der Chilischote abschmecken und noch ca. 15 Minuten kochen lassen. Die Nudeln dazugeben und fertig garen.

Dazu paßt ein Trentino DOC Pinot bianco.

ZUPPA DI MAGRO COLLE TELLINE
Spaghetti mit Venusmuscheln

Zunächst Risotto mit Muscheln zubereiten. Für 7 oder 8 Personen genügen 2 Knoblauchzehen und ¼ Zwiebel. Man gewinnt eine ausgezeichnete Suppe auch ohne Butter und Parmesan, wenn man ein gutes Röstgemüse zugrundelegt. Das Brot wird in Scheiben geröstet und dann aufgeschnitten. Einige Stücke getrockneter Pilze runden den Geschmack ab.

SO KOCHT DER MEISTER

Dieses im Original sehr umständliche und kryptische Rezept bereitet man in der modernen italienischen Küche meist in Form normaler Pasta zu.
In einem großen Topf 4 L Wasser erhitzen, 1 Teelöffel Salz dazu geben und die Spaghetti einlegen, sobald das Wasser sprudelnd kocht. Die Nudeln nach Herstelleranweisung garen.
Inzwischen die Petersilie und die Chilischote fein hacken. Das Öl in einer Kasserolle erhitzen und die Knoblauchzehe dazupressen. Die Venusmuscheln ins heiße Öl geben und mit der Hälfte der gehackten Petersilie und der gehackten Chilischote bestreuen. Das Ganze kurz dünsten, dann etwas Wasser zugeben. Die Venusmuscheln kochen, bis sie sich öffnen.
Die Spaghetti mit der Sauce und den Venusmuscheln vermischen. Mit dem Rest der feingehackten Petersilie bestreuen und servieren.

Dazu paßt ein Trentino DOC Pinot Bianco.

Zutaten für vier Personen:

etwas Salz
400 g Spaghetti
1 Bund Petersilie
1 Chilischote
100 ml Olivenöl »extra vergine«
1 Knoblauchzehe
600 g Venusmuscheln

TAGLIATELLE VERDI
Grüne Nudeln

Man kann sie zur Minestra asciutta nehmen, sie sind leichter und bekömmlicher als die nur mit Ei angesetzten. Um ihnen die grüne Farbe zu geben, kocht man Spinat gar, preßt ihn gut aus und zerkleinert ihn mit dem Wiegemesser. 2 Eier und eine Handvoll Spinat verknetet man auf dem Nudelbrett mit soviel Mehl, daß es einen festen Teig gibt, der gut durchgearbeitet sein muß. Man walzt ihn mit der Nudelrolle sehr fein aus. Wenn er des pflanzlichen Zusatzes wegen daran kleben bleibt, stäubt man etwas Mehl darauf. Man wickelt den ausgerollten Teig in ein Tuch. Wenn er trocken ist, schneidet man ihn in Streifen, die etwas breiter sind als Suppennudeln, aber Vorsicht, die Länge der Nudeln verrät das Geschick des Kochs. Kurz aufkochen, dann abgießen und die Tagliatelle wie die Spaghetti verwenden. Die Menge reicht für 4 oder 5 Personen.

SO KOCHT DER MEISTER

Zutaten für vier Personen:

Für den Teig:
100 g gekochter Spinat
1/2 TL Salz, 400 g Mehl
4 Eier

Für die Sauce:
200 g Seeteufel
400 g kleine Calamari
1 Schalotte, 80 g Butter, Salz
1 Bund Petersilie
50 g dicke Bohnen, geschält

Für den Nudelteig den Spinat putzen, waschen und in wenig Salzwasser weich dünsten. Den Spinat gut abtropfen lassen und pürieren.

Das Mehl auf ein Backbrett häufen und in die Mitte eine Mulde drücken. Die Eier in die Mehlmulde aufschlagen, das Salz darüberstreuen und das Ganze zu einem geschmeidigen Teig verarbeiten. Bei Bedarf tropfenweise etwas Wasser dazugeben. Den Teig ausrollen und Bandnudeln schneiden.

Den Seeteufel in kleine Stücke schneiden. Die kleinen Calamari putzen. Die Schalotte fein hacken. Die Hälfte der Butter in einer Kasserolle erhitzen und die Schalotte darin anbraten. Den Fisch dazugeben, salzen und einige Minuten mitbraten.

Inzwischen die Petersilie fein hacken. Den Fisch mit dem Weißwein ablöschen und die feingehackte Petersilie darüberstreuen. Alles so lange kochen lassen, bis der Weißwein fast vollständig verdunstet ist. Die restliche Butter und die dicken Bohnen dazugeben und alles gut vermischen. Die Tagliatelle in reichlich Salzwasser bißfest kochen, abgießen und in der Sauce schwenken.

Dazu paßt ein Trentino DOC Nosiola.

TAGLIATELLE ALL'USO DI ROMAGNA
Bandnudeln nach Art der Romagna

Kurze Rechnungen, lange Nudeln, sagen die Bologneser, und sie haben Recht. Denn lange Rechnungen machen den Ehemann wütend, und kurze Nudeln zeugen vom Ungeschick der Ehefrau, weil sie an Küchenabfälle gemahnen, wenn sie auf den Tisch kommen. Darum halte ich es für falsch, sich der Sitte der Fremden anzupassen, die Fadennudeln, Suppennudeln und den Inhalt der Minestra in winzige Stückchen zu zerkleinern. Schließlich sollen diese italienischen Gerichte ihren Nationalcharakter bewahren.

Man rollt den Teig aus. Die Nudeln werden kurz gekocht, herausgenommen und in einer Kasserolle noch einmal für einen Moment auf das Feuer gesetzt, damit sie trockener sind. Dann setzt man eine Würze von Olivenöl, Knoblauch, Petersilie, Basilikum und Tomaten hinzu.

Für meinen Geschmack ist das eine feine Minestra, aber um sie gut zu verdauen, braucht man eine Luft wie in der Romagna.

Ich reiste einmal in Gesellschaft einiger Florentiner (ein zahnloser Greis, ein Mann mittleren Alters und ein junger Advokat), die in Modigliana eine Erbschaft zu regeln hatten. Wir stiegen in einem Gasthaus ab, das, wie man sich vorstellen kann, vor vierzig Jahren an diesem kleinen Ort recht bescheiden war. Der Wirt gab uns als Minestra nur Tagliatelle und als Beilage Schweinewurst, die ziemlich grob und so hart war, daß der Alte sie nur mühsam zerkleinern konnte. Er hatte aber, genau wie die anderen, einen solchen Appetit, daß er alles gut, ja vorzüglich fand. Ich hörte sie mehrmals sagen: »O könnten wir doch diese Luft nach Florenz mitnehmen.«

Und da wir gerade in der Gegend sind, erlaubt mir eine kleine Geschichte: Als in Florenz noch die Francesconi in Umlauf waren, lebte dort ein Graf aus der Romagna, der mit dem Marchese di Forlimpopoli befreundet war. Der Mann war ziemlich aufgeblasen, hatte wenig Geld, aber einen eisernen Magen. In dieser Zeit konnte man in Florenz mit sehr wenig auskommen, ja unter allen großen Städten Italiens konnte man dort am billigsten leben. Es gab mehrere Gaststätten, in denen die üblichen Minestre, drei Gerichte zur Auswahl, dazu Früchte oder Süßspeise sowie Brot und Wein für eine toskanische Lira angeboten wurden. Die Portionen waren nicht besonders groß, aber wer nicht gerade ausgehungert war, wurde satt, und auch die hochgestellten Herrschaften besuchten diese Gasthäuser.

Aber der eitle Romagnese wollte dort nicht gesehen werden. Und was, glaubt ihr, stellte er an, um sich ein besonderes Ansehen zu geben und trotzdem wenig Geld auszugeben? Er ging alle paar Tage in das teuerste Hotel, wo man vornehm für einen halben Francone speiste. Dafür wurde man aber ausgiebig nach Verlangen bewirtet. Dort ließ er auftragen und schlug sich den Bauch so voll, daß er anschließend zwei Tage Diät halten konnte. Am ersten aß er nichts, am zweiten nur etwas Brot, Käse und Aufschnitt. Vielleicht kann euch das als Beispiel und Rezept dienen?

SO KOCHT DER MEISTER

Das Mehl auf ein Backbrett häufen und in die Mitte eine Mulde drücken. Die Eier in die Mehlmulde aufschlagen, 1 Teelöffel Salz darüberstreuen und das Ganze zu einem geschmeidigen Teig verarbeiten. Bei Bedarf tropfenweise etwas Wasser dazugeben. Den Teig dünn ausrollen und möglichst lange Tagliatelle daraus schneiden.

Für die Trüffelbutter 80 g weiche Butter mit etwa 20 g kleinen Trüffelstücken verkneten. Man kann die Trüffelbutter bereits Tage vor der Verwendung zubereiten und im Gefrierfach des Kühlschranks oder im Tiefkühlgerät aufbewahren. Als Fertigprodukt erhält man sie in gutsortierten Feinkostgeschäften.

Zutaten für vier Personen:

Für den Teig:
400 Mehl
4 Eier
1 TL Salz

Für die Sauce:
100 g Trüffelbutter
100 g weiße Trüffel
50 g geriebener Parmesan

Die weiße Trüffel hauchdünn hobeln. In Salzwasser die Nudeln kochen und abgießen. Die Trüffelbutter in einer Pfanne schmelzen und die Nudeln darin schwenken. Die Nudeln auf vorgewärmte Teller geben und mit den Trüffelscheibchen garnieren.

Dazu paßt ein Casteller DOC.

RISOTTO NERO COLLE SEPPIE ALLA FIORENTINA
Schwarzer Reis mit Tintenfisch alla fiorentina

Der Invertebrat (wirbelloses Tier, sepia officinalis) aus der Ordnung der Mollusken und der Familie der Kopffüßler wird in Florenz »Calamaio« (Tintenfaß) genannt – vielleicht weil ihm die Natur zu seiner Verteidigung ein Beutelchen mit einer schwarzen Flüssigkeit geschenkt hat, mit der man schreiben kann. Die Toskaner, besonders die Florentiner, verstehen so wenig von Gemüse, daß sie zu diesem Gericht Mangold nehmen, was mir zu passen scheint wie der Milchmann in den Paternoster. Den übermäßigen Verzehr von Gemüse halte ich für einen der Gründe für die schwache Konstitution einiger Bevölkerungsgruppen, die dann bei einer grassierenden Influenza wenig Widerstandskraft haben.

Man häutet und zerlegt die Tintenfische, um die ungenießbaren Teile wie Kalkschulp (Os sepiae), Mundwerkzeuge, Augen und Verdauungsorgane zu beseitigen. Man legt den Tintenbeutel beiseite, wäscht alles sorgfältig und zerschneidet es in kleine Stücke.

2 nicht zu große Zwiebeln – besser noch: 1 Zwiebel und 2 Knoblauchzehen – werden sorgfältig zerkleinert und in einer Kasserolle mit gutem Öl in ausreichender Menge aufgesetzt. Wenn die Zwiebeln gebräunt sind, legt man die Tintenfische dazu, läßt sie braten, bis sie anfangen gelb zu werden und setzt etwa 600 g Mangold zu, den man von den großen Rippen befreit und etwas zerkleinert hat. Man rührt um und läßt etwa $1/2$ Stunde kochen. Dann schüttet man 600 g Reis dazu (dem Naturalgewicht der Calamari entsprechend) und gießt die Tinte hinein. Wenn der Reis gut mit der Sauce durchtränkt ist, nimmt man ihn vom Feuer und läßt ihn mit warmem Wasser zu Ende garen. Es ist eine allgemeine Regel, daß der Reis nicht zu sehr gekocht sein darf; »asciutto« heißt in diesem Falle, daß er beim Servieren in der Schüssel wirklich ein trockenes Häuflein bildet. Parmesan wird gesondert serviert, da die übrigen Ingredienzien schon nicht leicht verdaulich sind.

Jetzt teile ich euch eine andere Art mit, dieses Risotto zuzubereiten, damit ihr nach eurem Geschmack wählen könnt. Kein Mangold und keine Tinte – wenn die Calamari, wie oben beschrieben, anfangen, sich gelb zu färben, schüttet man den Reis hinein, nimmt den Topf vom Feuer und setzt zum Garen warmes Wasser und Tomatensauce oder Tomatenmark zu, 1 Stückchen Butter fördert den Geschmack. Wenn der Reis fast gar ist, kommt der Parmesan hinein. Man kann auch, wenn der Reis fast gar ist, gegarte Erbsen hinzufügen.

47

SO KOCHT DER MEISTER

Den Tintensack vom Tintenfisch entfernen, die Petersilie grob hacken. Den Tintensack zusammen mit einer Schalotte, 2/3 der Petersilie und etwas Salz in wenig Wasser einige Minuten kochen lassen. Das Ganze abseihen und die Flüssigkeit aufbewahren.

Den Tintenfisch säubern und in kochendem Wasser mit der Möhre, dem Sellerie und der Zitrone gar kochen. Den gekochten Fisch in kleine Würfel schneiden.

Die Paprikaschote würfeln und die übrige Schalotte fein hacken. 50 g Butter in einer Pfanne erhitzen. die Paprikawürfel und die feingehackte Schalotte dazugeben und etwas andünsten, dann die Tintenfischwürfel zugeben und alles mit Salz abschmecken.

Für die Strozzapreti das Mehl auf einem Backbrett häufeln und eine Mulde hineindrücken. Das Ei zusammen mit der Tinte aus dem Tintensack und etwas Salz in die Mulde geben. Das Ganze zu einem Nudelteig verkneten. Den Teig dünn ausrollen und zu Strozzapreti – 10 cm langen dünnen Fäden – schneiden. Die Nudeln in Salzwasser bißfest kochen und abgießen. Die Nudeln in die Pfanne mit den Tintenfischwürfeln und der gelben Paprikaschote geben und in dieser Sauce schwenken.

Das Gericht auf 4 vorgewärmten Tellern anrichten, mit der restlichen Petersilie bestreuen und mit etwas Olivenöl begießen.

Dazu paßt ein trockener Sekt aus Trento.

Zutaten für vier Personen:

Für die Sauce:
1 Tintenfisch von 500 g
2 Schalotten
1 Bund Petersilie
etwas Salz
1 Möhre
1 Stange Staudensellerie
1/2 unbehandelte Zitrone
1 gelbe Paprikaschote
100 g Butter

Für die Strozzapreti:
300 g Mehl
1 Ei
Tinte vom Tintenfisch
Salz
1 EL Olivenöl

RISOTTO COI FUNGHI

Risotto mit Pilzen

Zu diesem Gericht bevorzuge ich Steinpilze. Man kann aber auch andere Pilzsorten verwenden. Bemeßt die Pilze nach dem halben Gewicht der Reismenge, weil sie noch gewaschen und geputzt werden müssen. Man zerkleinert wenig Zwiebel, Petersilie, Sellerie und Mohrrübe. Handelt es sich um eine Mahlzeit aus 300 g Reis für 3 Personen, so setzt man obige Würzmischung mit 3 Eßlöffeln Öl auf das Feuer. Hat sie Farbe angenommen, gibt man Tomatensauce und Wasser hinzu, salzt und pfeffert und kocht anschließend eine ganze

Zehe Knoblauch darin, die man aber herausnimmt und fortwirft, bevor man das Ganze durch das Sieb passiert. Die durchgeschlagene Flüssigkeit setzt man mit den etwa auf die Größe eines Maiskorns zerkleinerten Pilzen wieder zum Feuer. Wenn die Pilze gar sind, stellt man sie beiseite. Der Reis wird roh mit Butter gebräunt, dann vom Feuer gezogen. Man gießt mit der Kelle langsam warmes Wasser zu und läßt ihn gar werden. Wenn er halb gar ist, rührt man die Pilze darunter, und vor dem Servieren würzt man noch mit Parmesan. Statt frischer Pilze lassen sich auch getrocknete verwenden.

SO KOCHT DER MEISTER

Zutaten für vier Personen:

1 Zwiebel
300 g Steinpilze
80 g Butter
200 g Rundkornreis
100 ml Weißwein, trocken
1 l Fleischbrühe
1 Bund Petersilie
80 g geriebener Parmesan
100 g Gänsesalami
1 Schalotte
2 EL Olivenöl

Die Zwiebel fein hacken, die Steinpilze putzen und in feine Scheiben schneiden. 30 g Butter in einer Pfanne erhitzen und die Zwiebel darin anbraten. Den Reis und 100 g von den Steinpilzen zugeben. Alles anbraten und den Weißwein bis auf einen kleinen Rest aufgießen.

Das Risotto bei geringer Hitze weitergaren. Dabei nach und nach die Fleischbrühe angießen, bis der Reis gar ist. Inzwischen die Petersilie fein hacken.

Den Topf vom Herd nehmen. Die restliche Butter, den geriebenen Parmesan und die Hälfte der Petersilie unterheben. Vier Förmchen mit Salamischeiben auslegen, mit dem Reis füllen und einige Minuten im heißen Ofen backen.

Die Schalotte fein hacken. Das Öl in einer Kasserolle erhitzen und die Schalotte zusammen mit den restlichen Steinpilzen, einem Schuß Weißwein und der restlichen feingehackten Petersilie anbraten.

Jeden Reis-Savarin in die Mitte eines Tellers stürzen und die angebratenen Steinpilze rund um den Reis garnieren.

Dazu paßt ein Schiava gentile aus dem Trentino.

49

RISOTTO ALLA MILANESE
Risotto nach Mailänder Art

500 g Reis, 80 g Butter, Safran soviel, wie für die Farbe notwendig, ½ Zwiebel mittlerer Größe

Das Kochen geschieht wie im Rezept auf der vorigen Seite. Um dieses Risotto bekömmlicher und schmackhafter zu machen, braucht man Fleischbrühe. Wenn man einen bronzenen Mörser im Haus hat, kauft man ungemahlenen Safran, zerkleinert ihn und verrührt ihn mit ein wenig warmer Brühe, bevor man ihn dem Reis zusetzt, den man dann mit Parmesan serviert. Safran hat eine anregende Wirkung, stimuliert den Appetit und fördert die Verdauung.

Erste Art: Dieses Risotto ist komplizierter und liegt schwerer im Magen als das vorige, schmeckt aber würziger.
Man nimmt zu einer Mahlzeit für 5 Personen:

½ Zwiebel, 40 g Rindermark, 500 g Reis, 80 g Butter, ⅔ Glas guten Weißwein, Safran nach Bedarf, desgleichen Parmesan

Die Zwiebel wird zerkleinert, mit dem Mark und der Hälfte der Butter aufgesetzt. Wenn alles durchgebräunt ist, schüttet man den Reis hinzu, einige Minuten später auch den Wein und läßt mit der Brühe langsam garkochen. Bevor man den Topf vom Feuer nimmt, wird das Gericht noch mit der restlichen Butter und Parmesan versetzt, außerdem bringt man geriebenen Parmesan auf den Tisch.

Zweite Art: Auswahl genug! Hier noch ein Risotto alla milanese, das als Beleg dafür dient, daß ein experimenteller Geist auch die übrigen Rezepte nach eigenem Geschmack abwandeln kann.

¼ Zwiebel mittlerer Größe, 50 g Butter, 300 g Reis, Marsala (2 Fingerbreit eines Trinkglases), ausreichend Safran

Die feingehackte Zwiebel wird mit der Hälfte der Butter geröstet. Man schüttet den Reis hinein und kurz darauf den Marsala. In der Brühe kochen lassen. Wenn der Reis gar ist, setzt man den Rest der Butter und den in etwas Brühe verrührten Safran zu. Zum Schluß eine kleine Handvoll Parmesan. Ausreichend für 3 Personen.

SO KOCHT DER MEISTER

Die Seezungen putzen und filetieren. In einer Kasserolle etwas Olivenöl mit der Knoblauchzehe und den 8 Filets leicht anbraten. Die Knoblauchzehe entfernen, die Hälfte des Weins zugießen und verdunsten lassen. Die Tomaten in kleine Würfel schneiden und zum Fisch geben. Das Ganze salzen und pfeffern, weitere 5 Minuten kochen lassen und warm stellen.

Die Zwiebeln fein würfeln und in dem restlichen Öl goldbraun anbraten. Den Reis hineinrühren und den restlichen Wein zugießen. Nach und nach unter Rühren den Fischfond zufügen.

Die Petersilie fein hacken. Nach der halben Garzeit den Safran und etwas gehackte Petersilie unter das Risotto mischen und fertiggaren.

Das Risotto auf heißen Tellern anrichten, die Filets darauf legen und das Ganze mit gehackter Petersilie bestreuen.

Dazu paßt ein Trentino DOC Pinot Bianco.

Zutaten für vier Personen:

4 Seezungen
20 ml Olivenöl »extra vergine«
1 Knoblauchzehe
20 ml Weißwein, trocken
2 reife Tomaten
Salz und Pfeffer
30 g Zwiebeln
300 g Rundkornreis
1 $\frac{1}{2}$ l Fischfond (aus Fischköpfen und -gräten hergestellt oder aus dem Glas)
1 Bund Petersilie
1 Prise Safran in Fäden

RISOTTO COI GAMBERI

Risotto mit Gambas

Man erzählt sich, eine Gamberessa habe eines Tages vorwurfsvoll zu ihrem Töchterchen gesagt: »Dio Mio, wie verdreht du herumrennst! Kannst du nicht geradeaus gehen?« Das Töchterchen antwortete: »Gern, Mama, aber mach es mir einmal vor.«

Etwa 300 g Gamberi auf 700 g Reis genügen für 8 Personen.

Man zerkleinert $\frac{1}{2}$ Zwiebel, 3 Zehen Knoblauch, dazu entsprechend viel Möhren, Sellerie und Petersilie und setzt es mit der entsprechenden Menge Öl zum Feuer. Ich halte Knoblauch in diesem Falle für notwendig, um den weichen Geschmack der Krebse auszugleichen. Wenn die Würze gebräunt ist, wirft man die Gamberi hinein, salzt und pfeffert. Man rührt häufig um. Wenn alle Krebse rot geworden sind, gießt man Tomatensauce oder Tomatenmark hinzu und kurz darauf soviel warmes Wasser, wie der Reis braucht. Man läßt nicht zu lange kochen, weil die Krebse schnell gar sind. Dann hebt man sie heraus, schält die Größten und legt sie beiseite. Die übrigen zerstößt man im Mörser, passiert sie durch ein Haarsieb und gibt sie wieder in die Brühe, in der sie gekocht wurden.

Man zerläßt ein Stückchen Butter in einer Kasserolle und schüttet den Reis dazu.

Ständig umrühren, bis der Reis von der Butter glänzt, dann in kleinen Mengen die Brühe dazugießen. Sobald der Reis gut halbgar ist, legt man die beiseite gelegten Gamberi hinein und gibt vor dem Servieren noch eine Handvoll Parmesan dazu.

Wenn ihr dieses trockene Risotto zubereitet und zufällig Fleischbrühe vorrätig habt, bedient euch ihrer, weil der Geschmack dadurch voller und delikater wird.

SO KOCHT DER MEISTER

Zutaten für vier Personen:

500 g Gambas, vorgegart
1 Bund gemischte Kräuter
4 Lauchstangen
2 EL Olivenöl »extra vergine«
300 g Rundkornreis
1 Schalotte
1 Ingwerwurzel
Salz, Pfeffer

Die Gambas aus der Schale lösen und die Köpfe abtrennen. Schalen und Köpfe mit den Kräutern in einen Topf mit 1 l kaltem Wasser legen und gut 1 Stunde langsam kochen lassen. Ab und zu den Schaum abschöpfen. Nach Ende der Garzeit den Fond durch ein Tuch abgießen und beiseite stellen.

Den Lauch putzen, waschen und in dünne Scheiben schneiden. 1 Eßlöffel Öl erhitzen und die Lauchscheiben darin bei milder Hitze schmoren lassen. Den Reis hineinrühren, anrösten und nach und nach den Fond angießen.

Inzwischen die Schalotte fein hacken. Die Ingwerwurzel in feine Stifte schneiden. Kurz vor Schluß der Garzeit das restliche Olivenöl in einer Pfanne erhitzen. Die Schalotte zusammen mit der Hälfte der Gambas im heißen Öl schwenken und zusammen mit der in Stifte geschnittenen Ingwerwurzel zum Risotto geben.

Das Risotto auf vorgewärmten Tellern servieren und mit den restlichen Gambas garnieren.

Dazu paßt ein Trentino DOC Müller Thurgau.

MACCHERONI ALLA NAPOLETANA

Makkaroni nach neapoletanischer Art

Zu 300 g Makkaroni, die für 3 Personen genügen, röstet man in einem Tiegel oder der Kasserolle 2 große Zwiebelscheiben mit 30 g Butter und 2 El Öl. Wenn die Zwiebeln, die beim Rösten natürlich zerfallen, ordentlich gebräunt sind, drückt man sie mit einem Löffel aus und wirft sie weg. In die heiße Flüssigkeit gibt man 500 g Tomaten sowie 1 gute Prise grob zerkleinertes Basilikum und würzt mit Pfeffer und Salz. Die Tomaten müssen vorher geschält und in Stücke geschnitten sein. Manche nehmen auch noch nach Möglichkeit die Samenkerne heraus, aber das muß nicht sein.

Inzwischen werden die Makkaroni in einem großen Topf mit viel Wasser gekocht, aber nicht zu stark. Man seiht sie ab, gießt die eingekochte Sauce darüber und gibt außer 50 g Butter noch Parmesan darauf.

SO KOCHT DER MEISTER

Das Mehl auf ein Backbrett häufen und in die Mitte eine Mulde drücken. Die Eier in die Mehlmulde aufschlagen, 1 Teelöffel Salz darüberstreuen und das Ganze zu einem geschmeidigen Teig verarbeiten. Bei Bedarf tropfenweise etwas Wasser dazugeben. Den Teig dünn ausrollen und in 5 mal 5 cm große Vierecke schneiden. Jedes Quadrat über den Stiel eines Holzlöffels rollen. Daraus werden kleine Makkaroni geformt, die in Italien »Garganelli« genannt werden.

Für die Sauce die Tomaten waschen, in kochendes Wasser tauchen, herausnehmen und die Haut abziehen. Die geschälten Tomaten in kleine Würfel schneiden, salzen und die Flüssigkeit abgießen.

Die Schalotten fein hacken, vier Basilikumblätter beiseite legen, die übrigen in feine Streifen schneiden und mit dem Öl unter die Tomatenwürfel mischen.

Die Garganelli-Nudeln in Salzwasser kochen, abgießen, in eine vorgewärmte Schüssel geben und die kalte Sauce zusammen mit dem Parmesan untermischen.

Die Nudeln auf vorgewärmten Tellern anrichten und mit je einem Basilikumblatt garnieren. Sofort servieren.

Die kalte Tomatensauce, die hier für die Garganelli verwendet wird, paßt auch zu vielen anderen kalten Nudelgerichten (Garganelli, Spaghetti, Trenette, etc.).

Dazu paßt ein Trentino DOC Pinot bianco.

Zutaten für vier Personen:

Für den Teig:
400 g Mehl
4 Eier, 1 TL Salz

Für die Sauce:
6 reife Tomaten
etwas Salz, 2 Schalotten
10 Basilikumblätter
20 ml Olivenöl »extra vergine«
100 g geriebener Parmesan

Gnocchi di Patate
Kartoffelnocken

Die Gnocchi-Familie ist sehr zahlreich. Aber die Gnocchi aus Kartoffeln und aus Maismehl, in der Suppe oder zu einer leckeren Sauce serviert, gelten als die klassische Variante.

400 g große Kartoffeln, 150 g Mehl

Die Kartoffeln im Wasser kochen, noch besser dampfkochen. Die heißen Kartoffeln schälen und passieren. Die Kartoffelmasse mit dem Mehl verkneten und mit beiden Händen verarbeiten. Eine dünne Rolle formen und 3 cm lange Stücke schneiden. Die Gnocchi mit etwas Mehl bestäuben und etwa 10 Minuten in Salzwasser kochen, abgießen und mit Käse, Butter und Tomatensauce servieren.

SO KOCHT DER MEISTER

Zutaten für vier Personen:

Für die Klößchen:
1 kg Kartoffeln
1 Ei, 250 g Mehl
abgeriebene Muskatnuß, Salz

Für die Füllung:
150 g Weichkäse
150 g Ricotta-Käse

Für die Sauce:
200 g Fontina-Käse, 100 ml Milch
2 Eigelbe, etwas Salz
50 g weiße Trüffel

Zum Garnieren:
1 Möhre
1 Zucchini

Die Kartoffeln in der Schale kochen und abdampfen lassen. die noch warmen Pellkartoffeln pellen und durch ein Sieb drücken.

Ei, Mehl, geriebene Muskatnuß und Salz zur Kartoffelmasse geben und alles gut vermengen. Den Teig mit dem Nudelholz zu einer ca. $\frac{1}{2}$ cm hohen Platte ausrollen. Für die Füllung den Weichkäse in etwas Milch schmelzen und mit einer Prise Salz unter den Ricotta mischen. Mit einem Glas Kreise aus dem Teig ausstechen. In die Mitte jedes Kreises etwas von der Füllung setzen. Zwei Kreise übereinanderlegen und den Rand zusammendrücken.

Für die Sauce den Fontina einige Stunden in der Milch einweichen, danach im Wasserbad schmelzen. Den Topf vom Herd nehmen, unter kräftigem und schnellem Rühren die Eigelbe untermischen und salzen.

Die Gnocchi in einem großen Topf in Salzwasser kochen. Die Sauce in heiße Teller gießen und die Gnocchi dazugeben. Zum Schluß hauchdünne Trüffelscheiben darüberstreuen. Das Gericht mit gekochten Karotten- und Zucchinistiften garnieren.

Dazu paßt ein Trentino DOC Nosiola.

GNOCCHI DI FARINA GIALLA
Griessnockerl

Wenn man aufgrund einer üppigen Ernährung ein gewisses Völlegefühl im Magen hat – durch eine leichte Suppe wie diese wird es besser werden.

Das verwendete Mehl sollte am besten grob gemahlen sein; man kann es aber auch durch Maisgrieß ersetzen. Das Wasser salzen, und wenn es kocht, das Mehl unter Rühren langsam einrieseln lassen. Dieses Mehl muß lange kochen, und wenn die Masse so dickflüssig ist, daß der Löffel stehen bleibt, kann es mit einem Messer in Stücke geschnitten und auf ein Tablett geschichtet werden. Jede Schicht mit Tomatensauce begießen, mit Butterflöckchen besetzen und mit Käse bestreuen.

Man kann diese Gnocchi mit kräftigen und geschmacksintensiven Saucen kombinieren.

SO KOCHT DER MEISTER

Die Milch in einem Topf zum Kochen bringen, salzen und mit Muskatnuß würzen. Den Grieß langsam in die Milch einrieseln lassen, dabei ständig rühren, damit sich keine Klümpchen bilden, und 7 bis 8 Minuten kochen lassen. Abseits vom Feuer die Sahne, den geriebenen Parmesan und nach und nach drei Eigelbe unterrühren. Das Ganze kräftig und schnell schlagen. Das übrige Eigelb verschlagen.

Die Grießmasse auf eine gefettete Fläche legen, mit einem nassen Tuch bedecken und mit dem Nudelholz eine 1 cm hohe Teigplatte ausrollen. Den Teig abkühlen lassen und, z. B. mit einem Glas, kleine, runde Scheiben von 4 bis 5 cm Durchmesser ausstechen. Die Scheiben in eine feuerfeste Form legen (vier Scheiben pro Person) und mit dem geschlagenen Eigelb bepinseln.

Für die Sauce den Spargel putzen und bißfest kochen. Die Scampi aus der Schale lösen und in kleine Würfel schneiden. Die Schalotte fein hacken. Die Butter in einer Kasserolle erhitzen, Schalotte, Scampi und Spargel darin kurz andünsten, das Ganze mit dem Wein angießen und noch einige Minuten garen.

Die Grießscheiben im heißen Backofen überbacken, auf vorgewärmten Tellern anrichten und die Mitte des Tellers den Spargel und die Scampi legen.

Dazu paßt ein Trentino DOC Nosiola.

Zutaten für vier Personen:

Für den Grießnocken:
1/2 l Milch, etwas Salz
etwas geriebene Muskatnuß
170 g Grieß, 20 ml Sahne
50 g geriebener Parmesan
4 Eigelb

Für die Sauce:
300 g grüner Spargel
300 g Scampi
1 kleine Schalotte
20 g Butter, 100 ml Süßwein

PASTE COLLE ARZAVOLE
Reis mit Fleischsauce

Eine Wildente säubern und zusammen mit etwas gehackter Zwiebel, einem großen Stück Sellerie, einer halben Möhre, 40 Gramm durchwachsenem Schinken und einem Stück Butter garen; mit Salz und Pfeffer würzen. Wenn sie von allen Seiten angebraten ist, etwas Brühe und Tomatensauce bzw. Tomatenmark zugeben und fertiggaren. Das Fleisch von den Knochen lösen und hacken. Wenn trockene Pilze zur Hand sind, etwas von diesen während des Garens zur Ente geben und dann mit dem Fleisch hacken. Das Fleisch mit der Sauce wieder aufs Feuer setzen, mit abgeriebener Muskatnuß abschmecken und würzen. Zum Binden etwas mit Mehl und Parmesan verknetete Butter zugeben. Die Fleischsauce mit 350 Gramm Nudeln servieren, wie zum Beispiel Makkaroni, oder Bandnudeln. Die Menge reicht für fünf Personen. Wenn man 50 Gramm Rinderfilet zugibt, wird diese Fleischsauce noch gehaltvoller.

SO KOCHT DER MEISTER

Zutaten für vier Personen:

1 Stubenküken, ½ Ente
1 Stange Staudensellerie, 1 Möhre
20 ml Olivenöl »extra vergine«
etwas Salz und Pfeffer
200 ml Weißwein, trocken
500 g geschälte Tomaten
4 Lorbeerblätter, 2 Zwiebeln
100 g Butter, 400 g Rundkornreis
½ l Fleischbrühe
100 g geriebener Parmesan
200 g geräuchte Entenbrust

Das Stubenküken und die Ente zerteilen. Sellerie und Möhre in dünne Scheiben schneiden und in einer Kasserolle mit wenig Öl andünsten. Nach wenigen Minuten die Geflügelstücke zugeben, eine Weile mitdünsten, salzen und pfeffern. Das Ganze mit der Hälfte des Weißweins angießen und einkochen lassen; die geschälten Tomaten und den Lorbeer hinzufügen und einige Stunden bei mäßiger Hitze langsam kochen.

Das Huhn und die Ente von den Knochen lösen und in kleine Würfel, die Entenbrust in Scheiben schneiden. Den Fond durchsieben und zum Fleisch geben.

Die Zwiebeln fein hacken und in der Hälfte der Butter anbraten. Den Reis zugeben, leicht anbraten, mit dem restlichen Weißwein angießen und einkochen. Die Hälfte der Tomatensauce zum Reis geben. Leise kochen lassen und nach und nach die Brühe hinzufügen.

Wenn der Reis gar ist, den Topf vom Herd nehmen, Butter und Parmesan untermischen. Vier Förmchen mit den Entenbrustscheiben auslegen, mit dem Reis füllen und einige Minuten im Backofen überbacken. Die Reis-Savarin auf Teller stürzen und mit der Fleischsauce begießen.

PAPPARDELLE COL SUGO DI CONIGLIO
Pappardelle mit Kaninchenragout

Das Kaninchen wird gewaschen und in größere Stücke geschnitten, als man zum Braten nehmen würde. Es wird in einer Kasserolle aufgesetzt, die entstehende Flüssigkeit wird abgegossen. Wenn es gut gebräunt ist, setzt man Butter und Öl zu, außerdem eine fein zerkleinerte Mischung aus der Leber des Tieres, einem Stückchen Dörrfleisch und den üblichen Würzkräutern wie Zwiebel, Sellerie, Möhre und Petersilie. Pfeffer und Salz nicht vergessen. Mehrmals umrühren und wenden. Wenn alles durchgebräunt ist, gießt man Tomatensauce und Wasser zu, läßt es kochen und gibt am Ende noch ein Stück Butter hinein. Aus der Sauce macht man unter Zusatz von Parmesan eine Minestra di Pappardelle (in Sauce gekochte Nudeln). Das Kaninchen bringt man mit etwas Sauce als zweiten Gang auf den Tisch.

SO KOCHT DER MEISTER

Aus Mehl und Eiern einen Nudelteig kneten und breite Bandnudeln ausschneiden.

Einen Kaninchenrücken auslösen und das Fleisch in kleine Stücke schneiden. Den zweiten Kaninchenrücken mit etwas Butter im Ofen rosa anbraten.

Die Oliven und die Schalotte fein hacken. In einer Kasserolle 30 g Butter erhitzen und die Schalotte darin anbraten. Die kleinen Fleischstücke zugeben, ebenso die Oliven und einige Minuten weiterbraten. Das Ganze mit Weißwein angießen und einkochen. Mit der Hälfte des Fenchels würzen und ca. 10 Minuten garen; bei Bedarf etwas Fleischbrühe angießen und mit Salz und Pfeffer abschmecken.

Den zweiten Kaninchenrücken in dünne Scheiben schneiden. Die Pappardelle in Salzwasser kochen, abgießen und in einer Pfanne mit der Sauce und der restlichen Butter schwenken.

Die Nudeln auf vorgewärmten Tellern anrichten und mit den Fleischscheiben und dem übrigen wildem Felchel in der Mitte garnieren.

Dazu paßt ein Casteller DOC.

Zutaten für vier Personen:

Für den Teig:
400 g Mehl
4 Eier

Für das Fleisch:
2 Kaninchenrücken
50 g Butter
5 schwarze Oliven ohne Kern
5 grüne Oliven ohne Kern
1 Schalotte
100 ml trockener Weißwein
1 Zweige wilder Fenchel, fein gehackt
Salz und Pfeffer

PAPPARDELLE COLLA LEPRE
Pappardelle mit Hasenragout

Da Hasenfleisch an sich trocken und weniger würzig ist, braucht man eine gehaltvolle Fleischsauce, um eine Minestra für Feinschmecker zu bereiten. Die folgenden Zutaten genügen für 5 Personen. Man braucht dazu einen ausgerollten Teig aus 3 Eiern, den man von Hand in fingerbreite Streifen schneidet – oder auch 500 bis 600 g fertig gekaufte Nudeln. Weiterhin:

beide Filetstücke eines Hasen (mit Nieren 180–200 g), 50 g Butter, 40 g magerer Schinken, 1/2 Zwiebel mittlerer Größe, 1/2 Möhre; 1 fingerlanges Stück Sellerie, Muskatnuß, ausreichend Parmesan, 1 EL Mehl, 6 dl Fleischbrühe

Die Filets werden soweit nötig gehäutet und in kleine Stücke geschnitten. Dann zerkleinert man sehr fein mit dem Wiegemesser ein Gemisch (Battuto) aus dem mageren Schinken, der Zwiebel, dem Sellerie und der Mohrrübe, setzt es mit 1/3 der Butter und mit dem Hasenfleisch auf das Feuer und fügt noch Pfeffer und Salz hinzu. Wenn das Fleisch gebräunt ist, streut man das Mehl darauf, gießt an und läßt es mit der Sauce garkochen. Am Ende setzt man der Sauce noch den Rest der Butter und Muskat zu.
Die in Salzwasser gekochten Pappardelle gießt man ab und gibt sie – ohne sie noch einmal zum Feuer zu setzen – mit der Sauce in die Schüssel. Statt der Filetstücke kann man auch die Keulen nehmen.

Variation

Hier noch ein einfacheres Rezept, zu dem man die gleiche Menge Hasenfleisch und Nudeln braucht:
Der »Battuto« besteht diesmal aus 50 g Schinken (eher fett als mager), einer kleinen Zwiebel, Sellerie, Mohrrübe und sehr wenig Petersilie. Man setzt ihn mit 40 g Butter auf das Feuer. Sobald er gebräunt ist, gibt man die gesalzenen und gepfefferten Fleischstücke hinein. Auch sie werden angebraten und dann zum Garen nach und nach mit soviel Brühe und Tomatensauce übergossen, daß ausreichend Flüssigkeit vorhanden ist. Wenn das Fleisch gar ist, hebt man es heraus und zerkleinert es (nicht allzu stark) mit dem Wiegemesser.
Dann macht man aus 30 g Butter und 1 Eßlöffel Mehl das, was die Franzosen einen »Roux« (Mehlschwitze) nennen, und wenn das Mehl angebräunt ist, gießt man die Brühe mit dem zerkleinerten Fleisch hinein, gibt weitere 30 g Butter und etwas Muskat dazu. Aus dieser Sauce und Parmesan macht man die Minestra. Macht mir bitte keinen Vorwurf daraus, daß ich bei diesen Minestre häufig Muskatnuß empfehle. Mir scheint sie zu bekommen – wenn sie euch nicht bekommt, wißt ihr, was ihr zu tun habt.

SO KOCHT DER MEISTER

Zutaten für vier Personen:

Für den Teig:
400 g Mehl
4 Eier, etwas Salz

Für das Ragout:
1 Hase
etwas Petersilie
1 Zwiebel
1 Möhre
1 Stange Staudensellerie
200 ml Olivenöl »extra vergine«
Salz, Pfeffer
200 ml Rotwein
20 g geriebener Parmesan

Für die Pappardelle das Mehl auf ein Backbrett häufen und in die Mitte eine Mulde drücken. Die Eier in die Mehlmulde aufschlagen, 1 Teelöffel Salz darüberstreuen und das Ganze zu einem geschmeidigen Teig verarbeiten. Bei Bedarf tropfenweise etwas Wasser dazugeben. Den Teig dünn ausrollen und Pappardelle daraus schneiden.

Den Hasen putzen, das Blut und die Leber aufbewahren. Für 4 bis 6 Personen reichen die Schulter, der Kopf, das Herz und die Lunge. Aus dem Rest kann man z. B. ein weiteres Gericht zubereiten.

Die Petersilie, die Zwiebel, die Möhre und den Sellerie fein hacken. In einer Pfanne etwas Öl erhitzen, das Gemüse darin anbraten und das Ganze mit Salz und Pfeffer würzen. Die kleinen Hasenfleischstücke zugeben und einige Minuten mitbraten. Mit dem Rotwein angießen und kochen lassen, bis der Wein fast völlig verdunstet ist. Nun das Hasenblut mit etwas Wasser verdünnen, zur Sauce geben und weiter kochen.

Die Hasenleber in feine Würfel schneiden. Sobald das Fleisch gar ist, die Hasenteile aus der Sauce nehmen. Das Fleisch von den Knochen lösen, in kleine Würfel schneiden und in die Pfanne zurückgeben. Die Temperatur erhöhen und die Leberwürfel zugeben. Das Ganze noch einige Minuten garen.

Die Pappardelle in Salzwasser kochen, abgießen, mit dem Hasenragout und dem geriebenen Parmesan vermischen.

Dazu paßt ein Trentino DOC Marzemino.

RAVIOLI

300 g Quark, 50 g geriebener Parmesan, 2 Eier, 1 Handvoll gekochter Mangold, etwas Muskat oder Würze nach Geschmack, Salz

Der Quark wird durchgeschlagen. Wenn er zu molkig ist, preßt man ihn vorher mit einem Tuch aus.
Der Mangold wird von den Stengeln befreit, ohne Wasser gegart, abgetropft und mit dem Wiegemesser fein zerkleinert.
Man verknetet das Ganze, nimmt es eßlöffelweise heraus und legt es auf das mit Mehl bestreute Nudelbrett. Man rollt die einzelnen Klümpchen gut und gibt ihnen die länglichrunde Form von Fleischklößchen. Die angegebene Menge ergibt etwa 2 Dutzend Ravioli. Zum Kochen wirft man sie in ungesalzenes, brodelndes Wasser und nimmt sie mit dem Schaumlöffel heraus, damit sie trocken bleiben. Man gibt Sauce oder Käse mit Butter dazu und serviert sie als Minestra oder Beilage zu geschmortem Fleisch.
Will man sie nicht völlig gar kochen, sondern nur soviel, daß sie fest werden, dann gibt man nur wenige in den Kochtopf, damit sie nicht zerfallen.

SO KOCHT DER MEISTER

Zutaten für vier Personen:

Für den Teig:
300 g Mehl, 3 Eier
100 g gekochter Spinat

Für die Füllung:
100 g Spinat
50 g magerer Speck, 300 g Ricotta
100 g geriebener Parmesan, 2 Eier
etwas Petersilie, fein gehackt
etwas geriebene Muskatnuß
Salz, Pfeffer

Für die Sauce:
200 g blanchierte Spargelspitzen
30 g geriebener Parmesan
10 ml Sahne

Aus Eiern, Mehl und dem gekochten Spinat einen Teig kneten. Den Teig ausrollen und ca. 15 cm große Quadrate ausschneiden.
Für die Füllung den Spinat kochen, ausdrücken und fein hacken. Den Speck würfeln und ausbraten. In einer Schüssel Ricotta, Parmesan, Eier und Spinat mit Petersilie, Muskatnuß, Salz und Pfeffer vermischen. Die ausgebratenen Speckwürfel mit dem Bratfett dazu rühren.
Einen Löffel von der Füllung auf jedes Quadrat setzen; den Teig zu einem Dreieck zusammenklappen und die Ecken hochbiegen. Die Spargelspitzen blanchieren, einige beiseitelegen, die übrigen im Mixer pürieren, die Sahne unterrühren, mit Salz und Pfeffer abschmecken. Die Sauce einige Minuten kochen.
Die Ravioli in Salzwasser kochen, abgießen und auf vorgewärmte Teller geben, mit der Sauce begießen und mit einigen Spargelspitzen garnieren.

Dazu paßt ein Trentino DOC Chardonnay.

RAVIOLI ALLA GENOVESE
Ravioli nach Genueser Art

Eigentlich sollte man sie nicht Ravioli nennen, weil die richtigen Ravioli nicht mit Fleisch gemacht und nicht in Teig gewickelt werden.

1/2 Brust eines Masthähnchens, 1 Lammhirn und etwas Gekröse; 1 Hühnerleber

Man setzt alles zusammen aufs Feuer, und wenn es anfängt Farbe zu bekommen, kocht man es in Fleischbrühe. Dann hebt man es trocken heraus, gibt noch eine Scheibe fetten und mageren Schinken dazu und zerkleinert alles sehr fein mit dem Wiegemesser.

Danach fügt man noch einige gekochte und durchpassierte Spinatblätter, geriebenen Parmesan, Muskatwürze und 2 Eidotter hinzu. Gut verkneten und dann wie die Cappelletti des Rezepts von Seite 21 in Teigblättchen packen. Die Menge reicht für etwa 60 »Ravioli«.

Für eine Minestra werden sie in Fleischbrühe gekocht, sonst serviert man sie auch mit Käse und Butter oder mit Fleischsauce.

SO KOCHT DER MEISTER

Für die Füllung den Spinat putzen, waschen, kochen, ausdrücken und fein hacken. Den Ricotta mit dem Ei und dem geriebenen Parmesan vermischen. Mit Salz und Muskatnuß abschmecken.

Aus Mehl und Eiern einen geschmeidigen Teig kneten, dünn ausrollen und Scheiben von 7 bis 8 cm Durchmesser ausstechen. Jeweils in die Mitte etwas von der Füllung setzen und den Teigrand zu einem Bündelchen zusammendrücken.

Die Steinpilze putzen, in dünne Scheiben schneiden, in einer Pfanne mit etwas Öl, der Schalotte und der Petersilie kurz anbraten. Das Bries säubern und in Scheiben schneiden. Das Bries zu den Steinpilzen geben, mit Salz und Pfeffer würzen und bei mäßiger Hitze schmoren. Ab und zu mit Weißwein begießen.

Die Ravioli in Salzwasser kochen, abgießen und zum Kalbsbries und den Steinpilzen geben. Auf vorgewärmten Tellern servieren und mit dem Rosmarin garnieren.

Dazu paßt ein Trentino DOC Bianco.

Zutaten für vier Personen:

200 g Spinat, 200 g Schafsricotta
1 Ei, 50 g geriebener Parmesan
etwas geriebene Muskatnuß
300 g Mehl, 3 Eier, etwas Salz
200 g Steinpilze
20 ml Olivenöl »extra vergine«
1 kleine Schalotte
2 EL Petersilie, fein gehackt
200 g Kalbsbries
100 ml trockener Weißwein
Salz, Pfeffer, 4 Zweige Rosmarin

SPAGHETTI COLLE ACCIUGHE
Spaghetti mit Sardellenfilets

Für eine appetitliche Minestra di magro (mit wenig Flüssigkeit) sind 350 g Spaghetti mehr als genug, wenn es nicht mehr als 4 Personen zu bewirten gilt. Dafür genügen 5 Sardinen (eine etwa 20 cm lange Heringsart, nicht Ölsardinen). Sie werden gewaschen, geschuppt, entgrätet, mit dem Wiegemesser leicht zerkleinert und dann mit gutem Öl in ausreichender Menge und etwas Pfeffer zum Feuer gesetzt. Sie sollen aber nicht kochen. Wenn sie erhitzt sind, setzt man noch 50 g Butter und etwas Tomatensauce zu und nimmt sie ab. Mit der Sauce übergießt man die Spaghetti, die in wenig gesalzenem Wasser so gekocht werden, daß sie noch etwas fest sind.

SO KOCHT DER MEISTER

Zutaten für vier Personen:

4 Sardellenfilets
400 g Spaghetti
100 ml Olivenöl »extra vergine«
1 Knoblauchzehe, 1 Chilischote
50 g Tomatensauce, Salz

Die Sardellenfilets fein hacken. Die Spaghetti in Salzwasser kochen.
Inzwischen das Öl, die halbierte Knoblauchzehe, die Chilischote und die feingehackten Sardellenfilets in eine Pfanne geben und vorsichtig erhitzen, aber nicht braten. Knoblauch und Chilischote herausnehmen und die mit etwas lauwarmem Wasser verdünnte Tomatensauce zugeben. Das Ganze wenige Minuten leise köcheln lassen. Die Spaghetti abgießen und mit der Sauce vermischen.

Dazu paßt ein Trentino DOC Chardonnay.

SPAGHETTI COL SUGO DI SEPPIE
Spaghetti mit Tintenfischsauce

Zu einer Minestra für 5 Personen nimmt man 3 Tintenfische mittlerer Größe, die zusammen etwa 650 bis 700 g wiegen. Man häutet sie und entfernt Kalkschulp, Mundapparat, Augen, Verdauungstrakt und Tintenbeutel, den einige zwar dabei lassen, der mir aber unangenehm ist.
100 g Weißbrot ohne Kruste, 1 gute Prise Petersilie, 1 Knoblauchzehe und die Tentakeln, deren jeder Tintenfisch 2 hat, werden sehr fein zerkleinert. Man würzt mit Öl und verhältnismäßig viel Pfeffer und Salz. Damit füllt man den

Hohlraum des Tintenfischs. Die Stelle der Mundöffnung wird mit ein paar Nadelstichen verschlossen. 1 mittelgroße Zwiebel wird zerkleinert und ausgepreßt, um ihr die Schärfe zu nehmen und mit wenig Öl auf das Feuer gesetzt. Wenn sie gebräunt ist, legt man die Tintenfische hinein und würzt noch mit Pfeffer und Salz. Man wartet, bis sie die Farbe ändern, und bringt sie dann mit sehr viel Tomatensauce auf kleinem Feuer zum Kochen. Bei Bedarf nach und nach Wasser zusetzen. Man läßt alles 3 Stunden kochen, sorgt aber dafür, daß genug Sauce übrigbleibt, um damit und mit Parmesan die 500 g Spaghetti zu übergießen, die dadurch einen hervorragenden Geschmack bekommen. Die Calamari bleiben bei dieser Art der Zubereitung zart und liegen nicht schwer im Magen. Man serviert sie wie geschmorten Fisch.

SO KOCHT DER MEISTER

Zutaten für vier Personen:

Für den Teig:
400 g Mehl, 4 Eier, 1 TL Salz

Für die Sauce:
400 g kleine Tintenfische
1 EL Olivenöl »extra vergine«
1 Knoblauchzehe
100 ml trockener Weißwein
1 Bund Petersilie
200 g Brokkoli
50 g Tomatensauce, Salz
frisch gemahlener Pfeffer
2 EL Butter

Für die Bandnudeln das Mehl auf ein Backbrett häufen und in die Mitte eine Mulde drücken. Die Eier in die Mehlmulde aufschlagen, 1 Teelöffel Salz darüberstreuen und das Ganze zu einem geschmeidigen Teig verarbeiten. Bei Bedarf tropfenweise etwas Wasser dazugeben. Den Teig dünn ausrollen und schmale Bandnudeln daraus schneiden.

Für die Sauce die Tintenfische säubern, einige Minuten in heißem Wasser kochen und in kleine Stücke schneiden. Das Olivenöl in einer Kasserolle erhitzen. Die Knoblauchzehe mit der Schneide eines großen Küchenmessers zerquetschen und im nicht zu heißen Öl kurz anbraten. Den Knoblauch herausnehmen, den Wein angießen und so lange kochen, bis er fast völlig verdampft ist. Inzwischen die Petersilie fein hacken. Die Brokkoli putzen, waschen und in Salzwasser bißfest kochen.

Die Petersilie und die Tomatensauce zur Öl-Wein-Mischung geben, alles kurz aufkochen lassen und die Sauce mit Salz und Pfeffer abschmecken. Die Bandnudeln in Salzwasser kochen und abgießen. In zwei Pfannen je 1 Eßlöffel Butter zerlassen und sowohl die Nudeln als auch die Brokkoli in der heißen Butter schwenken. Die Nudeln mit den Brokkoli auf vorgewärmten Tellern servieren.

Dazu paßt ein Trentino DOC Pinot Grigio.

63

SPAGHETTI ALLA RUSTICA
Spaghetti auf Bauernart

Die Römer verordneten ihren Kranken Knoblauch, damit sie gesunden sollten, König Alfons von Kastilien dagegen haßte Knoblauchdunst derart, daß er
jeden Höfling bestrafen ließ, der nach Knoblauch duftend bei Hofe erschien.
Die klügeren Ägypter verehrten dieses Gewächs in Gestalt einer Gottheit –
vielleicht weil sie seine Heilkräfte erkannt hatten, und es heißt ja, daß Knoblauch tatsächlich Hysteriker besänftigt, urintreibend wirkt, den Magen stärkt,
die Verdauung fördert, und da er auch als Wurmmittel bewährt ist, dient er
angeblich auch zur Vorbeugung gegen Cholera und ähnliche Krankheiten.
Trotzdem sollte man darauf achten, daß man in den Soffritti (geröstete
Gemüse und Kräuter zu Saucen und Suppen) nicht zuviel davon verwendet.
Es gibt viele Menschen, die, weil sie wenig von der Kochkunst verstehen, einen Horror vor Knoblauch haben, weil der Atem danach riecht, wenn man
ihn roh oder schlecht zubereitet verzehrt hat. Sie verbannen ihn deshalb aus
ihrer Küche, aber diese fixe Idee beraubt sie eines gesunden und schmackhaften Nahrungsmittels wie der folgenden Minestra, die ich zubereite, wenn
mein Magen Schwierigkeiten macht.
Man nimmt 2 Knoblauchzehen, 1 gute Handvoll Petersilie und, wenn man es
mag, ein wenig Basilikum. Die Zutaten werden zerkleinert und mit viel Öl
aufgesetzt; wenn der Knoblauch anfängt braun zu werden, wirft man 6 oder
7 kleingeschnittene Tomaten hinein, Pfeffer und Salz dazu. Wenn sie gar sind,
wird die Sauce durch ein Sieb gestrichen. Man übergießt damit Spaghetti oder
Fadennudeln für 4 oder 5 Personen. Die Spaghetti müssen nur kurz in viel
Wasser gekocht sein und kommen dann sofort auf den Tisch. Dann saugen sie
nicht soviel Flüssigkeit auf.
Natürlich kann man die Sauce auch für Tagliatelle oder beliebige andere Nudeln verwenden.

SO KOCHT DER MEISTER

Die Spaghetti in Salzwasser al dente kochen. Inzwischen die Petersilie fein hacken und die Knoblauchzehen schälen. Den Speck erst in Scheiben, dann in kleine Würfel schneiden, die Chilischote fein hacken.

Das Öl in einer Kasserolle erhitzen, die Speckwürfel und die gehackte Chilischote zufügen, den Knoblauch durch die Presse dazudrücken und alles einige Minuten dünsten lassen.

Die Spaghetti abgießen, gut abtropfen lassen und mit der Sauce sowie der Petersilie vermischen. Nach Geschmack mit Salz, etwas Chili und frisch gemahlenem Pfeffer würzen.

Dazu paßt ein Trentino DOC Lagrein Rosè.

Zutaten für vier Personen:

400 g Spaghetti, 1 Bund Petersilie
2 Knoblauchzehen
50 g magerer Speck
1 Chilischote
100 ml Olivenöl »extra vergine«
Salz, Pfeffer

Antipasti

Antipasti (nicht zur Pasta gehörig) nennt man im Grunde all die leckeren Kleinigkeiten, die man sowohl vor der Minestra zu sich nimmt, wie es in großen Teilen Italiens geschieht, als auch nachher, wie in der Toskana üblich, was mir übrigens vernünftiger erscheint: sowohl Austern und Rauchfleisch als auch Fettes wie Schinken, Salami, Mortadella und Zunge. Auch säuerliches wie Hering, Sardine, Kaviar oder Thunfisch kann als »Vorspeise« dienen, wenn man es mit Butter aufbereitet. Aber natürlich sind auch süße Nuancen beliebt, wie die im folgenden beschriebenen Crostini.

CROSTINI DI CAPPERI
Geröstete Brotscheiben mit Kapern

50 g Essig-Kapern, 30 g Rosinen, 20 g Pinienkerne, 20 g magerer und fetter Schinken, 20 g kandierte Früchte, 50 g Puderzucker

Die Kapern werden grob gehackt, die Rosinen von Stielen gereinigt und gut gewaschen, die Pinienkerne in 3 Stückchen zerteilt, der Schinken in winzige Stückchen geschnitten, und die kandierten Früchte werden gleichfalls etwas gehackt.

Man mischt in einem kleinen Topf 1 gehäuften Teelöffel Mehl und 2 Teelöffel Puderzucker, läßt es auf dem Feuer braun werden und gießt dann $^{1}/_{2}$ Glas Wasser mit etwas Essig dazu. Man läßt kochen, bis sich die Klümpchen gelöst haben, schüttet alle übrigen Zutaten auf einmal hinein, läßt weitere 10 Minuten kochen und schmeckt dabei mehrmals ab, um den kräftigen, süßen Geschmack zu kontrollieren. Ich habe absichtlich nicht die Essigmenge angegeben, weil die verschiedenen Qualitäten nicht gleich stark würzen. Die noch warme Mischung streicht man auf Brotscheiben, die in gutem Öl gebraten oder auch nur getoastet sind. Man kann die abgekühlten Crostini bei der Mahlzeit auch zwischen den Gängen servieren, um den Appetit der Gäste anzuregen. Am besten eignet sich zu Crostini ein bestimmtes englisches Brot (heute als Toastbrot im Handel).

SO KOCHT DER MEISTER

Die Salatblätter waschen, gut trockenschütteln und auf vier Tellern anrichten. Die Eier hart kochen.
Die Eier schälen und nur das Eigelb verwenden. Aus den zerdrückten Eigelben, dem Öl, Essig, Salz und Pfeffer eine Vinaigrette-Sauce zubereiten und den Salat damit anmachen.
Die Krabben kochen und auf das Salatbett legen und mit einer sehr leichten Mayonnaise bedecken.
Den Teller mit Kapern und Rosinen garnieren.

Zutaten für vier Personen:

1 Kopfsalat, 2 Eier
20 ml Olivenöl »extra vergine«
einige Tropfen Balsamico-Essig
Salz, Pfeffer
100 g Krabben, 30 g Mayonnaise
30 g Kapern, 20 g Rosinen

CROSTINI DI TARTUFI
Geröstete Brotscheiben mit Trüffeln

Am besten nimmt man die Endkrusten eines Brotes und schneidet sie senkrecht zur Schnittfläche in Scheiben, man kann aber auch ganze Brotscheiben nehmen, die man gefällig aufteilt. Man röstet sie etwas und streicht auf die heißen Scheiben Butter. Darüber gibt man die wie folgt zubereiteten Trüffel: Man gibt etwas Öl in einen Topf und legt den Boden mit Trüffelscheiben aus. Nun bestreut man die Schicht mit Semmelbröseln und etwas Parmesan. Diesen Vorgang wiederholt man drei- oder viermal. Zuletzt gibt man Öl, Salz, Pfeffer und einige Butterstückchen dazu und setzt den Topf aufs Feuer. Wenn es anfängt zu brutzeln, gießt man mit einer kleinen Kelle Brühe und etwas Zitronensaft an und läßt es einige Minuten kochen.

SO KOCHT DER MEISTER

Zutaten für vier Personen:

Brotscheiben
50 g weiße Trüffel
50 g Butter
100 g Fontina-Käse
100 ml Milch
1 Eigelb, 30 g Parmesan

Die Brotscheiben mit Butter bestreichen und rösten. Die Trüffel in feinste Scheiben hobeln.
Für die Sauce den Fontina-Käse in dünne Streifen schneiden und einige Stunden in der Milch einweichen. Die restliche Butter im Wasserbad in einer Kasserolle zerlassen, Käse und Milch zufügen und das ganze köcheln lassen, bis sich alle Zutaten gut vermischt haben und eine sämige Sauce entstanden ist. Das Eigelb unterziehen und ständig weiterrühren, bis die Sauce weiter andickt.
Auf jede geröstete Brotscheibe einige Trüffelscheiben legen, mit der Käsesauce überziehen und mit dem geriebenen Parmesan bestreuen. Die Brotscheiben noch einmal im Ofen erwärmen und mit einigen dünnen Trüffelscheiben servieren.

Dazu paßt ein Trentino DOC Lagrein dunkel.

CROSTINI DI FEGATINI DI POLLI
Klösschen mit Hühnerleber

Ihr wißt sicher, daß man, um die Hühnerleber zu entnehmen, zuerst die Gallenblase beseitigen muß, ohne sie zu verletzen – eine Manipulation, die man am besten in einer Schüssel mit Wasser vornimmt.

Man nimmt 1 Scheibe weiße Zwiebel, 1 Stückchen Fettes vom Schinken, einige Blätter Petersilie, etwas Sellerie und Mohrrübe, etwas Öl und Butter, dazu Pfeffer und Salz und setzt alles zusammen mit den Hühnerlebern aufs Feuer. Alle Zutaten verwendet man nur in kleinen Mengen, sonst wird die Mischung zu pikant oder gar penetrant. Wenn sie halbgar sind, hebt man die Hühnerlebern heraus, gibt 2 oder 3 getrocknete (eingeweichte) Pilze dazu und zerkleinert die Lebern sehr fein mit dem Wiegemesser. Dann gibt man sie wieder in den Kochtopf, setzt noch etwas Brühe zu und läßt alles zu Ende kochen. Vor dem Servieren legiert man mit feinen Semmelbröseln und träufelt ein wenig Zitronensaft hinein. Diese Crostini müssen weich sein, darum hält man die Würzmischung flüssig oder taucht die Brotscheiben vor dem Bestreichen sehr vorsichtig ein wenig in Fleischbrühe.

SO KOCHT DER MEISTER

Die Hühnerlebern putzen und waschen. Die Schalotte fein hacken.

In einer Kasserolle die Butter erhitzen. Die Schalotte kurz anbraten, die Hühnerlebern zusammen mit den Salbeiblättern dazugeben und alles einige Minuten schmoren. Wenn die Lebern gar sind, den Zitronensaft und den Weißwein angießen.

Die Lebern abkühlen lassen und im Mixer pürieren. Den Ricotta und den geriebenen Parmesan untermischen und die Masse mit Salz und Pfeffer abschmecken.

Die Eier aufschlagen und verquirlen. Aus der Hühnerlebermasse kleine Klöße abstechen. Diese erst in Mehl, dann im geschlagenen Ei und abschließend in Semmelbröseln wenden. Die Klöße in Öl frittieren und lauwarm servieren.

Den Salat waschen, gut trockenschütteln und auf 4 Tellern anrichten. Das Basilikum hacken. Die entkernten Oliven und das Basilikum über den Salat geben und alles mit dem Olivenöl beträufeln. Die Klößchen auf dem Salat anrichten.

Dazu paßt ein Trentino DOC Marzemino.

Zutaten für vier Personen:

100 g Hühnerleber, 1 Schalotte
50 g Butter, einige Salbeiblätter
Saft von $1/2$ Zitrone
100 ml trockener Weißwein
100 Ricotta-Käse
50 g geriebener Parmesan
Salz und Pfeffer
2 Eier, 30 g Mehl
100 g Semmelbrösel
200 g Salat (verschiedene Blattsalate)
etwas Basilikum
12 entkernte schwarze Oliven
20 ml Olivenöl »extra vergine«

69

CROSTINI DI FEGATINI DI PESCE CON LA SALVIA

Geröstete Brotscheiben mit Fischleber

Man zerkleinert sehr wenig Zwiebel mit fettem und magerem Schinken, setzt alles mit etwas Butter ans Feuer, und wenn es gut gebräunt ist, gibt man die fein gehackte Leber mit ein paar Salbeiblättern (4 oder 5 auf 3 Lebern) dazu. Mit Pfeffer und Salz würzen, abwarten, bis die Leber feucht ist, dann noch etwas Butter und 1 Teelöffel Mehl. Jetzt gießt man zum Kochen Brühe nach. Ehe man sie vom Feuer nimmt, kommen noch 3 oder 4 Teelöffel geriebener Parmesan hinein, man schmeckt ab und würzt evtentuell nach.

Als Crostini nimmt man etwa 1 cm dicke Scheiben altbackenen Weißbrots, die man auf einer Seite reichlich mit der abgekühlten Paste bestreicht. Wenn man sie nach einigen Stunden allein oder als Beilage zum Braten servieren will, quirlt man zuvor 1 Ei mit etwas Wasser, taucht die Crostini einzeln mit der unbestrichenen Seite in das Ei und gibt sie mit dieser Seite nach unten noch einmal in die Pfanne.

SO KOCHT DER MEISTER

Die Fischlebern putzen und waschen. ¹/₂ l Wasser mit dem Essig zum Kochen bringen, die Fischlebern darin einige Minuten kochen und abgießen.

Mit dem Wiegemesser die Fischlebern, die Zwiebel, die Petersilie und 3 Salbeiblätter hacken . Das Ganze mit dem Öl, dem Zitronensaft und etwas Salz würzen und gut vermischen.

Das Weißbrot rösten und auf jede Brotscheibe etwa einen Löffel der Leberpastete streichen. Jeden Crostino mit einem Salbeiblatt garnieren.

Dazu paßt ein Trentino DOC Moscato giallo, trocken.

Zutaten für vier Personen:

100 g Fischleber (vom Steinbutt oder Seeteufel), 1 Schuß Essig
¹/₂ Zwiebel, etwas Petersilie
15 Salbeiblätter
20 ml Olivenöl »extra vergine«
Saft von ¹/₂ Zitrone
Salz, 12 Weißbrotscheiben

CROSTINI DI BECCACCIA

Geröstete Brotscheiben mit Leber von Wildgeflügel

Die Waldschnepfen säubern und die Innereien auslösen. Nur die Darmenden entfernen. Die Innereien zu den nicht ausgeleerten Mägen geben; etwas Petersilie und zwei Anchovisfilets für die Innereien von jeweils drei Schnepfen. Salz ist nicht notwendig. Das ganze feinhacken und mit etwas Butter anbraten. Mit Pfeffer würzen und mit Fleischsauce begießen.
Die leicht gerösteten Brotscheiben mit dieser Masse bestreichen und servieren. Das Fleisch wird mit einigen Salbeiblättern und mit dünnen Speckscheiben eingerollt, gebraten und zu den Crostini serviert.

SO KOCHT DER MEISTER

Das Geflügelklein putzen und waschen, dann mit der Petersilie, den Sardellenfilets und schwarzen Oliven fein hacken und salzen.
Die Butter in einer Kasserolle zerlassen und die Geflügelkleinmasse einige Minuten schmoren. Mit frisch gemahlenem Pfeffer würzen. Den Weißwein angießen und das Ganze fertiggaren.
Die Weißbrotscheiben toasten. Die Leberpastete auf die Brotscheiben streichen und mit Salbei garnieren.

Dazu paßt ein Trentino DOC Lagrein rosso.

Zutaten für vier Personen:

200 g Klein von Schnepfen
(oder Hühnerklein)
1 Bund Petersilie, 2 Sardellenfilets
12 entkernte schwarze Oliven
etwas Salz, 20 g Butter
100 ml trockener Weißwein
schwarzer Pfeffer aus der Mühle
12 Weißbrotscheiben, 12 Salbeiblätter

CROSTINI DIVERSI

Piadini mit Käse

Am besten eignet sich für die Crostini Kastenweißbrot. In Ermangelung davon kann man Brot vom Vortag verwenden, wenn es in der Mitte noch weich ist. Man schneidet es in viereckige, 1cm dicke Scheiben und bestreicht es mit einem der folgenden Beläge:
Crostini mit Kaviar: Butter und Kaviar vermengen. Wenn die Mischung nicht genügend streichfähig ist, etwas erwärmen und mit einem Holzlöffel rühren. Anstelle von Butter kann man auch Öl verwenden, das man mit etwas Zitronensaft vermischt hat.

Crostini mit Anchovis: Die Anchovis waschen und entgräten; mit einem Wiegemesser feinhacken und die Butter dazumischen. Die Masse mit einem Messer glattstreichen, damit sie geschmeidiger wird.

Crostini mit Kaviar, Anchovis und Butter: Ich würde folgende Mengen verwenden und sie nach Geschmack ändern:

60 g Butter, 40 g Kaviar, 20 g Anchovis

Diese Zutaten vermischen, bis eine geschmeidige und glatte Creme entstanden ist.

SO KOCHT DER MEISTER

Zutaten für vier Personen:

200 ml Milch
100 g Schweineschmalz
500 g Mehl
1 TL Salz, 3 g Natron
200 g Weichkäse, 1 Ei
einige Basilikumblätter

Die Milch in einem Topf erhitzen. Das Schweineschmalz zugeben und schmelzen und etwas abkühlen lassen.
Das Mehl, das Salz und das Natron in eine Rührschüssel geben. Das Ei aufschlagen und mit dem Mehl verkneten. Nach und nach die Milch-Schmalz-Mischung dazukneten, bis ein fester, glatter Teig entstanden ist.
Den Teig sehr dünn ausrollen. Runde Scheiben von etwa 20 cm Durchmesser ausstechen (Piadine). Die Scheiben mit einer Gabel einstechen und in einer Tonform backen.
Die Piadine in viereckige Scheiben schneiden und auf jede Scheibe etwas Käse streichen. Das Basilikum grob hacken und über die Piadine streuen.

CROSTINI DI FEGATINI E ACCIUGHE

Crostini mit Hühnerleber und Sardellenfilets

pro Portion 2 Hühnerlebern, 1 Sardelle

Die Hühnerlebern werden in Butter gebraten. Wenn sie alle Butter aufgesogen haben, gießt man Fleischbrühe zu. Man gibt 1 Prise Pfeffer dazu , aber kein Salz. Wenn die Lebern gar sind, werden sie mit der gewaschenen und gesäuberten Sardelle kleingehackt. Dann kommt alles in den Topf, in dem die Lebern gebraten wurden. Noch etwas Butter dazu und das Ganze erhitzen, ohne es kochen zu lassen. Man bestreicht frisches Weißbrot damit.

SO KOCHT DER MEISTER

Die Hühnerleber säubern und von allen Häuten befreien. Die Sardellenfilets mit den Lebern, den Trüffeln, Muskatnuß, Knoblauch, Petersilie, etwas Salz und frisch gemahlenem Pfeffer, dem Ei und der Sahne im Mixer pürieren.
Kleine Förmchen mit Butter bestreichen und mit der Masse füllen. Die Förmchen mit Alupapier bedecken und im Wasserbad im Backofen garen. Die fertiggegarte Mousse aus den Förmchen stürzen und auf Tellern mit einer gerösteten Brotscheibe anrichten.

Zutaten für vier Personen:

100 g Hühnerleber, 2 Sardellenfilets
30 g schwarze Trüffel
geriebene Muskatnuß
$^1/_2$ Knoblauchzehe, Petersilie
Salz und Pfeffer
1 Ei, 50 ml süße Sahne
etwas Butter, 4 geröstete Brotscheiben

BACCALÀ MONTEBIANCO

Stockfisch Montblanc

500 g eingeweichter, fleischiger Stockfisch, 200 g feinstes Öl, 1 dl Sahne

Der sorgfältig gereinigte Fisch wird im Mörser zerkleinert und mit der Sahne auf ein mäßiges Feuer gesetzt. Man rührt ständig um, bis er die Sahne völlig aufgesogen hat. Dann setzt man in winzigen Portionen (wie bei der Herstellung von Mayonnaise) Öl hinzu, wobei man ständig rührt. Sobald alles gar ist, nimmt man den Fisch ab und serviert ihn kalt mit einer Beilage von rohen, sehr fein geschnittenen Trüffelscheibchen oder Crostini aus geröstetem Brot.

SO KOCHT DER MEISTER

Den Fisch putzen und entgräten. Die Fischfilets salzen. Aus feingehackter Zwiebel, Petersilie, Basilikum, Kapern, Salz, Wein und Essig eine Marinade zubereiten. Den Fisch in einen Tontopf legen und mit der Marinade übergießen. Den Topf mit Alufolie abdecken, im Ofen garen und abkühlen lassen. Den Fisch aus der Marinade nehmen, fein hacken und etwas Olivenöl untermischen. Die Marinade durchseihen und als Sauce zu der Fischpaste servieren.

Zutaten für vier Personen:

300 g Fisch, 1 Zwiebel, etwas Petersilie
einige Basilikumblätter
30 g Kapern, Salz
200 ml Weißwein
1 TL Rotweinessig, 20 ml Olivenöl

Saucen

Die beste Salsa, die ihr euren Gästen bieten könnt, ist ein freundliches Gesicht und wahre Herzlichkeit. Brillat-Savarin sagte: »Einen Gast haben heißt, während der ganzen Zeit, die er unter eurem Dach ist, für sein Glück sorgen!«

Die wenigen Stunden, die man sich einem eingeladenen Freund widmen kann, werden heute oft schon im voraus verdorben durch gewisse Sitten, die sich immer mehr ausbreiten. Ich denke da zum Beispiel an die regelmäßigen

Pflichtbesuche oder auch an den Zwang, nach der Mahlzeit der Dienerschaft des Hauses ein entsprechendes Trinkgeld zu geben. Wenn ich für eine Mahlzeit bezahlen muß, gehe ich lieber gleich ins Gasthaus, denn aus Freundschaft darf keine Kette von Verpflichtungen werden. Auch Standard-Einladungen nach Art eines »jour fixe«, die formell und ohne jede Spontaneität zustande kommen, können in eine wahre Belästigung ausarten.

SALSA VERDE
Grüne Sauce

Für die grüne Salsa zerkleinert man mit dem Wiegemesser Essig-Kapern, 1 Sardelle, wenig Zwiebel und sehr wenig Knoblauch. Am besten zerdrückt man alles noch mit der Klinge eines Tafelmessers und gibt es in eine Saucenschüssel. Man fügt eine ordentliche Portion Petersilie mit ein wenig Basilikum hinzu, beides natürlich fein gehackt, und verrührt das Ganze mit gutem Öl und Zitronensaft. Diese Salsa eignet sich zu gekochtem Hühnerfleisch oder kaltem Fisch, auch zu gekochten oder »verlorenen« Eiern.
Fehlen Kapern, so kann man auch Peperoni verwenden.

SO KOCHT DER MEISTER

Zutaten für vier Personen:

1 Knoblauchzehe
30 g Schalen unbehandelter Zitronen
2 Kapern, 1 Sardelle
50 g Petersilie, 10 Basilikumblätter
10 g Schalotte, 300 ml Kalbsbrühe
300 ml Olivenöl, Salz, Pfeffer

Den Knoblauch dreimal mit heißem Wasser abbrühen; ebenso die Zitronenschale, jedoch separat.
Das Öl in den Mixer gießen und alle anderen Zutaten zugeben, mit Salz und Pfeffer würzen. Das Ganze gut mixen und durch ein Spitzsieb passieren.
Diese Sauce paßt gut zu Tellerfleisch, Fisch, Vorspeisen und Eiern.

SALSA VERDE, CHE I FRANCESI CHIAMANO »SAUCE RAVIGOTE«
Grüne Sauce, auf französisch »Sauce ravigote« genannt

Diese pikante Kräutersauce eignet sich zu gekochtem Fisch, verlorenen Eiern und ähnlichen Gerichten. Sie besteht aus Petersilie, Basilikum, Kerbel, Pimpernelle (oder Fenchel), einigen Blättern Sellerie und 1 kleinen Zwiebel. Hinzu kommen 1 Sardelle (oder 2 kleine) und Kapern. Alles wird fein zerkleinert, im Mörser zerrieben und durch ein Sieb geschlagen. Man gibt es mit Eidotter, Öl, Essig, Salz und Pfeffer in eine Schale, verrührt gut und kann servieren. Ich nehme 20 g Kapern und 1 Eidotter, das übrige mag jeder nach eigenem Geschmack komponieren.

SO KOCHT DER MEISTER

Die Zutaten im Mixer pürieren, durch die Passiermühle treiben und in der Saucière servieren.

Zutaten für vier Personen:

5 g Estragon , 10 g Kerbel
2 Basilikumblätter
50 g Lauch
1 Stange Staudensellerie
10 g Schnittlauch
$^1/_2$ Sardellenfilet
1 Kaper, 1 Eigelb
50 ml Olivenöl
10 ml Balsamico-Essig
Salz, Pfeffer

SALSA DI CAPPERI E AGGIUGHE
Sauce mit Kapern und Sardellen

Diese für einen schwachen Magen wenig geeignete Salsa nimmt man gewöhnlich zum Schnitzel. Es gehört dazu $^1/_2$ EL Kapern, man drückt den Essig aus, dann zerkleinert man sie und 1 sorgfältig gesäuberte Sardelle mit dem Wiegemesser. Das Ganze wird mit Öl zum Anwärmen auf das Feuer gesetzt, Pfeffer, Salz und Butter hinzu und das Schnitzel damit übergießen, sobald es vom Rost genommen ist. In diesem Falle sollte man nur wenig Butter nehmen, weil sie sich im Magen mit dem Essig der Kapern nicht gut verträgt.

SO KOCHT DER MEISTER

Zutaten für vier Personen:

3 Kapern, 2 frische Sardellen
50 ml Olivenöl, 1 Knoblauchzehe
20 g Sellerieknolle, Salz, Pfeffer

Alle Zutaten in einer Kasserolle erhitzen, bis sie eine Temperatur von 80° erreicht haben. Das Ganze mixen und durch ein Sieb passieren.
Die Sauce kann zu Steinbutt, Rotbarben und Kalbfleisch serviert werden.

Dazu paßt ein Trentino DOC Merlot.

SALSA DI MAGRO PER PASTE ASCIUTE
Sauce für Nudelgerichte

Wenn mir ein Bild erlaubt ist, so möchte ich diese Salsa mit einer jungen Frau vergleichen, deren Schönheit nicht auf Anhieb überwältigt, deren Charme sich aber um so mehr erweist, je vertrauter man mit ihr wird.

70 g Butter, 60 g Pinienkerne, 1 TL Mehl, $^1/_4$ einer großen Zwiebel, 500 g Spaghetti, 100 g frische Pilze, 7 oder 8 Tomaten, 6 Sardellen

Man gibt die Hälfte der Butter in eine Kasserolle und röstet die Pinienkerne darin, nimmt sie heraus, gibt sie mit dem Mehl in den Mörser und zerstößt sie. Die Zwiebel wird fein zerkleinert und in der zuvor für die Pinienkerne ausgelassenen Butter kräftig gebräunt, dann schneidet man die Tomaten hinein, gibt Pfeffer und Salz zu. Wenn die Tomaten gar sind, preßt man sie durch ein Sieb. Die Sauce kommt wieder auf das Feuer, man gibt die in sehr dünne Scheibchen (nicht größer als ein Kürbiskern) geschnittenen Pilze hinzu und schließlich die Paste aus Pinienkernen mit der restlichen Butter, die man, wenn nötig, durch etwas Wasser verlängern kann. Das Ganze läßt man $^1/_2$ Stunde kochen. Nach Bedarf wird die Salsa mit Wasser etwas flüssiger gehalten. Endlich gibt man ein wenig von dieser Salsa zu den Sardellen, setzt sie auf das Feuer, läßt aber nicht aufkochen.

Die gekochten Spaghetti gießt man ab und gibt die Salsa darüber. Auf jede Portion legt man 1 Sardelle. Parmesan verbessert auch in diesem Falle den Geschmack. Die Mahlzeit reicht für 5 oder 6 Personen.

SO KOCHT DER MEISTER

Zutaten für vier Personen:

10 g Schinkenfett, 2 Schalotten
100 g Tomatenwürfel
1 Basilikumblatt, 50 g Steinpilze
30 ml Olivenöl, 10 g Butter
10 g Pinienkerne, 2 frische Sardellen
Salz, weißer Pfeffer
10 g geriebener Parmesan

Das Schinkenfett fein würfeln. Die Schalotten fein hacken. Die Tomaten brühen, häuten, die Kerne entfernen. Das Fruchtfleisch würfeln. Das Basilikum und die Steinpilze in feine Streifen schneiden.

Das Öl und die Butter in einer Kasserolle zerlassen und die Schalotten darin dünsten. Basilikum, Pinienkerne, Sardellen und Pilze zufügen. Das Ganze wenige Minuten schmoren lassen, mit Salz und Pfeffer würzen.

Die Sauce eignet sich sehr gut für Spaghetti und Bandnudeln. Man mischt sie unter die Nudeln und bestreut alles großzügig mit Parmesan.

SALSA ALLA MAÎTRE D'HÔTEL
Petersilienbutter

Hört nur, was für geschwollene Namen sich die Franzosen für eine so alltägliche Sache ausdenken! Aber sie haben in dieser und in vielen anderen Dingen das Recht für sich gepachtet, Vorschriften erlassen zu können. Die Verwendung dieser Sauce hat sich eingebürgert, und man muß sie notgedrungen übernehmen. Auch sie wird zum Fleisch gereicht.

Etwas Petersilie hacken, der man – wie so manch einer empfiehlt – den bitteren Geschmack dadurch nehmen kann, daß man sie in ein Tuch wickelt, fest ausdrückt und es dabei in frisches Wasser taucht. Die gehackte Petersilie mit Butter, Salz, Pfeffer und Zitronensaft mischen. Diese Mischung in einer Pfanne bzw. in einem Teller leicht erhitzen, aber nicht kochen. Das gegrillte Fleisch bzw. die fritierten Schnitzel sofort zur Sauce reichen.

SO KOCHT DER MEISTER

Die weiche Butter fest schlagen; die Petersilie fein hacken, in ein Tuch wickeln und ausdrücken, damit sie den bitteren Geschmack verliert.

Die Petersilie in die Butter untermischen, mit einigen Tropfen Zitronensaft beträufeln, mit Salz und Pfeffer würzen. Das Ganze in Butterbrotpapier einwickeln und

Zutaten für vier Personen:

100 g weiche Butter, 10 g Petersilie
etwas Zitronensaft
Salz, weißer Pfeffer

tiefkühlen. Die tiefgefrorene Butter in eine Kasserolle legen, auftauen lassen und, je nach Verwendungszweck, entweder mit Fleisch- oder Fischbrühe aufschlagen.

Dazu paßt ein Trentino DOC Lagrein rosso.

SALSA BIANCA
Weisse Sauce

1 EL Mehl, 100 g Butter, Brühe oder Wasser nach Bedarf, 1 EL Essig, 1 Eigelb, Salz und Pfeffer

Zuerst röstet man das Mehl mit der Hälfte der Butter, bis es nußfarben ist, dann setzt man in kleinen Mengen Fleischbrühe oder Wasser zu, rührt ständig um, läßt nicht zu stark aufkochen und gibt inzwischen noch den Rest der

Butter und den Essig hinein. Man nimmt den Topf vom Feuer und rührt noch das Eidotter hinein. Die Sauce sollte sämig, aber nicht zu dick sein. Für die marktüblichen Spargelbündel sollten 70 g Butter mit entsprechend weniger Mehl und Essig reichen.

SO KOCHT DER MEISTER

Zutaten für vier Personen:

30 g Butter, 10 g Mehl
100 ml Fleischbrühe
50 ml Sahne, 1 Eigelb
1 TL Essig, Salz, weißer Pfeffer

20 g Butter in einer Kasserolle schwitzen lassen, bis die Flüssigkeit verdunstet ist. Das Mehl zugeben und einige Minuten schmoren lassen; die Brühe angießen und zum Kochen bringen.

Nach dem Aufkochen die Kasserolle vom Herd nehmen, die Sahne und das Eigelb unterziehen. Dabei kräftig rühren, damit das Ei nicht gerinnt. Die Kasserolle wieder auf den Herd stellen, bis eine Temperatur von 80° erreicht ist; die Sauce darf aber nicht mehr kochen.

Die Sauce vom Herd nehmen und die restliche Butter flöckchenweise dazurühren. Mit dem Essig, etwas Salz und Pfeffer mild abschmecken. Diese Sauce kann zu Fleisch, Fisch, Eier und Gemüse serviert werden.

Dazu paßt ein Trentino DOC Pinot Grigio.

SALSA DI POMODORO

Tomatensauce

In der Romagna gab es einen Pfarrer, der es liebte, seine Nase in alle Privatangelegenheiten zu stecken. In jeder Familienangelegenheit, wie man so sagt, hatte er seine Finger. Da er aber ein durchaus ehrenwerter Mann war und mit seinem Eifer doch mehr Gutes tat als Schaden anrichtete, ließ man ihn gewähren. Die witzigen Romagnesen nannten ihn »Don Pomodoro« (Hochwürden Tomate), weil ja auch die Tomaten überall dabeisein müssen. Auch eine mit dieser Frucht bereitete Salsa ist eine Bereicherung für die Küche. Man zerkleinert 1 kleine Zwiebel, 1 Knoblauchzehe, 1 fingerlanges Stückchen Sellerie, einige Blätter Basilikum, beliebig viel Petersilie und gibt alles mit Pfeffer,

Salz und ein wenig Öl aufs Feuer, wo man noch 7 oder 8 Tomaten hineinschneidet. Man rührt von Zeit zu Zeit um, bis sich eine einheitliche Flüssigkeit gebildet hat, die man durch das Sieb schlägt. Diese Salsa ist sehr vielseitig verwendbar. Besonders eignet sie sich für gekochtes Fleisch, mit Käse und Butter für die Pasta asciutta und für Risotto.

SO KOCHT DER MEISTER

In einem Topf Wasser zum Kochen bringen. Die frischen Tomaten abbrühen und enthäuten. Flüssigkeit und Kerne der Tomaten entfernen. Die Zwiebel und die Knoblauchzehe fein hacken.

In einer Kasserolle das Öl erhitzen, die Zwiebel und die Knoblauchzehe dünsten. Das Tomatenfleisch mit dem Mixstab pürieren und mit den Kräutern in die Kasserolle geben. Die Sauce einige Minuten kochen lassen und mit Salz abschmecken. Die Tomatensauce kann zu Fleisch-

Zutaten für vier Personen:

*1 kg Tomaten, 50 g Zwiebel
1 Knoblauchzehe, 100 ml Olivenöl
1 Kräuterbund (Sellerie, Lorbeer,
Möhre, Estragon, Kerbel, Thymian)
Salz*

und Fischgerichten serviert werden. Diese Tomatensauce entfaltet ihr Aroma nur mit vollreifen Tomaten, wie sie nördlich der Alpen selten erhältlich sind. Ein wenig Balsamessig und eine kräftige Prise Zucker machen sie schmackhafter.

SALSA PICCANTE

Scharfe Sauce

Man nimmt 2 EL Essig-Kapern, 2 Sardellen und 1 Prise Petersilie. Man zerkleinert alles sehr fein und gibt es mit 1 guten Prise Pfeffer und viel Öl in eine Schale. Wenn es nicht fest genug wird, setzt man noch Essig oder Zitronensaft zu. Diese Salsa eignet sich für gekochten Fisch.

Variation

Wenig Zwiebel, Petersilie, einige Blättchen Basilikum, magerer Schinken und Essigkapern werden sehr fein zerkleinert und mit gutem Öl auf ein nicht zu starkes Feuer gesetzt. Wenn die Zwiebel gebräunt ist, gibt man Fleischbrühe dazu. Man läßt alles noch ein bißchen (langsam) kochen, nimmt ab und setzt noch 1 oder 2 zerkleinerte und mit Zitrone gewürzte Sardellen zu.

SO KOCHT DER MEISTER

Die Schalotten fein hacken. Das Öl in einer Kasserolle erhitzen und die Schalotten darin einige Minuten schmoren. Den Schinkenknochen, die Basilikumblätter, den Zitronensaft und die Brühe zugeben. Das Ganze einige Minuten kochen lassen.
Die Sauce vom Herd nehmen, die Sardellen und die Kapern zufügen. Den Knochen herausnehmen und die Sauce im Mixer aufschlagen.

Dazu paßt ein Trentino DOC Chardonnay.

Zutaten für vier Personen:

2 Schalotten, 80 ml Olivenöl
1 Knochen eines rohen Schinkens
3 Basilikumblätter, etwas Zitronensaft
50 ml Brühe
3 Sardellenfilets, 2 Kapern

SALSA PER PESCE IN GRATELLA

Sauce für Grillfisch

Diese einfache aber gute und gesunde Salsa besteht aus Eigelb, Sardelle, gutem Öl und Zitronensaft. Die Eier mit Schale werden 10 Minuten gekocht, dann nimmt man pro Eigelb 1 Sardelle und schlägt alles durch ein Metallsieb, die Fische vorher natürlich gesäubert und entgrätet. Das Ergebnis wird mit Öl und Zitronensaft cremig gerührt. Mit dieser Salsa übergießt man den gegrillten Fisch oder bringt sie auch gesondert auf den Tisch.

SO KOCHT DER MEISTER

Zutaten für vier Personen:

50 g Sardellenbutter, 10 g Kerbel
20 ml Olivenöl, 1 hartgekochtes Ei
einige Tropfen Zitronensaft
Salz, Pfeffer

Für die Sardellenbutter 50 g Butter schlagen und 15 g Sardellenpaste untermischen.
Für die Sauce alle Zutaten im Mixer pürieren und wenn die Sauce zu dickflüssig wird, etwas mehr Öl hinzufügen.

Dazu paßt ein Sorni bianco DOC.

SALSA DEL PAPA
Päpstliche Sauce

50 g Butter, 50 g Kapern in Essig, 1 gehäufter TL Mehl, Salz, Pfeffer, Essig

Diese Menge reicht für etwa 500 g Fisch. Die Butter, besonders in gebratenem Zustand, ist für einen schwachen Magen an sich schon fett genug. Trifft sie, wie hier und in anderen Rezepten, mit Säuren (Essig, Zitrone etc.) zusammen, so möge der Koch die Konstitution der Gäste bedenken.

Der Fisch wird gekocht und in seiner Brühe warm gehalten. Inzwischen bereitet man die Salsa, indem man das Mehl zunächst mit der Hälfte der Butter aufsetzt, umrührt, und, wenn es zu bräunen beginnt, die andere Hälfte der Butter zusetzt.

Man läßt aufbrodeln und gießt eine Kelle voll Fischbrühe hinein, dann würzt man mit Salz und Pfeffer und zieht den Topf vom Feuer. Die Hälfte der Kapern wird zerkleinert, dann schüttet man sie mit den unzerkleinerten und einem Tropfen Essig in den Topf. Die Salsa muß auf jeden Fall noch abgeschmeckt werden – sie soll flüssig-cremig sein.

Der noch warme Fisch kommt in die Schüssel, die Salsa wird gleichfalls warm darüber gegossen, den Fisch verziert man mit Petersilienblättern und serviert.

SO KOCHT DER MEISTER

Zutaten für vier Personen:

2 Schalotten, 20 g Butter
1 Kaper, 20 g Olivenpaste
2–3 Tropfen Erdbeeressig
50 g Sardellenbutter
Brühe, Salz, Pfeffer

Die Schalotten fein hacken. In einem kleinen Topf die Butter erhitzen und die Schalotten zugeben. Mit Brühe begießen. Die Kaper, die Olivenpaste und die Sardellenbutter zugeben.

Das Ganze mit den übrigen Zutaten im Mixer pürieren und mit einigen Tropfen Erdbeeressig, Salz und Pfeffer abschmecken.

Dazu paßt ein Trentino DOC Nosiola.

SALSA TARTUFATA
Trüffelsauce

1 nußgroßes Stück Zwiebel, $1/2$ Knoblauchzehe und etwas Petersilie werden fein zerhackt, mit 20 g Butter aufgesetzt, und wenn das Ganze Farbe angenommen hat, gießt man 2 Fingerbreit Marsala (Trinkglas) hinzu, in den man 1 gehäuften TL Mehl verrührt hat. Die Salsa wird mit Pfeffer, Salz und Gewürz nach persönlichen Geschmack versehen und ständig umgerührt. Wenn das Mehl gebunden hat, gießt man etwas Fleischbrühe zu und wirft dann sehr fein geschnittene Trüffelscheibchen hinein. Man läßt den Topf noch kurz auf dem Feuer, serviert die Salsa dann zu gebratenem Hammelkotelett, Schnitzel oder anderen Braten.

Ich muß darauf hinweisen, daß Wein in den Speisen nicht jedem Magen bekömmlich ist.

SO KOCHT DER MEISTER

Schalotte, Knoblauch und Petersilie fein hacken. In einer Kasserolle die Butter erhitzen und die feingehackten Zutaten zugeben. Sobald sie zu schwitzen beginnen, den Madeira angießen. Die Sauce mit Salz und Pfeffer würzen.
Einen Schöpflöffel Brühe und die gehackten Trüffel zur Sauce geben und alles einige Minuten kochen lassen.
Die Sauce mit dem Mixstab oder im Mixer aufschlagen.

Dazu paßt ein Trentino DOC Lagrein Rosé.

Zutaten für vier Personen:

50 g Schalotte, 1 Knoblauchzehe
etwas Petersilie, 20 g Butter
10 ml Olivenöl, 2 cl Madeira
Salz, Pfeffer
1 Schöpflöffel Brühe
50 g feingehackte Trüffel

Eiergerichte

Nach dem Fleisch sind Eier die nahrhaftesten Lebensmittel. Als der berühmte Physiologe Maurizio Schiff seinen Lehrstuhl in Florenz hatte, bewies er, daß das Eiklar nahrhafter ist als das Dotter, das stark fetthaltig ist, und daß rohe oder wenig gekochte Eier schwerer verdaulich sind als gekochte, weil der Magen zwei Arbeitsgänge zu verrichten hat statt eines einzigen: Das rohe Ei muß zuerst koaguliert werden (Eiweiß aussondern, was im Mund beginnt) und ist danach erst verdaulich. Am besten ist wieder einmal der Mittelweg: keine ganz rohen Eier, aber auch keine zu hart gekochten. Im Frühjahr sind Eier am schmackhaftesten. Frische Eier gibt man Wöchnerinnen zu trinken, und der Volksmund behauptet, sie könnten auch Jungvermählten dienlich sein.

Da kannte ich einmal einen Gastwirt, einen großen, kräftigen und nicht übermäßig klugen Taugenichts, der seine Gesundheit durch ausschweifendes Leben geschädigt hatte. Als er schließlich zum Arzt ging, erhielt er von diesem den Rat, jeden Morgen zwei rohe Eier zu trinken. Es ergab sich nun der günstige – oder auch ungünstige – Zufall, daß zum Gasthaus ein großer Hühnerhof gehörte und der Mann die Eier frisch von der Henne bekam. Nach einigen Tagen kam dieser Tor nun auf den Gedanken: »Wenn zwei Eier so gesund sind, wieviel gesünder sind dann erst vier Eier«, und er verschlang ihrer vier. Und dann: »Wenn vier Eier gut sind, dann sind sechs bestimmt noch besser«, und nichts wie runter mit den sechsen. So steigerte er sich auf zwölf bis vierzehn rohe Eier pro Morgen, bis er schließlich mit einer gepfefferten Magenverstimmung auf der Nase lag, ins Bett mußte und dort ausreichend Zeit fand, die verschlungenen Eier »auszubrüten«.

Uova Affogate

Verlorene Eier

Wenn das Wasser kocht, schlägt man die Eier auf und läßt sie aus geringer Höhe hineingleiten. Wenn das Eiklar gut geronnen ist und das Dotter nicht mehr zittert, hebt man sie mit dem Schaumlöffel heraus und gibt Salz, Pfeffer, Käse und Butter zu. Will man dazu eine Salsa, so bereitet man sie aus einer zerkleinerten und in warmer Butter aufgelösten Sardelle und gehackten Essigkapern. Diese Salsa eignet sich aber nicht für jeden Magen.

Man kann verlorene Eier auch auf einer fingerdicken Schicht Kartoffelpüree oder auf mit Butter zubereitetem Spinat servieren.

SO KOCHT DER MEISTER

Zutaten für vier Personen:

10 ml Essig, 4 Eier, 2 Lorbeerblätter Salz, weißer Pfeffer

1 l Wasser mit dem Essig und den Lorbeer zum Kochen bringen. Die Eier aufschlagen und langsam ins Wasser gleiten lassen. Wenn das Eiweiß gestockt ist, sind die Eier fertig.

Mit einem Schöpflöffel die Eier aus dem Wasser nehmen und in zerlassener Butter wenden. Die verlorenen Eier zum Beispiel mit einer pikanten Tomatensauce und Blumenkohlauflauf servieren.

Uova stracciate

Rühreier mit Pilzen

Dies ist ein Zwischengericht oder auch eine Vorspeise. Für drei Personen benötigt man:

40 g Butter, 4 Eier, 1 dl Sahne

Man setzt die Butter aufs Feuer, und wenn sie brät, gießt man die gequirlten Eier hinein, pfeffert und salzt und gibt unter ständigem Rühren ganz langsam die Sahne hinzu. Wenn sich die Masse verfestigt hat, streicht man sie auf 3 etwa fingerdicke, geröstete Brotscheiben, die man zuvor (noch warm) mit Butter getränkt hat. Geriebenen Parmesankäse darüber und servieren.

SO KOCHT DER MEISTER

Zutaten für vier Personen:

200 g Morcheln, 50 g Schalotte
80 ml Olivenöl, 30 g Schweinefett
Salz, Pfeffer, 4 Eier

Die Morcheln einweichen, gründlich waschen und dann in feine Scheiben schneiden. Die Schalotte fein hacken. Das Öl und das Schweinefett in einer Kasserolle erhitzen und die Schalotte darin andünsten. Die Morchelscheiben dazu geben, einige Minuten mitschmoren lassen und das Ganze mit Salz und Pfeffer würzen. Die Eier in eine Schüssel aufschlagen und mit einer Gabel leicht verquirlen. Die Eimasse zu den Pilzen geben und unter Rühren garen, bis sie gestockt ist. Die Rühreier in vorgewärmten Tellern heiß servieren.

Dazu paßt ein Trentino DOC weiß.

UOVA RIPIENE

Gefüllte Eier

Nachdem die Eier hart gekocht sind, schneidet man sie der Länge nach in 2 Hälften und nimmt die Dotter heraus. Für je 2 Eier nimmt man eine Sardelle, die man säubert, entgrätet und dann mit wenig Petersilie und noch weniger Zwiebel zerkleinert. Dem setzt man die Eidotter zu und soviel Butter, daß sich das Ganze mit der flachen Klinge eines Tafelmessers zu einer Paste verarbeiten läßt. Dieses Gemenge häuft man in die Höhlungen der Eier; die so gefüllten halben Eier legt man auf einen Teller und eine leichte Mayonnaise darüber. Man kann sie auch ohne Salsa mit Salz, Pfeffer, Öl und Essig servieren. In jedem Falle sind sie schmackhaft und scheinen dem Magen willkommen zu sein.

Variation

Als Vorspeise zur Mahlzeit genügen für 6 Personen:

6 Eier, 30 g Butter, 20 g Brot (weiß, ohne Kruste), 2 gehäufte EL Parmesan, 1 Prise getrocknete Pilze, ein paar Blättchen Petersilie, ausreichend Salz

Die Eier werden hart gekocht, der Länge nach aufgeschnitten und die Dotter beiseite getan.
Der Brotteig wird gut mit Milch getränkt und ausgedrückt.
Die Pilze werden in lauwarmem Wasser aufgeweicht.

Das Ganze wird sehr fein zerkleinert und die Masse wieder in die 12 halben Eier gehäuft, die man dann auf einem Teller auf einer Schicht von Kartoffelpüree (aus 350 g rohen Kartoffeln) anordnet. Statt auf Kartoffeln kann man sie auch auf eine Schicht Spinat, Erbsen oder eines anderen Gemüses legen. Bevor man serviert, wird alles noch einmal zusammen angewärmt.

SO KOCHT DER MEISTER

Die Zwiebeln in feine Würfel schneiden. In einer kleinen Pfanne die Butter erhitzen und die Zwiebelwürfel darin anbraten.
Die Eier hart kochen, schälen, halbieren und die Eigelbe herausnehmen. Die Eigelbe zusammen mit den angebratenen Zwiebeln, der Petersilie und der Sardelle mixen und die Masse mit einer Küchenspritze in die Eiweißhälften füllen.
Aus dem Öl, dem Essig und dem Salz eine Vinaigrette rühren und die Eier damit beträufeln.

Dazu paßt ein Sorni bianco DOC oder ein Trentino DOC Chardonnay.

Zutaten für vier Personen:

50 g Zwiebel, 20 g Butter
4 Eier, 1/2 Bund Petersilie
1 frische Sardelle
80 ml Olivenöl
30 ml Balsamico-Essig
etwas Salz

FRITTATA DI CIPOLLE

Eierkuchen mit Zwiebeln

Nehmt große, weiße Zwiebeln, zerschneidet sie in 3 cm dicke Stücke und laßt sie wenigstens eine Stunde lang in frischem Wasser stehen. Bevor ihr sie mit Speck oder Öl in die Pfanne gebt, müssen sie gut mit einem Tuch trocken gedrückt werden. Wenn sie anfangen Farbe zu bekommen, werden sie etwas gesalzen, auch die Eier werden gesalzen und über die Zwiebeln gegossen. Vorsicht, dieses Omelette brennt leicht an.

SO KOCHT DER MEISTER

Zutaten für vier Personen:

700 g Zwiebeln
100 ml Olivenöl
Salz, weißer Pfeffer
8 Eier

Die Zwiebeln in dünne Scheiben schneiden. Das Öl in eine schweren Eisenpfanne geben, etwa 2 Eßlöffel zurückbehalten. Das Öl erhitzen und die Zwiebelscheiben bei schwacher Hitze anbraten. Mit Salz und Pfeffer würzen.

Die Eier in eine Schüssel aufschlagen. Die gerösteten Zwiebeln dazu geben und alles gut vermischen.

Etwas Öl in die Pfanne geben und erhitzen. Wenn das Öl heiß genug ist, 1/4 der Eimasse in die Pfanne geben. Das Omelette von einer Seite backen. Dann die Pfanne mit einem Teller bedecken, das Omelette stürzen und die andere Seite backen.

Wieder etwas Öl in die Pfanne geben und die anderen Omelettes in gleicher Weise backen. Die Omelettes auf vorgewärmten Tellern heiß servieren.

Dazu paßt ein Trentino DOC Chardonnay.

Frittata colla pietra di vitella di latte

Eierkuchen mit Kalbsniere

Man nimmt 1 Kalbsniere, schneidet sie der Länge nach auf und beläßt ihr nach Möglichkeit alles Fett. Man gibt Salz, Pfeffer und Öl dazu und grillt sie auf dem Rost. Anschließend schneidet man sie quer in dünne Scheiben. Im Verhältnis zur Größe der Niere rührt man Ei mit Pfeffer und Salz ein, gibt 1 Prise fein zerkleinerter Petersilie zu, wirft die Nierenscheibchen in das Ei, rührt um und brät das Ganze in Butter. Diese Paste e Pastella (Teig und Rührteig) Omelette wird nur einseitig gebraten.

SO KOCHT DER MEISTER

Die Niere zwei Tage lang in Wasser legen. Das Wasser immer wieder wechseln. Die Niere in dünne Scheiben schneiden. Die Schalotten fein hacken.

Das Öl in einer schweren Pfanne erhitzen, die Schalotten und das Lorbeerblatt anbraten. Die Nierenscheiben zugeben, mit Salz und Pfeffer würzen. Kurz bevor die Nierescheiben gar sind, den Brandy angießen und fast völlig verdunsten lassen.

Die Nieren aus der Pfanne nehmen und warm stellen. Die Sauce mit dem größten Teil der Butter aufschlagen. Etwas Butter zurückbehalten. Die Nierenscheiben wieder in die Sauce geben und alles warm stellen.

Die Eier aufschlagen und mit dem geriebenen Parmesan verquirlen. Etwas Butter in die Pfanne geben und erhitzen. Nacheinander vier kleine Omeletts backen und auf vorgewärmten Tellern anrichten. Das Nierenragout jeweils auf einer Hälfte der vier Omeletts verteilen und die andere Hälfte darüberschlagen.

Dazu paßt ein Trentino DOC Gewürztraminer.

Zutaten für vier Personen:

1 Kalbsniere
50 g Schalotte
1 Lorbeerblatt
50 ml Öl
30 ml Brandy
4 Eier
30 g geriebener Parmesan
50 g Butter
Salz, Pfeffer

Pasteten

O bgleich Pasteten und Terrinen eher in der französischen Küche zu Hause sind, erfreuen sie sich doch auch in der italienischen einer gewissen Beliebtheit. Dies gilt jedoch für die Küche des 19. Jahrhunderts – die Küche Pellegrino Artusis – weit mehr als für die zeitgenössische italienische Küche. Denn Pasteten und Terrinen sind zwangsläufig füllig und gehaltvoll. Damit stehen sie zwangsläufig im Gegensatz zur modernen mediterranen Kochphilosophie, die leichte Zutaten und rasche Garmethoden bevorzugt.

PASTA SFOGLIA
Blätterteig

Das Gute an diesem Teig ist, daß er beim Aufgehen blätterig wird und sehr leicht ist, aber die Zubereitung ist für den Ungeübten recht schwierig. Am besten sieht man einmal zu, wie ein geübter Meister so etwas macht. Ich will aber trotzdem versuchen, die Vorgänge möglichst genau zu beschreiben.

200 feinstes Mehl, 150 g Butter oder auch 300 g Mehl, 200 g Butter

Im Winter knetet man das Mehl mit warmem (nicht kochendem) Wasser ein. Salz wie üblich, 1 EL Aquavit und 1 nußgroßes Stück Butter, das man von obigen 150 oder 200 g abnimmt. Daraus knetet man einen nicht zu festen und nicht zu weichen Teig, den man wenigstens $^1/_2$ Stunde lang gut durcharbeitet, zuerst mit der Hand, dann indem man ihn mit Wucht auf das Nudelbrett »klatscht«. Man formt daraus einen rechteckigen Laib (wie ein Brot), wickelt ihn in ein Leinentuch und läßt ihn etwas ruhen. Inzwischen bearbeitet man auf dem Nudelbrett mit der in Wasser angefeuchteten Hand auch die Butter bis sie gleichmäßig weich ist, dann formt man auch sie zu einem kleinen Ziegel und legt sie in eine Schüssel mit kaltem Wasser. Wenn der Mehlteig geruht hat, nimmt man die Butter aus dem Wasser, trocknet sie mit einem Tuch ab und bestäubt sie allseits ausgiebig mit Mehl.
Nun rollt man den Mehlteig mit der Nudelrolle nur soweit aus, daß man die Butter darin einpacken kann. Diese legt man mitten darauf, faltet die Ränder des Teigs zusammen und verknetet sie mit den Fingern, wobei man darauf achtet, daß der Teig allseits fest an der Butter anliegt und keine Luftblasen entstehen. Jetzt beginnt man vorsichtig – zunächst von Hand, dann mit der Rolle – den Teig wieder auszubreiten, gleich beim ersten Mal so dünn wie möglich, aber auch so, daß keine Butter austritt. Geschieht dies doch, so streut man sofort Mehl auf die Stelle, an der die Butter sichtbar wird. Auch Nudelbrett und Rolle müssen öfter mit Mehl eingestäubt werden, damit der Teig auf dem Brett gleitet und nicht an der Rolle haftet. Nach dem ersten Ausrollen wird der Teig so zusammengefaltet, daß drei Schichten übereinander liegen wie drei Blätter eines Buches. Dann rollt man ihn wieder zu mäßiger Dicke aus. Diesen Vorgang wiederholt man im ganzen sechsmal und läßt den Teig dazwischen jeweils 10 Minuten ruhen. Beim siebten Ausrollen faltet man den Teig dann nur einfach zusammen und bringt ihn auf die günstigste Dicke, also etwas dünner als 1 cm. Außer bei diesem letzten Mal muß man darauf achten, daß der Teig immer möglichst rechteckig ausgerollt wird, dreimal so lang wie breit. Sollten durch

93

eingeschlossene Luft Blasen entstehen, so sticht man sie mit einer Nadel auf. Besser als das übliche Nudelbrett eignet sich ein Marmortisch, weil er kälter und geschliffen ist. Im Sommer braucht man Eis, um den Teig besser bearbeiten zu können.

Mit diesem Teig bäckt man, wie ihr wohl wißt, die »Vol-au-vent« (Blätterteigpastete), das Feingebäck mit Marmelade oder eingemachten Früchten und Torten mit Marzipanfüllung. Als Pastete kann man den Teig auch mit einem feinen Gemisch aus Fleisch, Hühnerleber und Kalbsgekröse füllen. In allen Fällen erzielt man den appetitlichen Goldschimmer, indem man die Oberfläche mit Eigelb bestreicht. Verwendet man Blätterteig mit süßen Zutaten, so wird er in warmem Zustand noch mit Puderzucker bestäubt.

SO KOCHT DER MEISTER

Das Mehl mit dem Manitoba vermischen. 50 g von dieser Masse mit der Butter kneten.

Etwas Wasser und eine Prise Salz in den Rest der Masse untermischen und einen Teig kneten. Den Teig 20 Minuten ruhen lassen und dann mit dem Nudelholz ausrollen. Den erstgenannten Teig mit der Butter auf den ausgerollten Teig legen. Die Ecken des ausgerollten Teiges zusammenlegen, so daß die Buttermasse eingewickelt wird. Den Teig erneut viereckig ausrollen, die vier Ecken zusammenlegen und 15 Minuten im Kühlschrank ruhen lassen.

Das Verfahren dreimal wiederholen. Sollten Luftblasen entstehen, diese mit einem Zahnstocher durchstechen. Den Teig am besten auf Marmorplatten bearbeiten und im Gefrierfach aufbewahren.

> **Zutaten für vier Personen:**
>
> 170 g Mehl
> 25 g Manitoba
> 200 g Butter
> etwas Salz

PASTA SFOGLIA A METÀ

Halbblätterteig

Man nimmt Butter vom halben Gewicht des Mehls, setzt aber das Stückchen für den Teig eigens hinzu.

Das Weitere nach dem vorigen Rezept.

SO KOCHT DER MEISTER

Zutaten für vier Personen:

100 g Mehl
50 g Butter
Salz

Die Vorgehensweise ist die gleiche wie beim vorhergehenden Rezept. Durch den reduzierten Butteranteil ist Halbblätterteig weniger fett als echter Blätterteig – aber auch weniger fein. Er eignet sich gut für kleinere Gebäckstücke mit pikanten Füllungen aus Käse oder Schinken.

PASTELLA PER LE FRITTURE

Teig für fritierte Speisen

100 g Mehl, 1 EL feines Öl, 1 EL Aquavit, 1 Ei, getrennt, Salz, warmes Wasser nach Bedarf

Man verrührt das Mehl mit dem Eidotter und den übrigen Zutaten, gibt nach und nach Wasser zu, bis man einen nicht zu flüssigen Teig erhält. Das Ganze wird mit dem Kochlöffel gut durchgerührt, dann läßt man es einige Stunden ruhig stehen.

Wenn es gebraucht wird, setzt man noch das geschlagene Eiweiß zu. Diese Pastella läßt sich zu mancherlei Art von Gebackenem verwenden, besonders für Früchte und Gemüse.

SO KOCHT DER MEISTER

Zutaten für vier Personen:

100 g Mehl
100 ml Öl
5 g Bierhefe
1 Ei, getrennt
20 g Butter
100 ml Milch

Das Mehl in eine Schüssel füllen und in die Mitte eine Grube drücken. Die Bierhefe mit 20 ml lauwarmem Wasser verrühren und zum Mehl geben. Alle übrigen Zutaten hinzufügen und das Ganze zu einem Teig verkneten. Den Teig zugedeckt an einem warmen Ort etwa 1/2 Stunde gehen lassen.
Nach dem Gehen können die gewünschten Fleisch-, Fisch- oder Gemüseteile in den Teig eingetaucht und sofort fritiert werden.

Zwischengerichte

Tramessi, das sind kleine Gerichte, die zwischen den Hauptgängen eines großen Diners gereicht werden, um den Gästen das Warten zu verkürzen und den Gaumen vorzubereiten auf die folgenden Genüsse. In der französischen Küche bezeichnet man sie als »Entremets«, im deutschsprachigen Raum als »Zwischengerichte«.

In einer kalorienbewußten Zeit wird man sie selbst bei feierlichen Anlässen und zeremoniellen Diners kaum mehr finden. Als Vorspeisen oder kleiner Imbiß anstelle eines schweren Essens jedoch kommen manche der traditionellen Tramessi heute wieder zu neuen Ehren.

MACCHERONI COLLA BALSAMELLA
Makkaroni mit Bechamelsauce

Man nimmt lange Makkaroni nach neapolitanischer Art und kocht sie in Salzwasser zu ²/₃ gar. Man gießt sie ab, setzt sie mit einem Stückchen Butter wieder auf das Feuer, und wenn sie das Fett angenommen haben, gießt man soviel Milch zu, daß sie über kleinem Feuer weiterkochen können.

Inzwischen bereitet man aus Butter, Mehl und Milch eine Balsamella. Wenn sie nicht mehr kocht, legiert man mit einem Eigelb und gießt sie über die Makkaroni, dazu eine angemessene Menge geriebenen Parmesan. So zubereitete Makkaroni sind gut zu gekochtem Fleisch oder Schmorbraten, auch zu gedämpften Kalbsschnitten. In diesem Falle nimmt man eine feuerfeste Unterlage, stellt in die Mitte eine Blechform und legt die Makkaroni herum. Sie werden unter Oberhitze leicht angebräunt und vom Feuer genommen. Dann ersetzt man die Blechform durch das Fleisch und kann servieren. Man kann die Makkaroni natürlich auch getrennt auf den Tisch bringen, sollte sie aber schon des Aussehens wegen leicht bei Oberhitze bräunen. Man achte aber darauf, daß sie saftig bleiben.

SO KOCHT DER MEISTER

Die Makkaroni in Salzwasser kochen. Inzwischen das Bries zusammen mit dem Lorbeerblatt in kochendem Wasser garen. Sobald es rosa wird, aus dem Wasser nehmen und in kleine Würfel schneiden. Die Zucchini ebenfalls klein würfeln.

In einer Pfanne die Hälfte des Öls erhitzen, den Knoblauch durch die Presse drücken und zusammen mit den Zucchiniwürfeln ins Öl geben. Alles einige Minuten dünsten, salzen und pfeffern. Inzwischen die Schalotten und die Entenleber klein schneiden.

Die Sahne zum Kochen bringen und sofort vom Herd nehmen. In einer weiteren Pfanne das restliche Öl erhitzen. Die Entenlebern mit den Schalotten kurz anbraten, bis sie rosa sind. Mit etwas Cognac ablöschen und kochen, bis der Brandy verdunstet ist. Danach Bries, Sahne, Zucchini und Eigelb zugeben. Nicht mehr kochen lassen , das Eigelb darf nicht stocken.

Die Makkaroni abgießen und alles in der Pfanne schwenken. Zum Schluß Butter und Parmesan untermischen. Sehr heiß servieren.

Zutaten für vier Personen:

400 g Makkaroni
etwas Salz
100 g Bries
1 Lorbeerblatt
1 EL Olivenöl
1 Knoblauchzehe
200 g Zucchini
weißer Pfeffer aus der Mühle
20 g Schalotte
100 g Entenleber
80 ml Sahne
Cognac
1 Eigelb
1 EL Butter
80 g geriebener Parmesan

Maccheroni col Pangrattato
Makkaroni mit Semmelbröseln

Wenn es wahr ist, was Alexandre Dumas der Ältere sagt, daß nämlich die Engländer von Roastbeef und Pudding, die Holländer von gekochtem Fleisch, Kartoffeln und Käse, die Deutschen von Sauerkraut und geräuchertem Speck, die Spanier von Kichererbsen, Schokolade und ranzigem Speck und die Italiener von »Maccheroni« leben, dann braucht man sich nicht zu wundern, daß ich oft und gerne auf diese Teigwaren zurückkomme – weil ich sie wirklich besonders gern mag. Fast hätte ich mir einst den schönen Titel »Makkaronifresser« (Mangia maccheroni) eingehandelt, und das kam so:

Im Jahre 1850 befand ich mich einmal in Gesellschaft einiger Studenten und des Felice Orsini, der mit einem von ihnen befreundet war, in der Trattoria »Tre Re« zu Bologna. In dieser Zeit wurde in der Romagna nur von Politik und Verschwörung geredet. Der Orsini schien zum Putschisten geboren und war begeistert bestrebt, uns zu erläutern, daß ein Aufstand zu erwarten sei und daß er und ein paar andere Anführer, die er namentlich nannte, an der Spitze der Rebellen bewaffnet in Bologna einrücken würden.

Da ich ihn so unklug in aller Öffentlichkeit über ein so gefährliches Unternehmen reden hörte, das mir ohnedies närrisch erschien, blieb ich zurückhaltend und bemühte mich, in aller Ruhe meine Makkaroni zu essen. Dieses Benehmen versetzte der Eitelkeit des Orsini einen schweren Schlag. Er war so gekränkt, daß er jedesmal, wenn er sich meiner erinnerte, die Freunde fragte: »Wie geht's dem ›Mangia maccheroni‹?«

Ich glaube den netten jungen Mann mit der kräftigen, geschmeidigen Statur, dem rundlichen, bleichen Gesicht mit den feinen Zügen, schwarzen Augen, krausen Haaren und etwas lispelnder Aussprache noch heute vor mir zu sehen. Viele Jahre später sah ich ihn in seinem Café zu Meldola in einem Augenblick, in dem er bebend vor Zorn einen jungen Mann aufforderte, mit ihm nach Florenz zu kommen und ihm zu helfen, an jemandem, der ihn getäuscht und seine Ehre verletzt hatte, eine exemplarische Vendetta zu vollziehen. Eine Verkettung unglücklicher Umstände führte dann zu jenem tragischen Ende, das alle kennen und das alle beklagen (Orsini wurde 1858 nach einem mißglückten Anschlag auf Napoleon III. hingerichtet), und das für Napoleon vielleicht ein Ansporn war, Italien so hart zu treffen (durch die Annexion von Savoyen und Nizza 1860). Aber wieder zu den Makkaroni:

300 g lange Makkaroni, 15 g Mehl, 60 g Butter, 60 g Gruyère-Käse, 40 g Parmesan, 6 dl Milch, Semmelbrösel nach Bedarf, nach Belieben auch stärker würzen

Die Makkaroni werden halbgar gekocht, gesalzen und auf einem Sieb abgetropft. Man setzt das Mehl mit der Butter auf das Feuer, rührt ständig um, bis es anfängt, Farbe zu bekommen, gießt in kleinen Portionen die Milch hinzu und läßt etwa 10 Minuten kochen. In diese Balsamella wirft man die Makkaroni und den geriebenen oder zerstückelten Gruyère, stellt die Kasserolle dann auf schwaches Feuer, wo unter langsamem Kochen die Milch absorbiert wird. Man gibt den Rest der Butter und den geriebenen Parmesan hinein. Dann gibt man die Makkaroni in einem kleinen Berg auf eine feuerfeste Unterlage und bedeckt sie vollständig mit Semmelbröseln. Nach dieser Vorbereitung stellt man sie, mit einem eisernen Deckel versehen, in den »forno di campagna« (wichtig ist die Oberhitze), und wenn sie gebräunt sind, serviert man sie warm als Zwischenmahlzeit oder noch besser zu einem Fleischgericht.

SO KOCHT DER MEISTER

Die Milch in einem großen Topf mit einer Prise Salz zum Kochen bringen. Die Nudeln in der kochenden Milch al dente kochen. Aufpassen, daß die Milch nicht anbrennt. Inzwischen die Leberklößchen wie folgt zubereiten: Die Leber mit Eis bedecken; nach dem Abkühlen pürieren, mit Salz und Pfeffer würzen, Cognac und Sahne untermischen. Alles gut vermengen und soviel Semmelbrösel zugeben, daß ein formbarer Teig entsteht. Aus dem Teig kleine Klöße formen.

Den Gruyere-Käse reiben. In einer Kasserolle das Öl erhitzen und die Nudeln darin schwenken. Dann den Käse, die Leberklößchen und den geriebenen Parmesan zufügen und alles gut miteinander vermischen.

Eine Form mit Butter einfetten und mit Semmelbröseln bestäuben. Die Form mit den Nudeln füllen, mit den restlichen Semmelbröseln bedecken und 5 bis 6 Minuten im Ofen backen. Die Makkaroni auf vorgewärmten Tellern heiß servieren.

Dazu paßt ein Sorni bianco DOC.

Zutaten für vier Personen:

2 l Milch
Salz
400 g Makkaroni
100 g Leber
50 ml Cognac
weißer Pfeffer
50 ml Sahne
200 g Semmelbrösel
170 ml Olivenöl
100 g Gruyere-Käse
50 g geriebener Parmesan

PAGNOTTELLE RIPIENE
Gefüllte Brötchen

In den großen Städten kann man nicht nur alle möglichen Zutaten finden, so zum Beispiel kleine Brötchen, die sich zum Füllen eignen.

Mit einer Reibe die Rinde dieser kleinen Brötchen abreiben und in der Mitte ein kleines Stück ausschneiden, damit sich eine Öffnung bildet. Die Brötchen aushöhlen, innen und außen mit etwas heißer Milch befeuchten und wenn sie die Flüssigkeit gezogen haben, den Deckel (ebenfalls befeuchtet) wieder aufsetzen. Die Brötchen in Ei wenden und in Öl bzw. ausgelassenem Speck ausbacken, am besten mit der Deckelseite nach unten, damit der Deckel haften bleibt. Den Deckel mit einem spitzen Messer abnehmen, die Brötchen mit warmem Hack füllen, wieder schließen und servieren. Wenn man sie mit Sorgfalt zubereitet, eignen sie sich für jede Eßgelegenheit.

Die Zutaten für die Füllung in kichererbsengroße Stücke schneiden; am besten eignet sich Leber, Huhn, Bries und ähnliches, als Ragout zubereitet und mit etwas Mehl gebunden. Für die Zubereitung einer wirklich hervorragenden Füllung sind Trüffel unentbehrlich.

SO KOCHT DER MEISTER

Zutaten für vier Personen:

300 g Kalbfleisch vom Milchkalb
150 g schwarze Trüffel
80 g Speck
Salz, weißer Pfeffer
100 g Lauch
30 g Schalotte
50 ml Öl
2 Lorbeerblätter
4 kleine Brötchen
100 g Feldsalat

Das Kalbfleisch von den Sehnen befreien und in kleine Würfel schneiden. Die schwarzen Trüffel einzeln zuerst in Schweinespeck und dann in Alufolie wickeln. Die Trüffel 4 bis 5 Minuten in der Glut eines Holzkohlengrills garen, dann auspacken, den Speck wegwerfen, die Trüffel in kleine Würfel schneiden und mit Salz und Pfeffer würzen. Während die Trüffel garen, den Lauch blanchieren und in kleine Stifte schneiden. Die Schalotten fein würfeln. Die Hälfte des Öls in eine Pfanne geben und erhitzen. Die Lauchstifte mit den Schalotten und dem Lorbeer ins heiße Öl geben und einige Minuten dünsten.

Das restliche Öl erhitzen. Das Kalbfleisch darin kurz anbraten und zusammen mit den Trüffeln zum Lauch geben. Alles gut vermischen und mit Salz und Pfeffer herzhaft abschmecken. Die Brötchen aufschneiden und den oberen Teil abnehmen. Den weichen Teig herausholen. Den Hohlraum mit der zubereiteten Masse füllen und den Deckel wieder aufsetzen. Die gefüllten Brötchen einige Minuten im Ofen backen. Inzwischen den Feldsalat mit dem Dressing auf den Tellern anrichten und die frisch gebackenen Brötchen darauflegen.

COSTOLETTE NELLA CARTA
Kalbskotelett im Schinkenmantel

Die Koteletts werden zum größten Teil von den Rippen abgelöst, wie üblich geklopft und an den Rändern eingeschnitten, dann brät man sie ohne weitere Zutaten in Butter. In noch heißem Zustand gibt man Pfeffer und Salz zu, dann stellt man sie zur Seite.

Nunmehr bereitet man eine ziemlich feste Balsamella, zu der man in kleinste Stückchen geschnittenen Schinken und gepökelte Zunge, 1 Prise Parmesan, Muskat und in Scheibchen geschnittene Trüffel gibt (auch gedörrte und eingeweichte Pilze, die aber fein zerkleinert werden müssen). Man läßt gut abkühlen.

Der Anzahl der Koteletts entsprechend bereitet man einen Blätterteig zu. Man bestreicht die Koteletts auf beiden Seiten mit der festen Balsamella und hüllt sie dann in den Blätterteig, wobei man den abgelösten Rippenknochen frei läßt. Sie werden dann mit Eigelb bestrichen, aufrecht um den Rand einer Pfanne angeordnet und gebacken. Man serviert sie warm, die Mühe der Zubereitung wird durch die Dankbarkeit der Gäste belohnt.

SO KOCHT DER MEISTER

Die Koteletts leicht salzen und pfeffern und auf beiden Seiten mit den Basilikumblättern und Trüffeln belegen. Anschließend die Koteletts in die Schinkenscheiben einwickeln. Den Schinken mit Zahnstochern feststecken.
In einer Pfanne das Gänsefett – das leichteste unter den tierischen Fetten – erhitzen und das Fleisch darin rosa braten. Dabei darauf achten, daß der Schinken nicht zu trocken wird.
Die Koteletts im Mantel mit Kartoffelpüree oder gedämpftem Spinat servieren.

Dazu paßt ein Trentino DOC Marzemino.

Zutaten für vier Personen:

4 Kalbskoteletts
Salz, weißer Pfeffer
8 Basilikumblätter
16 hauchdünne Scheiben schwarze Trüffel
8 große, dünne Scheiben Parmaschinken
50 g Gänsefett

SALSICCIA COLLE UOVA
Würste mit Eiern

Die Kombination von Eiern und Wurst scheint nicht sehr gelungen zu sein, genauso wie Eier mit Dörrfleisch in Würfeln. Die erste Variante mag unpassend erscheinen, die zweite ist jedoch sehr schmackhaft und schmeckt vielen, obwohl es sich hier um ganz gewöhnliche Gerichte handelt.
Wenn die Wurst frisch ist, diese der Länge nach in zwei Stücke schneiden und in einer Pfanne ohne Fett anbraten, weil sie genügend eigenes Fett enthält. Wenn sie luftgetrocknet ist, die Haut entfernen und in Scheiben schneiden. Wenn die Wurst gar ist, die Eier aufschlagen und zugeben, bis sie hart sind. Für jede Wurst reicht ein Ei, höchstens zwei.
Wenn die Wurst zu mager ist, empfiehlt es sich, sie mit etwas Butter oder Speck anzubraten. Wenn statt Wurst Dörrfleisch verwendet wird, ein Stück Butter dazugeben und die Eier erst verquirlen und dann in die Pfanne geben.

SO KOCHT DER MEISTER

Zutaten für vier Personen:

4 frische Salsicce (Würste)
4 Eier
20 ml Sahne
50 ml Olivenöl
Salz, weißer Pfeffer
100 g Spinat
30 g Pinienkerne

Die Würste mit einer Gabel einstechen und einige Minuten kochen lassen, dann aus dem Wasser nehmen, häuten und zerkleinern. Die Eier mit Sahne verquirlen.
In einer Pfanne das Öl erhitzen, die Würste und die geschlagenen Eier hineingeben, mit Salz und weißem Pfeffer würzen und unter Rühren garen.
Inzwischen die Spinatblätter in die Mitte der Teller geben, die Eier und die Würste darauf legen und das Ganze mit den Pinienkernen bestreuen.

Dazu paßt ein Trentino DOC Lagrein Rosé.

RISO PER CONTORNO
Reis als Beilage

Bei gekochtem Huhn eignet sich Reis als Zuspeise. Damit er nicht zuviel Fleischbrühe aufsaugt, wird er in Wasser angekocht, dann gart man ihn in der Hühnerbrühe weiter. Wenn er fast gar ist, wird er mit dem Schaumlöffel herausgenommen und mit ein wenig Parmesan und Butter gewürzt. Man legiert ihn noch mit Eigelb, für 200 g genügt 1 Ei oder noch besser 2.

Will man den Reis nicht zu gekochtem Hühnerfleisch, sondern zu Kalbfleisch verwenden, so fügt man den obigen Ingredienzien noch 3 Eßlöffel gekochten und pürierten Spinat bei. Der Reis ist dann grün und sehr wohlschmeckend.

SO KOCHT DER MEISTER

Die Schalotte mit den Gewürznelken spicken. In einer kleinen viereckigen Form das Öl mit der Schalotte erhitzen und den Reis zugeben. Nach wenigen Sekunden die Brühe angießen und die Form mit einem angefeuchteten Stück Butterbrotpapier abdecken. Das Ganze 10 Minuten im Ofen backen und im ausgeschalteten Backofen stehen lassen, bis der Reis aufgegangen und al dente gegart ist.

Den Reis auf einem Backblech verteilen und abkühlen lassen. Eine beschichtete Pfanne mit etwas Öl erhitzen und den Reis darin anrösten. Dabei darauf achten, daß der Reis nicht zu einer festen Masse wird. Sehr gute Beilage für alle Gerichte, besonders für Fleischgerichte mit Sauce.

Zutaten für vier Personen:

1/2 Schalotte
2 Gewürznelken
50 ml Öl
160 g Reis
400 ml Brühe

GRIESS-TORTINI

Tomatentörtchen

200 g Grieß, 50 g geriebener Parmesan, 30 g Mehl, 2 Eier, etwas kleingehackte Petersilie, anderes Gewürz nach Geschmack, Salz

Aus obigen Zutaten setzt man einen Teig an, gibt ihn auf das mit einem Mehlschleier bedeckte Nudelbrett und läßt ihn soviel Mehl annehmen, daß man aus dem weichen Teig mit der in Mehl getauchten Hand 12 Klöße bilden kann, die man etwas platt drückt. Man setzt sie mit Butter in einem Tiegel auf das Feuer, brät sie von beiden Seiten braun und taucht sie dann in Tomatensauce oder in mit Wasser aufgelöstes Tomatenmark.

Sie können als Zwischenmahlzeit dienen, als Beilage zu Beefsteak oder warmem Roastbeef.

SO KOCHT DER MEISTER

Zutaten für vier Personen:

700 g reife Tomaten
80 ml Öl
2 Thymianzweige
2 Knoblauchzehen
4 Eigelbe
2 Eier
100 ml Sahne
Salz, weißer Pfeffer

Die Tomaten in kochendes Wasser legen, herausnehmen, kalt abschrecken und die Häute abziehen. Die Früchte halbieren und die Kerne entfernen.
In eine Pfanne 70 ml Öl erhitzen. Die Thymianblättchen abrebeln. Die Knoblauchzehen durch die Presse in das heiße Öl drücken, den Thymian und das Tomatenfruchtfleisch dazugeben. Das Ganze einkochen, bis eine dicke Tomatensauce entsteht, und abseits vom Feuer abkühlen lassen.
Die erkaltete Tomatensauce durch ein Sieb passieren. passieren. Die Eigelbe, die beiden Eier und die Sahne untermischen und mit Salz und Pfeffer würzen.
Kleine Förmchen einfetten und mit der Masse füllen. Die Förmchen in Wasserbad bei 160° im Ofen backen. Das Wasser darf dabei nicht kochen.

Dazu paßt ein Trentino DOC Gewürztraminer.

INSALATA MAIONESE

Seebarsch auf Feldsalatbett

Man halte sich möglichst an das Rezept. Denn manche Köche pantschen diesen gemischten Salat in einer Weise zurecht, daß einem grausen könnte.
Man kann ihn zu gekochtem Huhn nehmen, aber auch zu jeder Art von Fleischgericht. Am besten eignet er sich aber zu Fisch aller Sorten sowie zu Gamberi und Langusten. Ich werde versuchen, die einfachste und beste Zubereitung zu schildern. Man nimmt Römischen Salat oder auch Kopfsalat, den man in fingerbreite Streifen schneidet, dazu Rote Rüben und in feine Scheibchen geschnittene, gekochte Kartoffeln. Einige Sardellen werden gesäubert, die Gräten entfernt, dann schneidet man sie in 4 oder 5 Stücke. Schließlich wird auch der gekochte Fisch aufgeteilt. Wer will, kann auch noch ein paar Kapern und das Weiche von 3 oder 4 süß angesetzten Oliven dazugeben. Das Ganze wird mit Salz, Öl und wenig Essig gewürzt und gemischt, bis es die Würze gut angenommen hat, dann bildet man daraus ein Häufchen. Die Salsa Mayonnaise rührt man mit Senf anstelle von Pfeffer an und gibt außer der Zitrone auch noch etwas Essig dazu.
Mit dieser Salsa bestreicht man die Oberfläche des angehäufelten Salats vollständig und verziert sie noch mit ein paar Scheibchen von Roten Rüben und

gekochten Kartoffeln, so daß es hübsch aussieht. Wenn man eine entsprechende Form besitzt, kann man die Spitze des kleinen Hügels noch mit einer Blume aus Butter schmücken – weniger zum Essen, als um des guten Aussehens willen.

In gemischten Salaten kann man die Roten Rüben auch durch Radicchio ersetzen. Man kann auch den herben Geschmack des Radicchio und den etwas süßen der Roten Rüben mischen.

SO KOCHT DER MEISTER

Den Seebarsch filetieren, in kleine Rauten schneiden und vorsichtig dämpfen. Die Zuckerrübe in Salzwasser weich kochen und abkühlen lassen.

Inzwischen die Kartoffeln in kleine Stifte schneiden und in einer Pfanne mit etwas Öl goldbraun braten. Die Zuckerrübe in dünne Scheiben schneiden.

Den Feldsalat auf vier Tellern mittig anrichten. Die Kartoffeln in Fächerform auf den Salat dekorieren und die dünnen Rübenscheiben darauf streuen. Zuletzt den Seebarsch auf den Salat legen.

Sardellenpaste, Senf, Kaper und Himbeeressig mixen, mit Salz und Pfeffer würzen. Die Sauce auf den Fisch geben und servieren.

Dazu paßt ein Trentino DOC Pinot bianco.

Zutaten für vier Personen:

400 g Seebarsch
100 g Zuckerrübe
Salz, 100 g gekochte Kartoffeln
100 ml Öl
100 g Feldsalat
20 g Sardellenpaste
15 g Senf, 1 Kaper
30 ml Himbeeressig
Pfeffer

Aus dem Schmortopf

Geschmortes will mit besonderer Sorgfalt zubereitet sein, damit es schmackhaft und leicht verdaulich gerät. Man sagt, Schmorbraten seien nicht sehr gesund, aber ich glaube das nicht. Ich meine eher, daß diese Geringschätzung daher rührt, daß meist zu fett und mit einem Übermaß an Gewürzen und Zutaten geschmort wird.

STRACOTTO ALLA BIZZARRA
Kalbsbraten »bizarr«

Angenommen, man habe 700 bis 800 g mageres Kalbfleisch, dann kann man es mit 100 g Speck spicken. Die Speckstückchen sollen fingerdick sein, sie werden vorher gepfeffert und gesalzen – desgleichen das Kalbfleisch. Man gießt Wasser zu, bis das Fleisch halb bedeckt ist, tut noch 2 Blättchen Salbei, 1 Ästchen Rosmarin und $^1/_2$ Knoblauchzehe hinein und setzt es auf das Feuer. Wenn das Fleisch recht mürbe ist, nimmt man weniger Wasser. Wenn kein Wasser mehr im Topf ist, gibt man 1 TL Mehl hinein, damit das Fleisch Farbe bekommt. Dann gibt man noch 1 Stück Butter dazu und übergießt das Ganze mit 1 Kelle Fleischbrühe und fingerbreit mit Marsala. Die Sauce wird durch ein Sieb passiert und vor dem Servieren über das Fleisch gegossen. Wenn das Fleisch nicht sehr saftig ist, kann man, statt zu spicken, auch Speckscheibchen darüber legen, damit es nicht noch mehr Saft verliert.

SO KOCHT DER MEISTER

Den Speck in 1 cm dicke Streifen schneiden und das Fleisch damit spicken. 50 g Butter in einer Kasserolle erhitzen. Das Fleisch mit Salz und Pfeffer würzen und in der heißen Butter von allen Seiten gleichmäßig anbraten. Salbei, Knoblauch und Rosmarin mit anbraten. Die Brühe in die Kasserolle gießen und das Fleisch bis zur Hälfte bedecken. Das Fleisch garen, bis die Flüssigkeit fast komplett verdunstet ist.
Das Fleisch mit Mehl bestäuben, die restliche Butter zugeben und alles mit dem Marsala begießen. Den Marsala etwas einköcheln, 250 ml kochendes Wasser zufügen und etwas kochen lassen.
Das Fleisch herausnehmen und warm stellen. Den Fond durch ein Sieb gießen und zum Fleisch servieren.

Dazu paßt ein Trentino DOC Chardonnay.

Zutaten für vier Personen:

100 g Schweinespeck
700 g mageres Kalbfleisch
80 g Butter
etwas Salz und Pfeffer
2 Salbeiblätter
1 Knoblauchzehe
1 Rosmarinzweig
800 ml Brühe
50 g Mehl
250 ml Marsala

FRICASSEA
Frikassee

Man macht Frikassee aus Brustfleisch oder Muskelfleisch von Kalb, Lamm und Huhn. Nehmen wir Kalbsbrust als Beispiel, so bleiben die Zutaten für anderte Fleischsorten gleich, müssen natürlich proportional zum Gewicht abgeändert werden.

500 g Kalbsbrust, 50 g Butter, 5 g Mehl (1 knapper EL), 2 Eidotter, ½ Zitrone, 1 Gewürzsträußchen

Man schneidet die von allen Knochen befreite Kalbsbrust in kleine Stücke und setzt eine Kasserolle (Topf mit Deckel) mit der Hälfte der Butter aufs Feuer. Wenn diese Butter anfängt zu zergehen, gibt man das Mehl hinzu und rührt, bis die Einbrenne nußbraun geworden ist. Dann gießt man in kleinen Portionen etwa 2 dl heißes Wasser hinein. Das Gewürzsträußchen kann man aus einigen Zwiebelringen und den Stengeln von Petersilie, Sellerie und Basilikum binden – bitte keine Blätter, denn die könnten zerkochen und die schöne Strohfarbe des Frikassees verderben.

Man wirft die Würze in den Topf, und wenn das Wasser kocht, legt man auch das Fleisch hinein und gibt zugleich den Rest der Butter, Salz und weißen Pfeffer dazu. Man deckt den Topf mit einem gut schließenden Deckel zu und läßt langsam kochen. Sobald das Fleisch zu zwei Drittel gar ist, nimmt man das Würzsträußchen heraus. Wenn die Jahreszeit danach ist, kann man 100 bis 150 g in dünne Scheibchen geschnittene, frische Pilze zusetzen, sonst nimmt man 1 EL getrockneter Pilze.

Wenn das Fleisch gar ist, zieht man die Kasserolle vom Feuer und gießt langsam unter ständigem Rühren die mit Zitronensaft verquirlten Eidotter hinein.

Für Hühnerfrikassee zerlegt man das Fleisch in den Gelenken, Kopf, Hals und Beine kommen nicht dazu, sonst ist die Zubereitung gleich. Das so bereitete Frikassee ist eine gesunde und delikate Mahlzeit, besonders für Menschen, die nicht unbedingt scharfe und pikante Gerichte bevorzugen.

SO KOCHT DER MEISTER

Die Kalbsbrust in Stücke schneiden, die Knochen aufbewahren. Die Hälfte der Butter in einer Kasserolle erhitzen und die Kalbsbruststücke mit den Knochen anbraten. Danach die Fleischstücke auf Küchenkrepp abtropfen lassen, die Knochen wegwerfen.

Die restliche Butter in einer anderen Kasserolle zerlassen, das Mehl zugeben und unter ständigem Rühren hellbraun rösten. Dann nach und nach 200 ml warmes Wasser angießen und den ganzen Kräuterbund zugeben. Es sollte dabei beachtet werden, daß keine Blätter in die Sauce kommen, denn das Frikassee soll eine schöne helle Farbe haben. Wenn die Sauce kocht, das Fleisch zugeben und das Ganze mit Salz und Pfeffer würzen. Die Kasserolle sehr gut abdichten, indem zwischen Topf und Deckel ein Stück gebuttertes dünnes Papier gelegt wird.

Nach zwei Dritteln der Garzeit den Kräuterbund herausnehmen und die in dünne Scheiben geschnittenen Steinpilze zufügen.

Wenn das Fleisch gar ist, die Eier mit dem Zitronensaft mixen und erst unmittelbar vor dem Servieren auf das Fleisch gießen.

Dazu paßt ein Trentino DOC Bianco.

Zutaten für vier Personen:

500 g Kalbsbrust vom Milchkalb
100 g Butter
15 g Mehl
1 Kräuterbund (bestehend aus etwas Zwiebel, Karotte, Petersilien- und Basilikumstengel und einem Stück Selleriestaude)
Salz, weißer Pfeffer
150 g frische Steinpilze (oder 20 g getrocknete und eingeweichte)
2 Eigelbe
Saft von 1/2 Zitrone

SOUFFLET DI POLLO

Soufflé aus Hühnerfleisch

Diese sehr leichte, nahrhafte und leckere Mahlzeit kommt immer gelegen, wenn bei einer Gelegenheit (Gäste, Fest) Hühnerfleisch übriggeblieben ist. Sie ist außerdem ein Fleischgericht, das auch Menschen mit schwachem Magen gut vertragen.

80 g Hühnerfleisch (ohne Haut), 50 g Mehl, 30 g Butter, 20 g Parmesan, 1 dl Milch, 4 Eier, 1 Prise Salz

Aus Butter, Mehl und Milch macht man eine Balsamella. Wenn sie etwas abgekühlt ist, rührt man Parmesan, Salz, die Eigelbe und das mit dem Wiegemesser zerkleinerte Hühnerfleisch hinein.

Dann schlägt man 4 Eiweiß schaumig, rührt es vorsichtig ein, gießt alles in eine feuerfeste Schüssel und bäckt die Masse im Backofen, bis das Soufflé schön aufgegangen ist und eine appetitliche braune Kruste aufweist. Das Soufflé wird meist warm serviert, es schmeckt aber auch kalt.

SO KOCHT DER MEISTER

Das Hühnerfleisch von allen Häuten und Sehnen befreien und fein hacken. Die Butter in einem Topf zerlassen und das Mehl dazugeben. Die Mehlschwitze erhitzen, bis sie kocht, aber keine Farbe annehmen lassen. Mit dem Schneebesen die Milch einrühren, aufkochen lassen und auf kleinster Hitze noch einige Minuten sanft köcheln lassen.

Die Eigelbe in die noch warme, aber nicht mehr kochende Bechamelsauce hineinrühren, das Hühnerfleisch zugeben und die Masse mit Salz und weißem Pfeffer aus der Mühle mild abschmecken.

Die Eiweiße steif schlagen und in die Bechamelsauce unterheben. Die Masse in eine feuerfeste Form geben, mit Käse bestreuen und überbacken, bis das Soufflé aufgegangen ist und eine braune Kruste hat.

Dazu paßt ein Trentino DOC Bianco.

> *Zutaten für vier Personen:*
>
> 80 Hühnerfleisch ohne Haut
> 30 g Butter, 50 g Mehl
> 250 ml Milch, 4 Eier
> 20 g geriebener Parmesan
> Salz und weißer Pfeffer

POLLATRA IN UMIDO COL CONTORNO DI RISO

Poularde mit Reis

100 g Butter, 40 g magerer und fetter Schinken, 1 Huhn (ca. 700 g ausgenommen, zerlegt), 1 Stückchen Mohrrübe, 300 g Reis, 1 mittelgroße Zwiebel, getrocknete Pilze

Man gibt 30 g Butter und den in Streifen geschnittenen Schinken in den Topf, zerschneidet grob die Zwiebel und die Möhre und wirft sie dazu. Darauf legt man das Huhn mit der Brustseite nach unten und würzt mit Salz und Pfeffer. Der Topf wird aufs Feuer gestellt und bleibt bedeckt, bis das Fleisch beidseitig gebräunt ist. Dann gießt man nach und nach warmes Wasser zu. Das Fleisch darf nicht in der Sauce schwimmen, aber sie soll für den Reis ausreichen. Man läßt weitergaren, bis das Fleisch weich ist, und passiert die Sauce durch ein Sieb.

Den Reis setzt man mit der Hälfte der verbliebenen Butter aufs Feuer, läßt ihn mit warmem Wasser kochen und fügt schließlich die Sauce hinzu. Bevor er gar gekocht ist, gibt man noch den Rest der Butter und eine gute Handvoll Parmesan hinein. Leber und Magen, die mit dem Huhn zusammen gegart wurden, schneidet man in kleine Stückchen und mischt sie unter den Reis.

Das so bereitete Risotto kann auch als Minestra verwendet werden und sollte für drei Personen reichen. In diesem Fall serviert man das Huhn getrennt mit etwas Sauce und den Pilzen als Beilage.

SO KOCHT DER MEISTER

Zutaten für vier Personen:

50 g Zwiebel, 30 g Möhren
40 g durchwachsener Schinken
150 g Butter
700 g große küchenfertige Poularde
(mit Leber), Salz, schwarzer Pfeffer
300 g Reis
30 g geriebener Parmesan

Die Zwiebel und die Möhren in dünne Scheiben, den Schinken in feine Streifen schneiden. 70 g Butter in einer hohen Kasserolle zerlassen, die Schinkenstreifen zusammen mit den Zwiebel- und Möhrenscheiben darin anbraten. Die Poularde mit Küchengarn zusammenbinden und mit der Brustseite nach unten in die Kasserolle legen. Mit Salz und Pfeffer würzen. Zugedeckt garen und dabei auf allen Seiten anbraten. Nach und nach kaltes Wasser zugießen, bis die Poularde bis zur Hälfte bedeckt ist. Das Fleisch in dieser Brühe fertig garen. Die Brühe durch ein Sieb abgießen und aufbewahren, das Gemüse ausdrücken und wegwerfen. Die Poularde warm stellen

50 g Butter in einem Topf zerlassen und den Reis darin etwas anrösten. Die Brühe der Poularde angießen und den Reis darin garen, bis er die Flüssigkeit vollständig absorbiert hat. 20 g Butter und 30 g geriebenen Parmesan unter den Reis mischen. Die Poularde in Portionsstücke zerlegen. Die Leber salzen und pfeffern und in der restlichen Butter anbraten. Die Leber soll dabei rosa bleiben. Die Leber diagonal in dünne Scheiben schneiden und zum Reis geben. Die Poularde zusammen mit dem Reis servieren.

Dazu paßt ein Sorni rosso DOC oder ein Trentino DOC Merlot.

POLLO ALLA CONTADINA
Hähnchen nach Bauernart

Man spickt 1 Masthuhn mit einigen Zweigen Rosmarin und mit einer in 4 oder 5 Stückchen geschnittenen Knoblauchzehe, setzt es mit fettem Speck auf das Feuer, salzt und pfeffert es auf beiden Seiten (auch von innen) und läßt es rundherum bräunen. Man schneidet Tomatenstückchen hinein (Samen entfernen), und wenn diese zergangen sind, gießt man Brühe oder Wasser nach. Gleichzeitig brät man einige rohe, in Scheibchen geschnittene Kartoffeln in Öl, Speck oder Butter, gibt als Aroma etwas von der Hühnerbrühe hinzu und serviert sie als Beilage. Wenn man zum Anbraten für das Huhn statt Speck Butter nimmt, verfeinert sich der Geschmack.

Zutaten für vier Personen:

1 Knoblauchzehe
einige Zweige Rosmarin
1 küchenfertiges Hähnchen von 1,5 kg
100 g Butter
50 ml Öl
Salz, Pfeffer
4 Tomaten
400 g Kartoffeln
200 ml Brühe

SO KOCHT DER MEISTER

Die Knoblauchzehe vierteln und die Rosmarinnadeln abzupfen. Mit Hilfe einer Messerspitze das Hähnchen mit dem Rosmarin und dem Knoblauch spicken.

50 g Butter und das Öl in einer Kasserolle erhitzen. Das Hähnchen innen und außen mit Salz und Pfeffer würzen und in der heißen Butter goldbraun anbraten.

Die Tomatenwürfel brühen, häuten und das Fruchtfleisch würfeln. Die Tomatenwürfel zu dem Hähnchen geben und schmoren lassen, bis sie zerfallen.

Die Kartoffeln schälen und in Stifte schneiden. In einer Pfanne die restliche Butter erhitzen und die Kartoffelstifte darin einige Minuten anbraten. Die Kartoffeln mit der Brühe angießen, salzen und pfeffern und alles zum Hähnchen geben. Fertigschmoren, bis sowohl das Fleisch als auch die Kartoffeln weich sind. Das Hähnchen in Portionsstücken anrichten. Die Kartoffeln als Beilage servieren.

Dazu paßt ein Trentino DOC Marzemino.

POLLO ALLA MARENGO
Hähnchen in Weißweinsauce

Am Abend der Schlacht von Marengo – ein Dorf in der Po-Ebene – waren infolge des Drunter-und-Drüber an diesem Tage die Küchenwagen nicht zur Stelle, und der Koch improvisierte für den Ersten Konsul und für die Generäle aus gestohlenen Hühnern ein Gericht, das ich Euch im folgenden (vom Diebstahl abgesehen) beschreiben will. Es wurde »Pollo alla Marengo« genannt, und Napoleon soll eine Schwäche dafür gehabt haben – wohl weniger der besonderen Qualität wegen, sondern weil es ihn an seinen Sieg erinnerte.
Man nimmt 1 junges Huhn und zerlegt es in den Gelenken. Dann gibt man die großen Stücke mit 30 g Butter, 1 EL Öl, Salz, Pfeffer und 1 Prise Muskat in die Pfanne. Wenn die Stücke beidseitig gebräunt sind, gießt man das Fett ab. Dafür kommt jetzt 1 gestrichener EL Mehl, 1 dl Weißwein und Fleischbrühe in die Pfanne. Man legt den Deckel auf und läßt bei schwachem Feuer gar schmoren. Kurz vor dem Abnehmen setzt man noch etwas gehackte Petersilie zu und auf dem Tisch träufelt man noch den Saft 1/2 Zitrone darauf.
Wenn es Napoleon geschmeckt hat, zeugt das nicht von seinem schlechten Geschmack.

SO KOCHT DER MEISTER

Das Hähnchen in Stücke schneiden, mit Salz und Pfeffer würzen und in Mehl wenden. Die Butter in einer Kasserolle erhitzen und das Fleisch darin anbraten. Mit dem Weißwein aufgießen, etwas verdunsten lassen und die Brühe zufügen.
Die Kasserolle zudecken und das Gericht bei milder Hitze garen. Inzwischen die Petersilie fein hacken. Zum Schluß die Sauce abschmecken und das Ganze mit der Petersilie bestreuen.

Dazu paßt ein Schiava gentile aus dem Trentino.

Zutaten für vier Personen:

1 küchenfertiges Hähnchen von
1,2 kg, Salz, weißer Pfeffer
100 g Mehl
50 g Butter
100 ml Weißwein
1/2 l Brühe

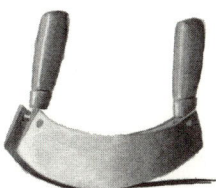

ANATRA DOMESTICA COL CONTORNO DI RISO
Ente mit Reis und Gemüse

Man zerkleinert 30 g fetten und mageren Schinken, desgleichen 1 Zwiebel, etwas Sellerie, Petersilie und Möhre. Man gibt dieses Gemisch mit Öl in eine Bratreine und legt die gesalzene und gepfefferte Ente darauf. Schiebt das Ganze in den Backofen und läßt es braten. Wenn die Ente gebräunt ist, gießt man Tomatensauce oder -mark darüber und läßt sie mit Wasser oder Fleischbrühe garschmoren. Dann wird die Sauce durchpassiert, das überflüssige Fett abgenommen, danach kommt die Ente in die Sauce und mit 1 Stückchen Butter noch einmal auf das Feuer. Diese Sauce kann man für eine Minestra mit hausgemachten Nudeln oder Lasagne verwenden, dann setzt man ihr geriebenen Parmesan zu. Zur Ente kann man Gemüse servieren, das man in etwas Sauce gekocht hat.

SO KOCHT DER MEISTER

Zutaten für vier Personen:

50 g getrocknete Pilze
30 g Zwiebel
15 g Möhren
10 g Sellerie
50 g roher Schinken (fett)
140 g Butter
1 bratfertige Ente von ca. 1,6 kg
300 ml Tomatensauce
700 ml Hühnerbrühe
200 g Reis
Salz, weißer Pfeffer
30 g geriebener Parmesan

Die getrockneten Pilze in lauwarmem Wasser einweichen und gut ausdrücken. Die Zwiebel fein würfeln, die Möhre und den Sellerie in feine Stifte schneiden. Den Schinken in feine Streifen schneiden.
100 g Butter in einer Kasserolle erhitzen und die Ente von allen Seiten darin anbraten. Das Gemüse und den Schinken dazugeben und etwa 3 Minuten mitbraten. Nun die Tomatensauce mit den Pilzen zufügen. Die Brühe angießen und alles bei milder Hitze fertigschmoren. Sobald die Ente gar ist, die Sauce durch ein Sieb abgießen. Das Gemüse ausdrücken und wegwerfen, das Fleisch warm stellen
In einer Kasserolle die restliche Butter erhitzen, den Reis kurz anrösten und mit der Entensauce fertiggaren. Mit Salz und Pfeffer abschmecken. Zuletzt den geriebenen Parmesan untermischen und zur Ente servieren.

Dazu paßt ein Trentino DOC Lagrein rosso.

PICCIONE ALL'INGLESE O PICCION PAIO
Tauben nach englischer Art

Ich erkläre hiermit ein für alle Mal, daß Namen in meiner Küche keine Rolle spielen, auch wenn sie noch so schwülstig klingen. Sollte mir also ein Engländer mitteilen, daß dieses Gericht, das auch den seltsamen Namen »Piccion paio« führt, nicht nach den Gepflogenheiten seines Landes zubereitet sei, so schert mich das »un fico«. Mir genügt, daß ich es so ausprobiert und für gut befunden habe. Nehmt also:

1 junge (aber nicht kleine) Taube, 100 g mageres Kalbfleisch (oder 1 Hühnerbrust), 1 hartgekochtes Ei, 40 g fetten und mageren Schinken (dünne Scheiben), 30 g Pökelzunge, 40 g Butter, ½ Glas entfettete Fleischbrühe

Zerlegt die Taube in ihren Gelenken – Kopf und Füße wegwerfen. Das Kalbfleisch (oder die Hühnerbrust) wird aufgeschnitten und mit dem Messerstiel geklopft. Schinken und Zunge werden in fingerbreite Streifen geschnitten. Das Ei wird in 8 Scheibchen geteilt. Nehmt eine Schale aus Metall oder feuerfestem Porzellan und ordnet darauf schichtweise an: zunächst die Hälfte der Taube und des Kalb- (oder Hühnerfleisches), dann die Hälfte des Schinkens und der Zunge sowie die Hälfte der Butter in kleinen Stückchen und die Hälfte des Eis, also 4 Scheibchen. Gebt Pfeffer und Salz zu und wiederholt denselben Vorgang mit den restlichen Zutaten, so daß beide Schichten aufeinander liegen. Salz sparsam verwenden. Zum Schluß gießt noch das halbe Glas Fleischbrühe (nicht heiß) darüber. Dann macht man aus folgenden Zutaten einen Teig:

150 g Mehl, 50 g Butter, 1 TL Weingeist, 1 TL Zucker, ½ Zitrone, 1 Eidotter, Salz

Das Mehl wird mit den Zutaten (Zitrone auspressen) angerührt, und wenn nötig, setzt man noch etwas warmes Wasser zu, so daß ein nicht zu fester Teig entsteht. Man knetet ihn gut durch, wobei er mehrmals heftig auf das Brett geworfen wird, läßt ihn eine Weile ruhen und rollt ihn aus, legt ihn dann wieder zusammen und rollt ihn erneut aus, vier oder fünf mal hintereinander, am Schluß zur Dicke eines Geldstücks. Damit bedeckt man das Geschirr mit der Taube und streicht Eigelb darüber. Dieser Pasticcio – so kann man es nennen – wird im Backofen gegart und warm serviert.
Mir scheint, dieses Gericht ist dem italienischen Geschmack noch etwas besser angepaßt, wenn man es folgendermaßen bereitet: Man läßt die Taube mit dem anderen Fleisch und der Butter nur halbgar werden, gibt dann Pfeffer und Salz (evtl. noch Gewürz nach Geschmack) hinzu. Dann gibt man alles in der vorher beschriebenen Art in die Schüssel, einschließlich Fett und Brühe.

SO KOCHT DER MEISTER

Zutaten für vier Personen:

50 g Zwiebel, 20 g Möhre
120 g Butter
2 junge Tauben von ca. $^1/_2$ kg
40 ml Erdnußöl
100 ml Weißwein
200 g Kalbfleisch (vom Milchkalb oder Hühnerfleisch)
100 g roher durchwachsener Schinken (in dünne Scheiben geschnitten)
50 g gepökelte Zunge in Scheiben
800 ml Brühe (das Fett abschöpfen)
2 hartgekochtes Eier
Salz, schwarzer Pfeffer
1 TL getrockneter Thymian
2 Lorbeerblätter
200 g Mehl, 75 g Butter
30 ml Wein, 10 ml Zitronensaft
1 Eigelb

Zwiebel und Möhre fein würfeln. 40 g Butter in einer Pfanne erhitzen, die Taube darin kräftig anbraten, aber nicht ganz garen. Die Brust und die Schenkel abtrennen. Die Knochen fein hacken und in Erdnußöl schwenken. Die Gemüsewürfel zugeben, ca. 3 Minuten dünsten und das ausgebratene Fett abgießen. Mit dem Weißwein angießen und kochen, bis die Flüssigkeit weitgehend verdunstet ist. Alles durch ein Sieb passieren und den Fond erkalten lassen.

Das Kalb- bzw. Hühnerfleisch in dünne Scheiben schneiden und mit der Messerklinge flach klopfen. Den Schinken und die Zunge in 2 cm lange, dünne Streifen schneiden und die hartgekochten Eier achteln.

In eine ovale feuerfeste Form die Hälfte des Kalbfleisches und des Taubenfleisches legen und darauf eine Schicht mit der Hälfte des Schinkens und der Zunge geben, mit 20 g Butterflocken und 4 Eierspalten besetzen und mit Salz, Pfeffer und den Kräutern würzen. Die nächste Schicht genauso wie die vorhergehende darüber geben und zuletzt das Ganze mit dem kalten Taubenfond begießen.

Mehl, Butter, Wein und Zitronensaft zu einem geschmeidigen Teig kneten. Falls dieser zu fest wird, etwas lauwarmes Wasser dazumischen. Den Teig ruhen lassen, wie beim Blätterteig ausrollen und 4 bis 5mal auswalzen. Der Teig soll zum Schluß 2 bis 3 mm dick sein. Mit dem Teig die feuerfeste Form bedecken. Die Pastete mit Eigelb bepinseln, im Ofen backen und heiß servieren.

Dazu paßt ein Trentino DOC Marzemino.

MANICARETTO DI PICCIONI
Tauben in feiner Sauce

Die Tauben werden in den Gelenken in große Stücke zerteilt, dann mit 1 Scheibe Schinken, 1 Stückchen Butter, 1 Gewürzsträußchen, Salz und Pfeffer aufs Feuer gesetzt. Wenn das Fleisch anfängt, trocken zu werden, gießt man etwas Brühe nach, und wenn es halbgar ist, setzt man das »Taubenklein«, in Stückchen geschnittenes Kalbsgekröse und in Scheiben geschnittene frische

Pilze zu (statt ihrer auch entsprechend vorbereitete getrocknete Pilze oder Trüffel, diese aber erst, wenn das Fleisch fast gar ist). Man gießt Fleischbrühe und Weißwein (für 2 Tauben etwa $1/2$ Glas) hinzu, den man vorher erhitzt hat. Man läßt auf kleinem Feuer gar werden, gibt dann noch etwas in zerlassene Butter eingerührtes Mehl (oder auch Mehl allein) dazu, um die Salsa zu legieren. Vor dem Servieren nimmt man den Schinken und das Gewürzsträußchen heraus und spritzt den Saft 1 Zitrone über die Tauben. Ist das Gekröse von großen Tieren, muß es vorher überbrüht und abgezogen werden. Man kann auf diese Art auch junge Hühner zubereiten, dann nimmt man statt Gekröse das Hühnerklein.

SO KOCHT DER MEISTER

Zutaten für zwei Personen:

10 g Zwiebel, 20 g Möhren
10 g Sellerie
10 g Champignon
50 g Kalbsbries, Salz, 150 g Butter
2 küchenfertige Tauben
100 ml Weißwein
1 Kräutersträußchen
100 ml brauner Fond
schwarzer Pfeffer

Zwiebel, Möhre, Sellerie und Champignons in feine Würfel schneiden. Das Kalbsbries putzen und mit kochendem Salzwasser abbrühen, häuten und in kleine Stücke schneiden.

50 g Butter in einer Kasserolle erhitzen und die Tauben von allen Seiten anbraten. Dann 3 Minuten bei 180° im Ofen garen. Mit einem Messer Brüste und Schenkel der Tauben abtrennen. Die Karkassen grob hacken, Leber und Herz beiseite legen und aufbewahren.

50 g Butter in einer Kasserolle erhitzen, die gehackten Knochen der Tauben zugeben und scharf anbraten. Nach wenigen Minuten Zwiebel, Möhre und Sellerie dazugeben und kurze Zeit mit anbraten. Den Fond mit dem Weißwein angießen und einkochen lassen, bis die Flüssigkeit weitgehend verdunstet ist. Mit etwas Wasser bedecken und das Kräutersträußchen zugeben. Das Ganze eine Stunde kochen lassen, mit dem Mixstab passieren und durch ein Sieb schlagen. Die Sauce bei großer Hitze um zwei Drittel reduzieren und den braunen Fond untermischen.

Die restlichen 50 g Butter in einer Pfanne zerlassen, die Taubenschenkel darin 3 Minuten braten, die Brüste dazugeben und weitere 3 Minuten bei starker Hitze garen. Inzwischen Herzen und Lebern in feine Scheiben schneiden. Champignons und Kalbsbries hinzufügen und 5 Minuten mitgaren. Das Fett abgießen, die Sauce zugeben, dazu Herz und Leber. Das Ganze weitere 5 Minuten garen, mit Pfeffer abschmecken und servieren.

Dazu paßt ein Trentino DOC Marzemino.

117

CIGNALE DOLCE-FORTE
Wildschwein in süss-sauerer Sauce

Für Wildschwein süß-sauer sollte das Fleisch eine Fettschicht haben, denn das Fett dieses Tieres bleibt, wenn es gar ist, fest und hat ein vorzügliches Aroma. Die folgenden Zutaten reichen für 1 kg Fleisch:

Man zerhackt ½ Zwiebel, die Hälfte 1 großen Mohrrübe, 2 fingerlange Stengel weißen Sellerie, 1 Prise Petersilie und je 30 g fetten und mageren Schinken. Alles wird sehr fein mit dem Wiegemesser zerkleinert und kommt mit Öl, Salz und Pfeffer zusammen in eine Kasserolle, wird aber nicht gesondert geröstet, sondern man legt das Fleisch gleich mit in den Topf. Wenn das Fleisch auf allen Seiten gebräunt ist, gießt man einen Teil des Fetts ab, streut etwas Mehl über das Fleisch und läßt es weiter gar werden, indem man von Zeit zu Zeit ein wenig warmes Wasser zugießt. Die Sauce wird durchgesiebt. Inzwischen hat man das »Süß-sauer« vorbereitet, das dann zum Fleisch kommt.

40 g Rosinen, 30 g Schokolade, 30 g Pinienkerne,
20 g kandierte Früchte (gehackt), 50 g Zucker

Zutaten für sechs Personen:

Für die Marinade:
100 g Schalotte, ½ l Rotwein
3 Petersilienstengel
2 Lorbeerblätter
Salz, schwarzer Pfeffer

Für den Braten
1 kg Wildschwein
50 g Zwiebel, 50 g Möhren
30 g Bleichsellerie
30 g roher Schinken
130 g Butter, 50 ml Olivenöl
Salz, schwarzer Pfeffer

Für die süß-saure Sauce
50 g Zucker, 40 g Rosinen
30 g Schokolade
30 g Pinienkerne
20 g Zitronat, Orangeat, feingehackt
50 ml Essig (Rotweinessig)

Mit Essig schmeckt man ab, gibt aber keinesfalls zuviel zu, weil man später immer noch ausgleichen kann. Bevor man das Fleisch auf den Tisch bringt, läßt man das Chutney noch einmal gut aufkochen, damit sich alle Zutaten vermengen. Übrigens schmeckt das »Süßsauer« besser, wenn man es am Vortag zubereitet. Will man es einfacher haben, dann erzielt man den süßsaueren Geschmack nur mit Essig.

Beide Arten »Dolce-forte« passen auch zum Hasenbraten.

SO KOCHT. DER MEISTER

Die Zutaten für die Marinade in einen kleinen Topf geben und zum Kochen bringen; die Marinade abkühlen lassen und über das Fleisch gießen. Das Wildschweinfleisch 12 Stunden in der Marinade ziehen lassen.
Die Zwiebel, die Möhren und den Sellerie fein würfeln, den Schinken in feine Streifen schneiden. Das Fleisch aus der Marinade nehmen und trockentupfen. In einem

Bräter 100 g Butter und das Olivenöl erhitzen und das Fleisch darin anbraten. Zwiebeln, Möhren, Sellerie und Schinken zum Fleisch geben, einige Minuten mitbraten und alles mit Salz und Pfeffer würzen. 300 ml heißes Wasser angießen und den Braten bei milder Hitze im Ofen fertigschmoren. Am Ende der Garzeit das Fleisch aus dem Bräter nehmen und im ausgeschalteten Ofen ruhen lassen. Die Sauce durch ein Sieb passieren, mit der restlichen Butter aufschlagen und mit Salz und Pfeffer abschmecken. Das Fleisch in Scheiben schneiden und mit der Sauce begießen.

Die Zutaten für die süß-sauere Sauce in einen kleinen Topf geben. Unter Rühren erhitzen, bis die Schokolade geschmolzen ist. Das Ganze 10 Minuten kochen und getrennt zum Wildschwein reichen.

Dazu paßt ein Trentino DOC Rosso oder ein Teroldego Rotaliano DOC.

ARNIONI SALTATI

Gebratene Nieren

Man nimmt 1 »Stein«, wie die Florentiner sagen, also die Niere eines großen oder mehrere Nieren von kleinen Tieren und öffnet sie, um das Fett zu entfernen; denn dieses Fett hat einen üblen Geruch. Man schneidet sie quer in dünne Scheiben, gibt Salz und Pfeffer dazu und gießt soviel kochendes Wasser darüber, daß sie bedeckt sind. Wenn das Wasser abgekühlt ist, nimmt man die Scheiben heraus und wirft sie in die heiße Pfanne, wo sie Wasser abgeben, das man wegschüttet. Man streut 1 Prise Mehl darüber, setzt 1 Stückchen Butter zu und läßt die Nieren unter häufigem Bewegen und Wenden nur 5 Minuten braten. Salz, Pfeffer und 1 knappes halbes Glas Weißwein zusetzen. Man läßt sie noch kurz auf dem Feuer, und vor dem Abnehmen wirft man noch 1 Stückchen Butter und etwas feingehackte Petersilie in die Pfanne – wenn nötig auch noch etwas Brühe nachgießen.

Wenn man Nieren zu lange auf dem Feuer läßt, werden sie zäh. Den Weißwein sollte man vorher auf ein Drittel einkochen. Natürlich kann man statt dessen auch Marsala oder – noch besser – Champagner nehmen.

SO KOCHT DER MEISTER

Die Nieren wie ein Schmetterling aufschneiden, das Fett nicht entfernen, mit Salz und Pfeffer würzen. Die Butter in einer Pfanne zerlassen und die Niere goldbraun anbraten. Die Niere 5 Minuten bei 180° im Ofen weitergaren. Aus der Pfanne nehmen, den

Weißwein in die Pfanne gießen, einköcheln und den braunen Fond zugeben. Mit Petersilie, Salz und Pfeffer würzen.
Die Nieren in Scheiben schneiden, in eine ofenfeste Form geben mit der Sauce begießen, im Ofen erwärmen. Inzwischen die Petersilie fein hacken und vor dem Servieren über das Gericht streuen.

Dazu paßt ein Trentino DOC Bianco.

Zutaten für vier Personen:

650 g Kalbsnieren, Salz, Pfeffer
100 g Butter, 120 ml Weißwein
200 ml dunkler Fond
1 Bund Petersilie

ARNIONI ALLA FIORENTINA

Nieren nach Florentiner Art

Die Nieren werden geöffnet und entfettet, wie oben beschrieben. Dann werden sie der Länge nach durchgeschnitten. Man läßt eine angemessene Menge Butter in einem Tiegel zergehen, legt die Nieren in das brutzelnde Fett, läßt sie ein wenig darin, nimmt sie vom Feuer und gibt Salz, Pfeffer und etwas Petersilie dazu.
Die Nieren bleiben im Fett einige Stunden stehen. Dann kann man sie in einer Pfanne fertiggaren, oder man wälzt sie in Semmelbröseln und legt sie auf den Grill.

SO KOCHT DER MEISTER

Die Nieren vom Fett befreien und längs aufschneiden. In einer Pfanne 50 g Butter erhitzen und bei starker Hitze die Nieren darin garen. Die Hitze reduzieren und die Nieren mit Salz und Pfeffer würzen.
Die Petersilie fein hacken und zusammen mit der restlichen Butter zugeben.

Dazu paßt ein Trentino DOC Bianco oder ein Trentino DOC Chardonnay.

Zutaten für vier Personen:

500 g Kalbsnieren, 70 g Butter
Salz, schwarzer Pfeffer
1 Bund Petersilie

BUE ALLA MODA
Beauf a la mode

Man nimmt nicht weniger als 1 kg mageres Fleisch von der Keule oder dem Hinterstück eines großen Tieres und spickt es mit fingerdicken Speckstückchen, die gepfeffert und gesalzen sind. Das Fleisch wird gesalzen und mit 50 g Butter zum Bräunen in einen Topf gelegt. Dann gibt man folgende Zutaten hinein: $1/2$ Kalbsfuß, 1 große Zwiebel, ganz, 2 oder 3 ganze Mohrrüben, 1 Sträußchen Würzkräuter wie Petersilie, Sellerie, Basilikum und ähnliches, dazu noch einige Speckschwarten, 1 ganzes Glas Wasser oder besser noch entfettete Fleischbrühe und als letztes $1/2$ Glas Weißwein oder 2 EL Aquavit. Der Topf wird gut zugedeckt und der Inhalt langsam gekocht, bis das Fleisch gar ist. Da die Möhren früher gar werden, nimmt man sie vorher heraus, damit sie ganz bleiben. Das Würzsträußchen wird fortgeworfen, die Sauce durch ein Sieb geschlagen und, wenn nötig, entfettet. Das nicht zu sehr gekochte Fleisch wird zusammen mit dem Kalbsfuß aufgetragen, die Schüssel mit den in runde Scheibchen geschnittenen Möhren garniert.
Manche spicken die Zwiebel mit Gewürznelken, dieses Aroma ist aber nicht jedem angenehm. Statt der Mohrrüben kann man auch geschälte Bohnen in der Sauce mitkochen.

SO KOCHT DER MEISTER

Den Speck in 4 cm lange Streifen schneiden, mit Salz und Pfeffer würzen. Das Fleisch mit den gewürzten Speckstreifen spicken und mit Küchengarn zusammenbinden, damit es die Form bewahrt.
Das Fleisch salzen und pfeffern. In einem Bräter die Butter erhitzen und das Fleisch darin anbraten. Den Rotwein angießen und einkochen lassen. Den Kalbsfuß, das Kräutersträußchen, die Möhren und Zwiebeln (im ganzen gelassen) zusammen mit der Brühe zum Fleisch geben und alles bei milder Hitze zugedeckt im Ofen garen. Das kann mehrere Stunden dauern. Die Karotten aus dem Bräter nehmen, bevor sie zerfallen.
Sobald das Fleisch weich ist, das Kräutersträußchen entfernen, den Fond durch ein Sieb passieren und das Fett abschöpfen. Das Fleisch in Scheiben schneiden und mit der Sauce servieren.

Dazu paßt ein Trentino DOC Merlot.

Zutaten für sechs Personen:

50 g Räucherspeck
Salz, schwarzer Pfeffer
1 kg mageres Ochsenfleisch
vom Schenkel
80 g Butter
100 ml Rotwein
200 g Kalbsfuß
1 Kräutersträußchen
100 g Möhren
60 g Zwiebel

121

BUE ALLA CALIFORNIA
Rind nach kalifornischer Art

Der Name hat mit dem Gericht fast nichts zu tun, wir haben aber schon öfter gesehen, daß die Namensgebung in der Küche ziemlich willkürlich ist.
Die folgenden Mengen habe ich in mehreren Versuchen ausprobiert und für optimal befunden.

700 g mageres Kalb- oder Schweinefleisch ohne Knochen, Rücken, Lendenstück oder Filet, 50 g Butter, 2 dl Sahne, 2 dl Wasser, 1 EL Essigessenz

Man setzt das Fleisch mit der Butter, 1/2, in 4 Stücke aufgeteilten Zwiebel und 1 zerkleinerten Mohrrübe auf den Ofen. Salz und Pfeffer zugeben. Wenn das Fleisch gut gebräunt ist, gießt man den Essig, danach etwas Wasser und schließlich die Sahne hinein. Man läßt es etwa 3 Stunden schwach schmoren, wenn die Sauce knapp werden sollte, gießt man noch etwas Wasser hinein. Das Fleisch kommt in Scheiben geschnitten und mit der durchpassierten Sauce auf den Tisch. Bei einer Mahlzeit mit mehreren Gängen reicht es für 5 oder 6 Personen.

SO KOCHT DER MEISTER

Zutaten für sechs Personen:

50 g Zwiebel
30 g Möhre
50 g Butter
700 g Rinderschmorbraten
Salz, schwarzer Pfeffer
200 ml Brühe
20 ml Rotweinessig
200 ml Sahne

Die Zwiebeln und die Möhre grob würfeln. In einem Bräter die Butter erhitzen, das Fleisch salzen, pfeffern und anbraten. Die grob geschnittenen Zwiebeln und die gewürfelten Möhre zufügen. Mit der Brühe ablöschen und bei mäßiger Hitze zugedeckt schmoren.
Nach der Hälfte der Garzeit den Essig angießen und offen weitergaren, bis der Fond auf etwa ein Viertel eingekocht ist.
Die Sahne dazugeben und unter die Sauce mischen. Das Ganze weitergaren, bis das Fleisch weich ist.
Den fertig gegarten Braten aus dem Bräter nehmen und warm stellen. Die Sauce durch ein Sieb passieren und mit Salz und Pfeffer herzhaft abschmecken. Das Fleisch in Scheiben schneiden, die Sauce darübergießen und sofort servieren.

Dazu paßt ein Trentino DOC Rosso.

SCALOPPINE ALLA LIVORNESE
Kalbskotelett nach Art von Livorno

Warum dieses Gericht »Scaloppine« (Schnitzel) heißt, weiß ich wieder einmal nicht. Die Bologneser, die es so getauft haben, wahrscheinlich auch nicht. Man nimmt dicke Scheiben Karbonade, klopft sie gut, damit sie zart werden und gibt sie mit 1 Stück Butter in die Pfanne. Wenn sie die Butter aufgenommen haben, gießt man einige Eßlöffel Fleischbrühe zu und läßt sie gar werden. Pfeffern und salzen. Dann legiert man mit 1 Prise Mehl und gießt etwas Marsala hinein. Vor dem Abnehmen kommt noch 1 Prise feingehackte Petersilie dazu.

SO KOCHT DER MEISTER

Zutaten für vier Personen:

4 Kalbskoteletts (150 g pro Stück)
60 g Mehl, 80 g Butter
Salz, Pfeffer, 50 ml Marsala
100 ml Kalbsfond (aus dem Glas)
1 Bund Petersilie

Die Koteletts klopfen und in Mehl wenden. In einer schweren Pfanne 60 g Butter erhitzen und das Fleisch darin braten.

Die Koteletts aus der Pfanne nehmen, wenn sie gar sind, salzen, pfeffern und warm stellen

Das Bratfett abgießen. Den Bratensatz mit dem Marsala ablöschen, etwas einkochen, den Kalbsfond dazugeben, aufkochen und die Sauce abschmecken. Die restliche Butter mit etwas Mehl verkneten und die Sauce damit binden. Marsala in die Pfanne gießen, einköcheln und das Wasser zugeben. Mit Salz und Pfeffer abschmecken. Die Petersilie fein hacken. Die Sauce als Spiegel auf vier vorgewärmte Teller gießen, die Koteletts darauf anrichten und alles mit der Petersilie bestreuen.

Dazu paßt ein Trentino DOC Marzemino.

SCALOPPINE CON LA PANNA ACIDA
Kalbsmedaillons mit saurer Sahne

Man nimmt mageres Kalbfleisch, schneidet es in Scheiben, klopft es, fariniert es und setzt es mit einem entsprechend großen Stück Butter auf das Feuer. Pfeffer und Salz zugeben und die Schnitzel auf kleinem Feuer beidseitig bräunen. Dann gießt man die saure Sahne hinein und als letztes noch etwas Wasser oder Fleischbrühe, damit die Salsa nicht zu dick wird und die Schnitzel besser garen können. Man serviert die Schnitzel mit Zitronenscheiben. Für 4 Personen nimmt man 500 g mageres Fleisch ohne Knochen, 70 g Butter und 2 dl Wasser.

SO KOCHT DER MEISTER

Zutaten für vier Personen:

500 g Schnitzelfleisch vom Kalb
50 g Mehl
Salz, schwarzer Pfeffer
70 g Butter, 200 ml saure Sahne
50 ml Brühe

Das Fleisch in dünne Scheiben schneiden und leicht klopfen. Das Mehl in einem Suppenteller mit je 1 TL Salz und Pfeffer vermischen und die Fleischscheiben in dieser Mischung wenden.

Die Butter in einer schweren Pfanne erhitzen, die Schnitzel darin braten, herausnehmen und warm stellen. Das Bratfett abgießen, die Brühe zugeben und auf ein Viertel einkochen. Dann die saure Sahne untermischen und etwas einköcheln, bis die Sauce cremig ist. Mit Salz und Pfeffer abschmecken. Das Fleisch wieder in die Pfanne geben und kurz anwärmen.

Dazu paßt ein Trentino DOC Marzemino.

BRACIOLINE ALLA CONTADINA

Gefüllte Kalbsrouladen

300 g mageres Kalbfleisch ohne Knochen, das in sehr dünne Scheibchen geschnitten wird, dazu 70 g ebenfalls dünngeschnittenen fetten Speck.

Man zerläßt in einer entsprechend großen Kasserolle etwas Butter und verteilt den Speck am Boden und an den Seiten. Darauf legt man eine erste Schicht der Schnitzel, gibt Salz, Pfeffer, geriebenen Parmesan und feingehackte Petersilie zu und legt die nächste Schicht darauf, die ebenso behandelt wird – bis das Fleisch alle ist. Auf die letzte Schicht gibt man ein paar Stückchen Butter und läßt die Schnitzel gar werden, bis sie fast trocken sind und der Speck gebräunt ist. Das Ganze legt man auf eine Schicht von in Butter gegartem und mit etwas Knoblauch gewürztem Spinat – es reicht für 4 Personen.

SO KOCHT DER MEISTER

Die Oliven entkernen, die Kapern abtropfen, die Sardellenfilets in Wasser einlegen, um überschüssiges Salz zu entfernen. Das Ganze fein hacken und mit dem Eigelb und dem Parmesan zu einer Paste verarbeiten.
Die Kalbsschnitzel klopfen, mit Öl einreiben, mit Salz und Pfeffer würzen. Die Kalbsschnitzel mit der Paste bestreichen, zu Rouladen aufrollen und mit Küchengarn binden. Die Butter in einer Pfanne mit Deckel zerlassen, die Kalbsrouladen in der heißen Butter von allen Seiten anbraten. Mit der Tomatensauce angießen und im geschlossenen Geschirr fertiggaren.
Inzwischen die Zwiebeln schälen, in feine Scheiben hobeln und in einer zweiten Pfanne im restlichen Öl knusprig braten. Die Zwiebeln vor dem Servieren über die Kalbsrouladen streuen.

Dazu paßt ein Trentino DOC Rosso.

Zutaten für vier Personen:

60 g eingelegte Oliven
20 g Kapern
10 g Sardellenfilets, 1 Eigelb
10 g geriebener Parmesan
600 g magere Kalbsschnitzel
50 ml Olivenöl
Salz, schwarzer Pfeffer
100 g Butter
200 ml Tomatensauce
200 g Zwiebeln

COTOLETTE DI VITELLA DI LATTE

Kalbsschnitzel mit Trüffeln

Das beste Fleisch ist hierfür das der Kalbsnuß, man kann aber auch ein mageres Stück vom Schenkel oder ein Hinterstück nehmen. Es wird in Scheiben von der Größe des Handtellers geschnitten und geklopft. Man gibt den Stücken ein gefälliges Aussehen, etwa Herzform, was man leichter erreicht, wenn man das Fleisch vorher mit dem Wiegemesser zerkleinert.
Auf einem Teller versieht man die Koteletts dann mit Pfeffer, Salz, Zitronensaft und sehr wenig Parmesan. So läßt man sie 1 oder 2 Stunden stehen und legt sie dann für einige Zeit in geschlagenes Ei. Dann werden sie mit feinen Semmelbröseln paniert, kommen zum Braten mit Butter in ein Kupfergefäß, und wenn sie auf einer Seite gebräunt sind, dreht man sie um.
Auf die angebratene Seite legt man erst Trüffelscheibchen, darauf 1 Scheibe Parmesan oder Gruyère, beides sehr dünn geschnitten. Man gießt Fleischbrühe oder Fleischsauce zu und läßt mit Unter- und Oberhitze gar werden. Dann legt man sie auf eine Schüssel, gießt die Sauce rundherum und drückt noch 1 Zitrone darüber aus – bei wenigen Schnitzeln nur $1/2$ Zitrone. Man kann auf dieselbe Weise Lammkoteletts machen, wenn man den Rippenknochen abgelöst hat.

Zutaten für vier Personen:

600 g Kalbsschnitzel
Salz, schwarzer Pfeffer, 2 Eier
60 g geriebener Parmesan
100 g Semmelbrösel, 100 g Butter
80 g Parmesan am Stück
15 g schwarze Trüffeln
200 ml Kalbsfond

Die Kalbsschnitzel klopfen, mit Salz und Pfeffer würzen. Die Eier in einen Suppenteller aufschlagen und mit einer Gabel leicht verquirlen. Die Schnitzel zuerst im geriebenen Parmesan, dann im geschlagenen Ei und zum Schluß in Semmelbröseln wenden.
In einer Kupferpfanne die Butter erhitzen und die panierten Schnitzel von beiden Seiten braten. Wenn das Fleisch gar ist, hauchdünne Trüffelscheiben und Parmesansplitter darüber hobeln. Die Schnitzelchen aus der Pfanne nehmen und im Ofen warm stellen.
Das Bratfett abgießen. 200 ml Fleischfond zugeben und bei starker Hitze auf die Hälfte einkochen. Mit Salz und Pfeffer mild abschmecken.
Die Schnitzel auf vorgewärmten Tellern anrichten, die Sauce separat reichen.

Dazu paßt ein Sorni rosso DOC.

COTOLETTE COL PROSCIUTTO

Kalbsschnitzel mit Schinken

Das beste Fleisch ist hierfür das der Kalbsnuß. Das Fleisch wird in Scheiben von der Größe eines Handtellers geschnitten und geklopft. Wer es mag, kann die Stücke nach Belieben in Form schneiden.
Man legt die Fleischscheiben mit je 1 sehr dünnen Scheibe mageren und fetten Schinken in der Größe des jeweiligen Koteletts in das Ei. Man paniert das Kotelett mit dem daran haftenden Schinken, salzt nur wenig und bräunt die Seite ohne Schinken in Butter. Statt der Trüffel legt man auf die Schinkenseite eine sehr dünne Scheibe Gruyère oder streut etwas Parmesan darüber; mit Oberhitze gar werden lassen und mit Fleischsauce und Zitronensaft oder auch nur mit Tomatensauce servieren.

Die Kalbsschnitzel klopfen. Mit Salz, Pfeffer und dem geriebenen Parmesan würzen. Die Eier in einen Suppenteller aufschlagen und mit einer Gabel verquirlen. Die Schinkenscheiben auf die Größe der Schnitzel zuschneiden.

Die Schnitzel mit einer Seite durch die Eimasse ziehen und auf dieser Seite mit einer Schinkenscheibe belegen. Dann auf beiden Seiten durch das Ei ziehen und mit den Semmelbröseln panieren.

Das panierte Schinkenschnitzel leicht salzen. Die Butter in einer schweren Pfanne mit hitzefestem Griff erhitzen und die Schnitzel mit der Schinkenseite nach oben ins heiße Fett legen. Die Unterseite der Schnitzel goldbraun braten.

Die Pfanne vom Feuer nehmen und bei starker Oberhitze, am besten bei eingeschaltetem Flächengrill, in den Ofen geben und fertig garen. Den Parmesan und die Trüffeln hauchdünn über die Schnitzel hobeln, die Tomatensauce separat zum Fleisch servieren.

Dazu paßt ein Sorni rosso DOC.

Zutaten für vier Personen:

4 Kalbsschnitzel (à 150 g)
Salz, schwarzer Pfeffer
10 g geriebener Parmesan, 2 Eier
4 Scheiben Parmaschinken
Semmelbrösel, 100 g Butter
60 g Parmesan am Stück
5 g schwarze Trüffeln
300 g Tomatensauce

SPALLA DI AGNELLO ALL'UNGHERESE

Lammschulter nach ungarischer Art

Wenn nicht ungarisch, kann es auch spanisch oder flämisch sein. Der Name spielt keine Rolle, Hauptsache ist der Geschmack.

Man schneidet die Schulter in dünne, 3 Finger breite Quadrate. 3 bis 4 Gemüsezwiebeln werden gehackt und zum Rösten mit Butter aufgesetzt. Wenn sie gebräunt sind, legt man das Lammfleisch hinein, salzt und pfeffert. Wenn es anfängt sich zu färben, setzt man 1 weiteres Stück Butter zu, das man in Mehl gewälzt hat. Das Fleisch wird bewegt, bis es die richtige Farbe hat, dann wird nach und nach Fleischbrühe dazugegossen und fertig gegart. Man bringt das Fleisch nicht trocken auf den Tisch, sondern mit einer angemessenen Menge der Sauce.

Zutaten für vier Personen:

1 ausgelöste Lammschulter von
ca. 600 g, 80 g Mehl
60 g Frühlingszwiebeln
80 g Butter
Salz, schwarzer Pfeffer
1 Kräutersträußchen, 1/2 l Brühe

Das Schulterfleisch in 3 cm große Würfel schneiden und in Mehl wenden. Die Frühlingszwiebeln grob hacken und in der Hälfte der Butter goldbraun anbraten. Das Lammfleisch zugeben, salzen und pfeffern. Wenn das Fleisch angebraten ist, das Kräutersträußchen zugeben und die Brühe nach und nach angießen.

Das Fleisch garen, bis es weich ist. Die restliche Butter mit etwas Mehl verkneten, die Sauce damit binden und mit Salz und Pfeffer herzhaft abschmecken. Dieses Gericht wird mit viel Sauce serviert.

Dazu paßt ein Trentino DOC Pinot nero.

FEGATO DI VITELLA DI LATTE ALLA MILITARE

Gebratene Kalbsleber

Man hackt 1 Schalotte oder 1 frische Zwiebel sehr fein und röstet sie in Butter, bis sie glasig ist, dann gibt man die in dünne Scheiben geschnittene Leber hinein. Wenn sie halbgar ist, setzt man Salz, Pfeffer und etwas gehackte Petersilie zu. Das Fleisch soll langsam gar werden, damit es saftig bleibt. Man serviert mit der Bratensauce, der man noch etwas Zitronensaft zusetzt.

Zutaten für vier Personen:

20 g Schalotten, 500 g Kalbsleber
1 Bund Petersilie, 60 g Butter
100 ml Kalbsfond
Saft von 1/2 Zitrone
Salz, schwarzer Pfeffer

Die Schalotten fein hacken, die Leber in dünne Scheiben schneiden. Die Petersilie fein hacken.
Die Butter erhitzen und die Schalotten darin anbraten. Die Leberscheiben zugeben und schnell braten, so daß sie innen noch rosa bleiben, salzen und pfeffern.
Die Leber aus der Pfanne nehmen und das Bratfett abgießen. Den Bratensatz mit dem Kalbsfond ablöschen und etwas einkochen lassen. Zuletzt den Zitronensaft und die Petersilie zugeben und die Sauce mit Salz und Pfeffer abschmecken.

Dazu paßt ein Trentino DOC Bianco.

BRACIUOLE DI CASTRATO
Hammelkotelett

Lammkoteletts lassen sich ebenso wie Kalbskoteletts zubereiten. Nach dem Braten begießt man sie mit einer Salsa, die aus Eigelb, Butter und Zitronensaft besteht, und kann servieren. Für 7 oder 8 Koteletts genügen

3 Eigelb, 30 g Butter, Saft von 1/2 Zitrone

Zur Zubereitung schlägt man die Eigelb cremig und gibt unter ständigem Rühren die zerlassene und noch warme Butter dazu. Zuletzt schmeckt man mit Zitronensaft und Salz ab.

SO KOCHT DER MEISTER

Zutaten für vier Personen:

20 g Möhren, 10 g Bleichsellerie
2 Stengel Petersilie
80 g Kalbsbries
50 g Parmaschinken, 50 g Butter
4 Hammelkotelett (à 150 g)
20 g Hühnerklein
300 ml brauner Fond
200 ml Weißwein
Salz, schwarzer Pfeffer

Die Möhren und den Sellerie fein würfeln. Die Petersilie fein hacken. Das Kalbsbries häuten und möglichst fein würfeln, den Parmaschinken in dünne Streifen schneiden.
Die Butter in einer Kasserolle zerlassen und den Schinken zugeben. Die Koteletts von jeder Seite braten, herausnehmen und warm stellen, die Gemüsewürfel, die Petersilie und das Bries zufügen. Das Hühnerklein ohne die Leber hineingeben und 10 Minuten braten. Die Leber ebenfalls dazugeben, bis sie rosa wird und wieder herausnehmen. Alles weitere 5 Minuten braten lassen, dann mit dem Weißwein angießen. Den Wein zur Hälfte einkochen lassen und den Fond zur Sauce gießen und weitere 5 Minuten kochen. Alles Fleisch herausnehmen und abtropfen. Die Sauce durch ein Sieb passieren und mit Salz und Pfeffer abschmecken. Die Hammelkoteletts, das Hühnerklein und die Leber erneut zur Sauce geben, noch etwas erwärmen und heiß servieren.

Dazu paßt ein Trentino DOC Merlot.

FILETTO COLLA MARSALA

Filet mit Marsala

Das Filet ist das zarteste Fleisch, aber wenn der Schlingel von Metzger euch ein sehniges Stück gibt, ist trotzdem die Hälfte der Arbeit für die Katz.

Angenommen, man hat etwa 1 kg Filet, dann setzt man es mit 1 in dünne Scheiben geschnittenen Zwiebel mittlerer Größe, einigen Scheiben Schinken und 1 Stück Butter auf das Feuer. Pfeffer und Salz zugeben, und wenn das Fleisch von allen Seiten gebräunt und die Zwiebel zergangen ist, streut man 1 Prise Mehl darüber, wartet, bis es gebräunt ist und gießt dann Brühe oder Wasser nach. Man läßt langsam weiterschmoren, schlägt dann die Sauce durch das Sieb, entfettet sie und gibt sie mit 3 Fingerbreit (Glas) Marsala wieder in den Topf, wo das Fleisch bei kleinem Feuer zu Ende schmort. Man serviert es mit der ziemlich kräftigen Sauce, die aber nicht vom Mehl eingedickt sein darf.

Man kann das Filetfleisch auch mit Speck spicken und dann nur mit Butter und Marsala zubereiten.

SO KOCHT DER MEISTER

Zutaten für vier Personen:

600 g Filet
Salz, schwarzer Pfeffer
50 g Mehl
80 g Butter
20 g Zwiebel
80 ml Marsala
150 ml Brühe

Das Filet mit Salz und Pfeffer würzen, mit Küchengarn in Form binden und in Mehl wenden.

60 g Butter erhitzen und das Filet von allen Seiten anbraten. Im auf 180 °C vorgeheizten Backofen 15 Minuten im geschlossenen Topf schmoren. Inzwischen die Zwiebel in dünne Scheiben hobeln.

Das Fleisch aus dem Kochgeschirr nehmen und warm stellen. Das Bratfett abgießen, die restlichen 20 g Butter erhitzen und die dünnen Zwiebelscheiben anbraten. Das Ganze mit Marsala ablöschen und um zwei Drittel einkochen. Nun die Brühe zugießen und ebenfalls um ein Drittel reduzieren. Die Sauce mit Salz und Pfeffer abschmecken und getrennt zum Fleisch reichen.

Dazu paßt ein Trentino DOC Merlot.

CARNE ALLA GENOVESE
Osso buco

Man nimmt eine magere Kalbskarbonade von 300 bis 400 g, klopft und rollt sie gut. Man quirlt 3 oder 4 Eier, gibt Salz, Pfeffer, 1 Prise Parmesan und etwas gehackte Petersilie zu, brät sie in Butter wie einen Eierkuchen von der ungefähren Größe der Karbonade – Überstehendes schneidet man ab und legt es dahin, wo etwas fehlt. Dann rollt man die Karbonade mit dem Eierkuchen fest zusammen und bindet sie zu. Sie wird fariniert und kommt mit Butter, Pfeffer und Salz in eine Kasserolle. Wenn sie allseits gebräunt ist, gießt man Fleischbrühe zu und läßt sie gar werden. Es wird mit der Sauce serviert, die des Mehls wegen etwas sämig ist.

SO KOCHT DER MEISTER

Die Zwiebel in feine Würfel, die Möhre in dünne Stifte und den Bleichsellerie in feine Scheiben schneiden. Die Butter in einer Kasserolle zerlassen und das Gemüse darin andünsten. Das Fleisch in Mehl wenden und auf das gedünstete Gemüse legen. Mit Salz und Pfeffer würzen und die Tomatensauce zufügen. Das Ganze bei milder Hitze in den Ofen schieben und zugedeckt etwa 2 Stunden schmoren lassen.
Inzwischen die Schale von 1/2 unbehandelten Zitrone abreiben. Die Petersilie fein hacken. Am Ende der Garzeit die Sauce passieren und entfetten. Das Fleisch mit der Sauce auf einer tiefen Platte anrichten und erst mit der Zitronenschale, dann mit der Petersilie bestreuen.

Dazu paßt ein Teroldego Rotaliano DOC.

Zutaten für vier Personen:

50 g Zwiebel, 30 g Möhre
20 g Bleichsellerie
1 kg Osso buchi (Kalbshaxen in Scheiben geschnitten)
100 g Mehl, 100 g Butter
Salz, weißer Pfeffer
1/2 l Tomatensauce
Schale von 1/2 Zitrone
1 Bund Petersilie

Kalte Gerichte

Kalte Hauptgerichte spielen in der Küche Italiens keine nennenswerte Rolle, und von den wenigen, die Eingang in die italienischen Kochbücher gefunden haben, scheinen einige von der Grande Cuisine des westlichen Nachbarn beeinflußt zu sein.

Wenn dieses Kapitel recht kurz ist, liegt es vielleicht auch daran, daß der Italiener lieber in der Familie speist als im großen Rahmen eines offiziellen Banketts und daß es an den kleinen Fürstenhöfen Italiens weniger pompös zuging als in Fontainebleau oder in Versailles.

LINGUA DI VITELLA DI LATTE IN SALSA PICCANTE
Kalbszunge in pikanter Kräutersauce

Man nimmt 1 ganze Kalbszunge und kocht sie in Salzwasser, was etwa 2 Stunden dauert. Dann macht man einen ersten »Battuto« aus Sellerie und Mohrrüben, die fein zerkleinert und mit ausreichend Öl 5 Minuten geröstet werden. Ein zweiter Battuto besteht aus 2 Sardellen, die man wäscht und entgrätet, 50 g Kapern – den Essig auspressen –, reichlich gehackter Petersilie, 1 Klumpen Brotteig, groß wie ein Ei, den man kurz in Essig getaucht hat, 1 nußgroßes Stück Zwiebel und weniger als 1/2 Knoblauchzehe. Auch das alles wird fein zerkleinert, mit einer Messerklinge zerdrückt und mit 1 Tropfen Öl vermischt, daß es pastos wird, und dann dem ersten Battuto aus Sellerie und Möhren zugesetzt Um das Gemenge zu verflüssigen, fügt man noch Öl und den Saft von 1/2 Zitrone hinzu, pfeffert und salzt aber nur, wenn es noch notwendig sein sollte. Dies ist die Salsa.

Die Zunge wird noch heiß gehäutet, in Scheiben geschnitten, mit der oben beschriebenen Sauce übergossen und kalt serviert.

Das Gericht ist sehr appetitlich und eignet sich besonders für die warme Jahreszeit, wenn der Magen sich unlustig fühlt.

SO KOCHT DER MEISTER

In einem großen Topf 2 bis 3 Liter Wasser mit 2 Teelöffel Salz zum Kochen bringen. Die Kalbszunge ins Wasser geben, das Lorbeerblatt, die Selleriestange, die Möhre und die Lauchstange dazugeben und alles 1 1/2 Stunden lang sanft köcheln lassen.

Inzwischen die Schalotten fein würfeln, die Kapern und das Basilikum fein hacken. Das Öl, die gehackten Kräuter und Kapern, die Schalotten und den Parmesan in eine Kasserolle geben; die Brühe zugießen, aufkochen, mit Salz und Pfeffer abschmecken und erkalten lassen. Die Zunge aus dem Sud nehmen und erkalten lassen. Die Sauce im Mixer aufschlagen und als Spiegel auf eine Platte gießen. Die Zunge in dünne Scheiben schneiden und in Fächerform in die Sauce legen.

Dazu paßt ein Casteller DOC oder Novello atesino.

Zutaten für vier Personen:

Salz, 1 ganze Kalbszunge
1 Lorbeerblatt
1 Stange Staudensellerie
1 Möhre, 1 Lauchstange
50 g Schalotten, 1 TL Kapern
1 Bund Basilikum, 50 ml Öl
2 Teelöffel geriebener Parmesan
50 ml Brühe, weißer Pfeffer

Rifreddo di vitella di latte
Kalbskarree mit Kräutern

1 mageres Kalbskotelettstück ohne Knochen von ca. 400 Gramm, 120 g mageres Kalbfleisch, 1 dicke Scheibe von durchwachsenem Speck (ca. 50 g), 1 dünne Scheibe von rohem Schinken (ca. 20 g), 30 g geriebener Parmesan, 20 g Butter, 1 Hühnerbrust, roh, 1 Scheibe von Mortadella (ca. 50 g), 1 Ei

Das Kotelettstück mit Wasser befeuchten und so lange klopfen, bis es 1 cm dick ist.

Mit dem Wiegemesser das Kalbfleisch und den rohen Schinken hacken; Parmesan, Butter, Ei, Salz und wenig Pfeffer zum gehackten Fleisch geben und alles mischen.

Die Hühnerbrust, die Mortadella und den Schinken in ca. 1 cm lange Streifen schneiden. Ein Teil der Mischung auf das Kotelettstück streichen und darauf ein Drittel der Streifen legen; dann wieder eine Schicht mit der Füllung bilden. Das gefüllte Kotelettstück einrollen und salamiartig zusammenbinden. Mit Salz und ein wenig Pfeffer würzen. Die Fleischroulade in 20 g Butter goldbraun anbraten. Das Fett abgießen und für ein anderes Gericht aufheben. Das Fleisch ca. 3 Stunden garen und ab und zu mit Brühe begießen. Das Fleisch kalt werden lassen und die Fäden entfernen. In Scheiben schneiden und servieren.

Diese Menge reicht für 10 bis 12 Personen. Man kann das Gericht auch sehr gut mit Gelee überziehen.

Zutaten für vier Personen:

1,5 kg Kalbskarree
1 Schalotte, 1 Möhre
1 Lauchstange
1 Stange Staudensellerie
1 Thymianzweig, Kerbel
Estragon, 1 Lorbeerblatt
100 ml Olivenöl
Salz, weißer Pfeffer
1 Gewürznelke, $^1/_2$ l Weißwein
3 Blatt Gelatine

Für die Farce
100 g Schinkenfett, 30 g Mortadella
20 g geriebener Parmesan
10 g Butter, 80 g Hühnerbrust
50 g weiße Trüffel
20 ml Sahne, 1 Ei
Salz, weißer Pfeffer

SO KOCHT DER MEISTER

Das Karree sorgfältig ausbeinen, die Knochen mit den daran haftenden Fleischresten aufbewahren. Alle Zutaten für die Farce mit dem Mixstab zu einer cremigen Masse pürieren.

Die Schalotte fein würfeln, die Möhre in kleine Stifte, die Lauchstange und die Selleriestange in feine Scheiben schneiden. Den Thymianzweig abrebeln und das Holzige wegwerfen. Die Thymianblättchen zusammen mit dem Kerbel und dem Estragon fein hacken

Das Gemüse mit dem Olivenöl, den Kräutern und den Knochen in eine Bratreine geben und in den vorgeheizten Backofen stellen. Das Fleisch salzen und pfeffern.

Die Fleischfarce auf das Karree streichen und das Fleisch zum Gemüse in die Bratreine legen. Alles im Ofen bei 180 °C reichlich 30 Minuten garen. Dabei ab und zu mit dem Weißwein begießen, bis dieser verbraucht ist. Das Fleisch soll außen goldbraun und innen rosa sein.

Den Backofen ausschalten und das Fleisch noch etwa 15 Minuten ruhen lassen, dann aus dem Bräter nehmen und abkühlen lassen. Den Bratfond durch ein Sieb gießen. Die Gelatine in kaltem Wasser 5 Minuten einweichen und zum Bratensaft geben. Das Ganze erhitzen, bis sich die Gelatine gelöst hat, aber nicht mehr kochen lassen, und mit Salz und Pfeffer kräftig abschmecken. Den Bratensaft abkühlen lassen.

Das Karree in Scheiben schneiden und dekorativ auf einer Platte anrichten. Sobald der Bratensaft anfängt zu gelieren, mit einem Löffel gleichmäßig über das Fleisch verteilen und fest werden lassen.

Dazu paßt ein Sorni rosso DOC.

POLLO IN SALSA TONNATA

Huhn in Thunfischsauce

Man nimmt 1 junges Huhn, entfernt Hals, Füße und Eingeweide und gibt es in kochendes Wasser. Nach $1/2$ Stunde ist es gar. Dann zieht man die Haut ab, die zu diesem Gericht nicht zu verwenden ist, löst alle Knochen aus, zerlegt den Vogel in Stücke, gibt wenig Salz, Pfeffer und 2 EL Öl hinzu. Man drückt die Stücke etwas zusammen und läßt sie einige Stunden in einer Schüssel stehen. Dann gießt man die auf folgende Art bereitete Salsa darüber:
Angenommen, das ausgenommene Huhn habe roh noch 600 g gewogen, dann nimmt man:

3 Sardellen, soviel Petersilie, daß die Salsa grün wird, 50 g Thunfisch in Öl, 30 g Kapern (Essig ausdrücken)

Die Sardellen entschuppen und entgräten. Die Petersilie wird sehr fein mit dem Wiegemesser zerkleinert und zusammen mit allen Zutaten im Mörser gestampft, damit die Salsa nichts Körniges enthält. Aus dem Mörser kommt das Gemisch in eine Schüssel, wo es mit 4 EL Öl und $1/2$ EL Essig verdünnt wird. In die Hälfte dieser Salsa werden die Fleischstücke eingetaucht (oder damit bestrichen), die andere Hälfte gießt man darüber. Damit das Gericht besser aussieht, garniert man es vor dem Servieren mit 2 gargekochten, in Scheiben geschnittenen Eiern. Das Gericht kann 6 Personen als Vorspeise dienen, an heißen Tagen, wenn man wenig Appetit hat, auch als Hauptmahlzeit.

135

SO KOCHT DER MEISTER

Zutaten für vier Personen:

Hühnerknochen
80 g Schalotten, 4 Knoblauchzehen
60 g Butter, 1 Lorbeerblatt
Salz, Pfeffer
2 Hühnerbrüste
100 g frischer Thunfisch oder 60 g
Thunfisch aus der Dose
3 Basilikumblätter
2 TL Kapern, 2 Sardellenfilets
30 g geriebener Parmesan
20 ml Öl

Die Hühnerknochen 30 Sekunden lang abbrühen. Die Schalotten und den Knoblauch fein hacken. In einer Kasserolle die Hälfte der Butter erhitzen und die Hühnerknochen anbraten. Das Gemüse zu den Knochen geben und bei reduzierter Hitze dünsten. Mit 200 ml Wasser angießen, das Lorbeerblatt zugeben, mit Salz und Pfeffer würzen und das Ganze zu einer kräftigen Brühe einkochen.

Die Brühe durch ein Sieb gießen, den Thunfisch dazugeben und noch einige Minuten garen lassen. Das ist jedoch nur erforderlich, wenn man frischen Thunfisch verwendet.

Thunfisch und Brühe zum Abkühlen beiseite stellen. Die Hühnerbrüste in der restlichen Butter garen, salzen, pfeffern und abkühlen lassen.

Das Fleisch in Scheiben schneiden und in Fächerform auf einer Platte anrichten. Den Thunfisch zerpflücken. Die Brühe, den Thunfisch, das Basilikum, die Kapern, die Sardellenfilets und den Parmesan im Mixer oder mit dem Mixstab pürieren. Portionsweise das Öl unter die Sauce schlagen, bis eine sämige Sauce entstanden ist. Diese Sauce über das Fleisch gießen und das Ganze vor dem Servieren einige Stunden durchziehen lassen.

CAPPONE IN VESCICA

Gefüllte Kapaunbrüste

Ihr werdet mir zubilligen, daß ich die Tugend eines Esels besitze, nämlich die Geduld. Denn ich habe es nach dem vierten mißlungenen Versuch erst beim fünften und sechsten Mal geschafft, dieses Gericht erfolgreich zuzubereiten. Die ersten vier Versuche wurden Como geopfert, dem Gott der Tafel. Denn – da ich die notwendigen Vorsichtsmaßnahmen nicht getroffen hatte, rissen die Blasen beim Kochen.

Es ist wirklich ein Gericht, das Beachtung verdient; ein Kapaun ist ohnehin sehr gut, und auf diese Art zubereitet, schmeckt er noch besser.

Man nimmt die Blase eines Ochsen, noch besser die eines Schweines, da sie größer, makelloser und fester ist; die Blase mit lauwarmem Wasser waschen und 1 bis 2 Tage einweichen. Den Kapaun putzen, Hals und Füße abschneiden; eine Handvoll Salz ins Innere geben, Schenkel und Flügel zum Körper biegen, so daß sie die Blase nicht beschädigen. Die Öffnungen des Kapauns mit Küchengarn zubinden und den Vogel in dünne und magere Schinkenscheiben (150 g) einwickeln. Zuletzt die Blase über den Kapaun ziehen, gegebenenfalls einschneiden und dann wieder zunähen.

Einen fingerlangen dicken Strohhalm einsetzen, der als Entlüftung dient. Das obere Ende des Halmes wie bei einer Pfeife formen und das untere Ende in die Blase stecken. Die gefüllte Blase in lauwarmes Wasser setzen, zum Kochen bringen und drei Stunden kochen. Den Strohhalm über der Wasseroberfläche halten. Aufpassen, daß es immer nur leicht köchelt, so daß sich im Wasser nur wenige und kleine Bläschen bilden, die langsam an die Oberfläche steigen. Sollte aus dem Halm Fett austreten, sammelt man dieses in einem Gefäß. Wenn der Kapaun gar ist, läßt man ihn noch im Wasser langsam erkalten und serviert ihn am darauffolgenden Tag ohne die Schinkenscheiben, da sie an Geschmack verloren haben. Im Kapaun wird sich eine Gelatine gebildet haben und man kann noch weitere als Beilage hinzufügen. Damit hat man ein fürstliches kaltes Gericht. In Ermangelung von Kapaun kann eine gemästete Poularde verwendet werden.

Man versicherte mir, daß die letzte Blase, die ich benutzt habe, die eines Schweines war und daß diese der Hitze besser standhalten würde.

SO KOCHT DER MEISTER

Die Blasen unter fließendem Wasser waschen und 48 Stunden wässern. Dabei mehrmals das Wasser wechseln.Dann die Blasen aus dem Wasser nehmen und trocknen. Die Kapaunbrüste entbeinen, aufschneiden, mit den Trüffeln und dem Parmesan füllen und leicht salzen und pfeffern. Die Brüste wieder zudrücken und auf je ein Wirsingblatt legen. Die Butter zerlassen und so über die Kapaunbrüste gießen, daß die überschüssige Butter in die Wirsingblätter läuft.

Die Kapaunbrüste in je eine Scheibe Speck wickeln und dann in das Wirsingblatt einrollen. Die Rouladen salzen und pfeffern. Die Kapaunbrüste in die Blasen legen, mit Küchengarn fest zunähen und in Salzwasser gut 30 Minuten kochen. Die Blasen aufbrechen, die Kapaunbrüste herausnehmen und erkalten lassen.

Die Kapaunbrüste mit Speck- und Wirsinghülle in Scheiben schneiden und auf einer Platte anrichten. Mit einer pikanten Tomatensauce nappieren.

Zutaten für vier Personen:

4 Blasen vom Schwein
4 Kapaunbrüste
100 g schwarze Trüffeln
20 g geriebener Parmesan
Salz, weißer Pfeffer
4 große Blätter Wirsingkohl
40 g Butter
4 sehr große Scheiben Räucherspeck

Gemüse

Gemüse – einschließlich Hülsenfrüchte, Gurken et cetera gehören zu einer gesunden Küche. Sie machen das Blut dünnflüssiger und entlasten die Verdauung. Außerdem löst ein Übermaß an reinen Fleischgerichten leicht Widerwillen aus.

Unter der Sonne Italiens reift ein schier unendliches Angebot an frischen, aromatischen Gemüsen, die zu köstlichen Antipasti, zu Salaten und warmen Gemüsegerichten verarbeitet werden. Auch als leichte Zwischenmahlzeiten oder als Tramessi bei festlichen Menues sind schmackhafte Gemüsegerichte hochwillkommen.

ZUCCHINI RIPIENI
Gefüllte Zucchini

Um die Zucchini zu füllen, kann man sie der Länge nach oder quer halbieren, man kann sie aber auch ganz lassen. Ich ziehe die letzte Methode vor, weil sie eleganter ist und die Zucchini besser aussehen. Gleichgültig, wie man es anfängt – sie müssen in jedem Fall ausgehöhlt werden, um Platz für die Füllung zu schaffen. Um ganze Zucchini auszuhöhlen, bedient man sich eines Blechröhrchens, das man von unten nach oben durchstößt. Wenn bei dicken Zucchini die Höhlung nicht groß genug erscheint, erweitert man sie mit einem Messerchen. Als Füllung verwendet man mageres Kalbfleisch, das man in Stücke zerschneidet. Man zerkleinert Zwiebel, Petersilie, Sellerie, Möhre und etwas Räucherschinken, setzt alles mit etwas Öl, Salz und Pfeffer auf das Feuer und legt das Kalbfleisch hinein. Man rührt häufig um, bis das Fleisch die Flüssigkeit angenommen hat und gebräunt ist. Dann setzt man eine kleine Schöpfkelle Wasser zu, wenn auch sie aufgesogen ist, eine zweite, und kurz darauf eine dritte, mit der man garen läßt, wobei man darauf achtet, daß Sauce übrigbleibt. Diese schlägt man durch ein Sieb und stellt sie zur Seite. Das trockene Fleisch wird mit dem Wiegemesser fein zerkleinert, mit 1 Ei verrührt, etwas geriebenem Parmesan, in Brühe oder Milch aufgeweichtem Brotteig und den bevorzugten Gewürzen und in die Zucchini gefüllt. Man läßt Butter auf dem Feuer bräunen, legt die gefüllten Zucchini hinein, kurz darauf auch die durchgeschlagene Sauce und läßt sie gar werden. Wenn die Fleischsauce fehlt, kann man die Zucchini auch in reiner Butter braten, oder man gart sie in einer Butter- und Tomaten-Salsa.

SO KOCHT DER MEISTER

*Die Zucchini aushöhlen. Die Aubergine und die Paprikaschote in kleine Würfel, die Zwiebel in dünne Scheiben schneiden. Die Zucchini im Olivenöl anbraten und aus der Pfanne nehmen. Zwiebel, Paprika und die zerquetschte Knoblauchzehe mit dem Basilikum bei milder Hitze dünsten. In einer beschichteten Pfanne die Auberginenwürfel ohne Öl anbraten. Alle gegarten Gemüsesorten zusammenmischen, mit Salz und Pfeffer würzen. Die Zucchini mit dem Gemüse füllen.
Die gefüllten Zucchini 15 Minuten im Ofen backen.*

Dazu paßt ein Trentino DOC Lagrein Rosé.

Zutaten für vier Personen:

1 kg Zucchini, 1 Aubergine
1 Paprikaschote, 1 Silberzwiebel
2 EL Olivenöl »extra vergine«
1 Knoblauchzehe, 5 Basilikumblätter
5 Pinienkerne
Salz, Pfeffer

FAGIOLINI COLLA BALSAMELLA

Grüne Bohnen mit Bechamelsauce

Man kocht die Bohnen so, daß sie (durch Zusatz von etwas Soda) grün bleiben. Sie werden in Butter gebraten, aber nur leicht, damit sie nicht ihre schöne Farbe verlieren, dabei pfeffert und salzt man sie. Dann gießt man eine etwas flüssige Balsamella darüber, die aus Sauce, Butter und Mehl bereitet ist und bringt sie mit einer Beilage von in mandelgroße Stücke geschnittenem, geröstetem Brot auf den Tisch. Sie sind eine willkommene Zwischenmahlzeit.

SO KOCHT DER MEISTER

Zutaten für vier Personen:

500 g grüne Bohnen
Salz
5 frische Minzblätter
100 ml Sahne, 1 Eigelb

Die grünen Bohnen in Salzwasser kochen und abtropfen lassen. Die gekochten Bohnen in eine feuerfeste Form legen. Inzwischen die Minze fein hacken.
Die Sahne schlagen, das Eigelb und die feingehackte Minze unterheben. Diese Creme auf die Bohnen geben und das Ganze wenige Minuten im vorgeheizten Ofen überbacken.

Dazu paßt ein Trentino DOC Pinot bianco oder Trentino DOC Chardonnay.

FAGIOLI A GUISA D'UCCELLINI

Ravioli mit Bohnenfüllung

In den Gaststätten von Florenz habe ich dieses Bohnengericht kennengelernt, das wie folgt zubereitet wird:
Die Bohnen im Wasser kochen und abgießen. Etwas Öl und einige Salbeiblätter in eine Pfanne geben. Wenn das Öl heiß ist, die Bohnen einlegen; mit Salz und Pfeffer würzen. Dabei wird das Öl von den Bohnen aufgenommen. Ab und zu umrühren. Eine einfache Tomatensauce zugeben und einkochen. Es können auch trockene Bohnen – aber nur mit dünner Schale – verwendet werden.
Wer diese Bohnen nicht allein essen mag – sie eignen sich sehr gut als Beilage zu Tellerfleisch.

SO KOCHT DER MEISTER

Die getrockneten Bohnen über Nacht in Wasser einweichen. Die Möhre in feine Stifte, den Sellerie in dünne Scheiben schneiden.

Die Bohnen mit Salz, der Möhre und dem Sellerie in einen hohen Topf geben, mit Wasser auffüllen, bis alles gerade bedeckt ist und kochen, bis die Bohnen weich sind.

Die fertig gegarten Bohnen abgießen und ein Drittel des Kochsuds aufbewahren. Die Bohnen mit dem aufbewahrten Kochsud und der Hälfte des Olivenöls im Mixer pürieren und die Bohnenpaste mit Salz und Pfeffer abschmecken.

Aus dem Mehl und dem Ei mit etwas Salz einen Teig kneten und sehr dünn ausrollen. Längliche Vierecke ausschneiden, jeweils auf eine Hälfte ein Häufchen Bohnenpaste geben, die andere Hälfte darüberschlagenn und die Ränder zusammendrücken.

Die Tomaten brühen und häuten. Die Salbeiblätter fein hacken. Das restliche Olivenöl erhitzen, den Knoblauch dazupressen und den Salbei dazugeben. Kurz anbraten und die geschälten Tomaten dazu geben. Alles wenige Minuten kochen lassen und mit Salz und Pfeffer abschmecken. Die Ravioli mit der Tomatensauce servieren.

Was ursprünglich nur eine Beilage war, ist so ein nettes Gericht geworden.

Dazu paßt ein Trentino DOC Lagrein dunkel.

Zutaten für vier Personen:

200 g trockene weiße Bohnen oder
500 g frische Bohnen
1 Möhre, 1 Stange Staudensellerie
Salz, frisch gemahlener Pfeffer
100 g Mehl
1 Ei, 500 g reife Tomaten
etwas Salbei
2 Knoblauchzehen
200 ml Olivenöl »extra vergine«

SFORMATO DI FAGIUOLINI

Bohnenauflauf

300 g geschälte Bohnen, 30 g Rauchfleisch (unzerkleinert), 2 dl Wasser, 4 EL Öl, 1 Büschel aus 4 oder 5 Salbeiblättern, Salz und weißer Pfeffer

Man setzt die Bohnen mit sämtlichen Zutaten zusammen auf das Feuer, läßt sie langsam gar werden und bewegt sie dabei mehrmals. Dann nimmt man das Rauchfleisch und die Salbeiblätter heraus und serviert die Bohnen als Beilage zu einem Fleischgericht.

SFORMATO DI VERDURE
Gemüseauflauf

Man nimmt – als Beispiel – 350 g Blumenkohl ohne Strunk und Blätter und dazu folgende Würze:

3 dl Milch, 3 Eier, 60 g Butter, 30 g geriebenen Parmesan

Der Blumenkohl wird in Wasser halbgar gekocht und dann in Stückchen zerlegt. Man setzt ihn mit der Hälfte der Butter zum Braten auf, salzt ihn, und wenn er die Butter angenommen hat, läßt man ihn mit ein wenig Milch ganz gar werden. Man kann ihn dann so lassen oder auch durch ein Sieb schlagen. Mit dem Rest an Butter und Milch und einem nicht gehäuften Eßlöffel Mehl setzt man eine Balsamella an und gibt sie zusammen mit den gequirlten Eiern und dem Parmesan dazu. Gut durchmengen.

Man bestreicht eine glatte Form mit Butter, legt auf den Boden ein mit Butter getränktes Papier, gießt die Masse hinein und läßt sie im Wasserbad gar werden. Sie wird warm serviert. Die Menge kann für 6 Personen reichen.

SO KOCHT DER MEISTER

Dieses Rezept stellt die Grundlage für die weiteren Sformati dar, wie sie im Artusi oft beschrieben werden.

Zutaten für vier Personen:

400 g grüne Bohnen
1 kleine Zwiebel
1 Stange Staudensellerie
1 Bund Petersilie
1 Bund Basilikum, Salz
2 Eigelbe, 250 g Sahne
etwas Olivenöl »extra vergine«

Die Bohnen putzen, in reichlich Salzwasser kochen und abgießen. Die Zwiebel fein hacken, mit dem Sellerie, der Petersilie und einigen Basilikumblättern in Olivenöl dünsten. Die Bohnen pürieren, Zwiebel und Kräuter dazugeben, alles zu einer geschmeidigen Creme rühren und mit Salz abschmecken. Die Eigelbe mit der Sahne verquirlen und unter die Bohnenpaste mischen. Kleine Förmchen bzw. eine große Form mit Öl einfetten, mit der Bohnenpaste füllen und 30 Minuten im Wasserbad bei 120° im Ofen backen. Um zu vermeiden, daß sich eine Kruste bildet, die Förmchen mit Alufolie zudecken.

In diesem Rezept wurde die Bechamelsauce durch Sahne ersetzt. In anderen Rezepten verwendet man statt dessen Milch oder Frischkäse. Das kann bei jedem Sformato-Rezept Artusis ausprobiert werden.

Dazu paßt ein Casteller DOC.

Sformato di spinaci

Nach Möglichkeit frischen Spinat verwenden. Den Spinat verlesen und waschen. Bei Verwendung von Tiefkühlware Blattspinat wählen. Den Spinat in der Butter dünsten, bis er zusammenfällt, und grob schneiden (nicht pürieren). Für die Fortsetzung siehe oben.

Zutaten für vier Personen:

1 kg Spinat, 80 g Butter
400 g Milch, 150 g Sahne
4 Eigelbe, Salz

Sformato di carciofi

Zutaten für vier Personen:

12 junge Artischocken
Saft von 1 Zitrone
200 ml Olivenöl, 2 Knoblauchzehen
100 ml Gemüsebrühe
2 Eigelbe, 150 g Sahne, 50 g Milch
Salz, Pfeffer

Die Artischocken putzen, die äußeren Blätter entfernen und die Stile mit einem Messer abkratzen. Die Artischocken in mit Zitronensaft gesäuertes Wasser legen, damit sie sich nicht dunkel verfärben. Das Gemüse vierteln und das Heu entfernen.
In einer Pfanne 2 Eßlöffel Olivenöl erhitzen, den Knoblauch dazupressen, die Gemüseviertel dazu geben und alles bei starker Hitze schwenken. Die Gemüsebrühe angießen und die Artischocken bei milder Hitze garen.
Die Artischocken mixen, die weiteren Zutaten zugeben und den Auflauf wie üblich im Wasserbad kochen. Für dieses Rezept weder Butter noch Bechamelsauce verwenden. Artischocken schmecken am besten mit Olivenöl.

Sformato di finocchi

Fenchel ist reich an Ballaststoffen, macht nicht dick, ist harntreibend und fördert die Verdauung.
Die Fenchelknollen putzen, vierteln und waschen. In einem hohen Topf soviel Wasser zum Kochen bringen, daß das Gemüse gerade bedeckt ist. Den Weinessig, 2 Teelöffel Salz und 2 Eßlöffel Olivenöl dazu geben und das Gemüse einlegen. Den Fenchel kochen, bis er weich, aber noch etwas bißfest ist.
Das Gemüse abgießen und mit dem Dill im Mixer pürieren. Mit Salz und Pfeffer abschmecken und den Auflauf wie oben beschrieben fertigstellen. Auch bei diesem Rezept empfiehlt sich die Verwendung von Olivenöl.

Zutaten für vier Personen:

800 g Fenchel
1 EL Weinessig, Salz
2EL Olivenöl »extra vergine«
5 g Dill, 300 g Sahne
3 Eigelbe, Pfeffer

Dazu paßt ein Trentino DOC Müller Thurgau.

Tortino di petociani

Zutaten für vier Personen:

600 g Auberginen
Olivenöl »extra vergine«
250 g reife Tomaten, 1 Bund Basilikum
1 TL getrockneter Majoran
Salz, Pfeffer, geriebener Parmesan
1 Pck. Mozzarella

Die Auberginen in kleine Würfel von ½ cm schneiden. In einer beschichteten Pfanne 1 Eßlöffel Olivenöl erhitzen und die Auberginenwürfel darin braten. Die Würfel herausnehmen und auf Küchenkrepp abtropfen lassen.
Inzwischen die Tomaten brühen, häuten, entkernen und das Fruchtfleisch fein hacken. Das Basilikum in feine Streifen schneiden.
Die Auberginenwürfel in eine ofenfeste Form geben, die gehackten Tomaten, das Basilikum und den Majoran dazugeben. Salzen und pfeffern und alles gut vermischen. Den geriebenen Parmesan über den Auflauf streuen und alles mit Mozzarellascheiben bedecken. Den Auflauf im Ofen backen.

Variation

Die Zutaten bleiben die gleichen wie beim obigen Rezept bis auf die Mozzarella und den Parmesan. Hinzu kommt 1 Knoblauchzehe.
Eine beschichtete Form mit einer Schicht Auberginen belegen, dann Tomaten, Basilikum und Knoblauch dazugeben, eine weitere Schicht mit den gleichen Zutaten einlegen und mit Öl, Salz und Pfeffer würzen. Die Schichten mit einem passenden Holzbrettchen abdecken und mit einem wassergefüllten Töpfchen beschweren. 30 Minuten im Ofen bei 180 °C backen.

Dazu paßt ein Trentino DOC Pinot Bianco.

CARDONI IN UMIDO

Disteln in Tomatensauce

Die Cardoni werden ähnlich behandelt wie der Blumenkohl im Rezept für den Blumenkohlauflauf. Man zerschneidet die Cardoni in kleine Stückchen, damit sie die Zutaten besser annehmen. Bevor man sie in die Form gibt, werden sie gut abgetrocknet.

SO KOCHT DER MEISTER

Cardoni sind eßbare Disteln, die in Italien in vielen Hausgärten wachsen. Nördlich der Alpen sind sie nur wenig bekannt.

Die Distel putzen, von den Fäden befreien und in ca. 4 cm lange Stäbchen schneiden. Das Gemüse in mit Zitronensaft gesäuertem Wasser halbgar kochen, abgießen und trockentupfen. Die Hälfte des Öls und 50 g Butter in einer Pfanne erhitzen, den Knoblauch dazupressen und goldbraun anbraten. Die Cardoni zugeben, einige Minuten braten, salzen und pfeffern.

Die Tomaten brühen, schälen und die Kerne entfernen. In einer zweiten Pfanne das restliche Öl erhitzen und die Tomaten einige Minuten lebhaft kochen, bis sie auf etwa 40 Prozent ihres Volumens eingekocht sind, dann die restliche Butter unterheben und abschmecken. Die Tomaten zu den Disteln geben und weitergaren, bis das Gemüse schön weich wird. Mit Gruyère-Käse bestreuen und servieren.

Dazu paßt ein Schiava rosata aus dem Trentino.

Zutaten für vier Personen:

600 g Cardoni, 1 EL Zitronensaft
50 ml Olivenöl, 80 g Butter
1 Knoblauchzehe, Salz, Pfeffer
600 g reife Tomaten
100 g geriebener Gruyèrekäse

TARTUFI ALLA BOLOGNESE, CRUDI, ECC.

Trüffel auf Bologneser Art

Das große Problem der Weißen und der Schwarzen, der Guelfen und der Ghibellinen, das Italien so lange Zeit gequält hat, droht durch die Trüffel wieder akut zu werden. Seid aber beruhigt, liebe Leser, denn diesmal gibt es kein Blutvergießen. Die Parteigänger der Weißen und der Schwarzen, um die es sich hier handelt, sind sanfterer Natur als die Wilden von damals.

Ich erkläre mich offen für die Weißen, behaupte und bestehe darauf, daß die schwarzen Trüffel die schlechtesten von allen sind. Die anderen sind nicht meiner Ansicht. Sie geben zwar zu, daß der Weiße sehr schmackhaft ist, behaupten aber, der Schwarze sei wohlriechender. Dabei bedenken sie nicht, daß der Schwarze seinen Duft schnell verliert. Die Weißen aus Piemont sind die besten, die aus der Romagna, die in sandigem Boden wachsen, schmecken zwar leicht nach Knoblauch, sind aber sehr aromatisch.

Lassen wir alle Streitfragen in der Schwebe und sehen wir zu, wie man sie in Bologna zubereitet: Nachdem die Trüffeln wie üblich gesäubert und gewaschen sind, wozu man sich einer kleinen Bürste bedienen kann, schneidet man sie in sehr dünne Scheiben. Dann ordnet man sie schichtweise in einer

145

Schüssel oder Pfanne an, zuerst eine Schicht Trüffelscheibchen, dann eine Schicht wenn möglich noch dünner geschnittener oder geriebener Parmesan. Sie werden in Öl gebraten, Salz und Pfeffer dazugeben, und sobald das Öl zu sieden beginnt, drückt man eine Zitrone über den Trüffeln aus und nimmt sie sofort vom Feuer. Manche geben noch einige Stückchen Butter zu, aber, wenn überhaupt, nur wenig, damit sie nicht zu schwer werden. Man kann die Trüffel auch roh essen, in äußerst dünne Scheiben geschnitten und nur mit Salz, Pfeffer und Zitronensaft aufbereitet.

Sie schmecken auch gut mit Eiern. Diese werden gequirlt und mit Pfeffer und Salz versehen. Man setzt Butter auf das Feuer, wenn sie zergangen ist, gießt man die Eier dazu und kurz darauf die feingeschnittenen Trüffel. Umrühren. Da der einmalige Geschmack dieser Speise allgemein bekannt ist, enthalte ich mich, davon zu schwärmen. Es scheint, daß Trüffel im französischen Périgord zur Zeit Karls V. zum erstenmal als Nahrungsmittel entdeckt wurden.

Ich habe sie auf folgende Art oft für längere Zeit konserviert (was aber nicht immer gelungen ist): Man schneidet sie in feine Scheiben, trocknet sie am Feuer, gibt Pfeffer und Salz zu, bedeckt sie mit Öl und läßt einmal aufkochen. Roh kann man sie auch unter ein Risotto mischen.

SO SPRICHT DER MEISTER

Die moderne Technik hat heute gute Methoden für die Konservierung der schwarzen und weißen Trüffel entwickelt: Cremes, Pasteten, Konserven, Aromaöle. Nichts dergleichen kann jedoch den Geschmack von frischen Trüffeln vermitteln, die in der entsprechenden Jahreszeit (Oktober bis Dezember für die weißen Trüffel, Januar bis Februar für die schwarzen Trüffel) gesammelt werden. Leider hat die große Nachfrage von Trüffeln zu einer frühzeitigen Ernte geführt. Deshalb findet man außerhalb der richtigen Saison geschmacklosere und fade Trüffel. Zum Glück werden jetzt weniger bekannte Trüffelsorten wieder geschätzt, so daß man fast ganzjährig erstklassige frische Produkte erhalten kann (bianchetto, marzolo, maggese, etc.)

LENTICCHIE PASSATE PER CONTORNO
Linsenpüree als Beilage

Die Franzosen würden dieses Gericht »Purée von Linsen« nennen. Rigutini, seines Zeichens Lexikograph, weist uns aber darauf hin, daß die richtige Bezeichung auf italienisch »Passato« ist, ein Begriff, den man für jede Art entsprechender Zubereitungen aus Hülsenfrüchten und Kartoffeln benützen kann. Also, für die Zubereitung eines Passato die Linsen im Wasser mit etwas Butter kochen, aber nicht so weich, daß sie zerfallen. Danach passieren. Eine kleine Zwiebel (nur wenig, da man sie nicht zu sehr herausschmecken sollte), Petersilie, Sellerie und eine Möhre feinhacken. Diese Mischung in Butter anbraten und mit einem Schöpflöffel Brühe ablöschen. Man kann auch die Brühe verwenden, in der ein Cotechino (eine fette Wurst) gekocht wurde – aber bitte entfettet. Die Brühe durchseihen und zum Linsengemüse geben. Mit Salz und Pfeffer abschmecken.

SO KOCHT DER MEISTER

Die Linsen am Vortag im Wasser einweichen, gut waschen und kleine Steine enfernen.
Die Linsen im Salzwasser mit dem Sellerie und dem Suppengrün kochen. Abgießen und das Suppengrün herausnehmen. Das Linsengemüse im Mixer pürieren. Ganz zuletzt und erst wenn die Paste geschmeidig ist, das Öl zufügen und sofort servieren. Dieses Verfahren kann bei fast allen Gemüsesorten angewendet werden. Wenn man eine dickflüssigere Paste wünscht, kann etwas Blattgelatine verwendet werden, die man zuvor im Wasser eingeweicht und dann ausgedrückt hat, aber nicht mehr als 10 g pro Kilogramm Gemüse. Dadurch erhält man eine festere Masse, die man beliebig verwenden und formen und die als Beilage serviert werden kann.

Dazu paßt ein Kalterer See DOC.

> **Zutaten für vier Personen:**
>
> 100 g Linsen, Salz
> 1 Stange Staudensellerie
> 1 Suppengrün (Möhre, Petersilie, Lauch und Thymian), Olivenöl »extra vergine«

CARCIOFI RIPIENI

Gefüllte Artischocken

Man entfernt die kleinen, äußeren Blätter, schneidet die Stengel vollständig ab und wäscht die Artischocken. Dann entfernt man die Spitzen, öffnet die inneren Blätter so, daß man mit einem Federmesser das Herz in der Mitte herausschneiden kann, beseitigt daran das Heu und hebt nur die zarten Blättchen auf, um sie der Füllung zuzusetzen. Diese bereitet man zum Beispiel für 6 Artischocken auf folgende Art:

Man nimmt die eben genannten Blättchen, dazu 50 g Schinken (eher fett als mager), ¹/₄ Zwiebel, ein Spitzchen von 1 Knoblauchzehe, einige Blätter Sellerie und Petersilie, 1 Prise getrocknete Pilze (eingeweicht), 1 Handvoll einen Tag alten Brotteig, den man zerkrümelt, und 1 Prise Pfeffer.

Zuerst zerkleinert man den Schinken mit einem Messer, dann sämtliche Zutaten zusammen mit dem Wiegemesser, und mit diesem Gemisch füllt man die Artischocken, die dann aufrecht in einen Topf gestellt werden. Man gießt reichlich Öl dazu, würzt mit Salz und Pfeffer, setzt den Deckel auf und stellt die Artischocken zum Garen in den Ofen. Wenn sie Farbe angenommen haben, gießt man etwas Wasser an und läßt die Artischocken gar werden.

Einige französische Bücher schlagen vor, die Artischocken vor dem Füllen erst in Wasser halbgar zu kochen, was ich allerdings nicht billigen kann, denn mir scheint, daß sie dadurch das Beste, nämlich ihr Aroma, weitgehend verlieren.

SO KOCHT DER MEISTER

Zutaten für vier Personen:

8 Artischocken, Saft von 1 Zitrone
150 g Parmaschinken, 1 Zwiebel
2 Knoblauchzehen
je 1 Bund Petersilie und Basilikum
Salz und weißer Pfeffer
100 ml Olivenöl kaltgepreßt
200 ml Gemüsebrühe

Für dieses Gericht sollte man romische bzw. apulische Artischocken nehmen. Die anderen, sprich aus Ligurien oder aus Sardinien, kommen besser roh zur Geltung.

Die hölzernen Teile des Stils abschneiden, die äußeren Blätter entfernen und die Artischocken in mit Zitronensaft gesäuertes Wasser legen. Mit einem speziellen Messer die inneren Blätter herausschneiden und ggf. das Heu. Den Schinken, die Zwiebel, den Knoblauch, die Petersilie und das Basilikum fein hacken. Mit dieser Mischung die Artischocken füllen.

Die Artischocken in einer hohen Kasserolle aufstellen, mit Salz und Pfeffer würzen und mit reichlich Olivenöl begießen. Das Gemüse 5 Minuten anbraten und dann die Brühe zugießen. Die Kasserolle zudecken und bei schwacher Hitze garen, bis die Artischocken weich sind (mit einem Zahnstocher testen). Die Sauce reduziert sich auf 50 Prozent und das Gemüse nimmt das Aroma der verschiedenen Zutaten auf.

CARCIOFI SECCATI PER L'INVERNO

Eingelegte Artischocken

»Aufrechte« Artischocken, so nennt man in Florenz die sehr einfach auf folgende Art zubereiteten Artischocken: Man entfernt nur die kleinen, nutzlosen Blätter in der Nähe des Stengels und schneidet diesen ab. Die Spitze wird mit dem Messer gekappt und die inneren Blätter werden etwas auseinandergedrückt. Man stellt die Artischocken aufrecht in einen Topf, legt die abgeschnittenen Stengel unzerteilt dazu, gibt reichlich Öl, Salz und Pfeffer dazu und läßt das Ganze zugedeckt schmoren. Wenn die Artischocken Farbe angenommen haben, setzt man etwas Wasser zu und läßt sie gar werden.

SO KOCHT DER MEISTER

Früher wurden Artischocken getrocknet, um sie für den Winter haltbar zu machen. Es ist aber empfehlenswerter, die Artischocken einzulegen und den Winter über als Bestandteil der Vorspeisen zu servieren.
Kleine Artischocken in Weißweinessig und Weißwein zu gleichen Teilen mit einigen Lorbeerblättern und 1 Esslöffel Salz kurz kochen. Sie sollen bißfest gegart und keinesfalls weich sein. Die Artischocken abgießen und auf ein Küchentuch zum Trocknen legen. Das Tuch sollte in 24 Stunden mindestens 3mal gewechselt werden, damit das Gemüse gut trocknet.
Die kleinen Artischocken in Einmachgläser mit Lorbeer und einigen Pfefferkörnern fest hineindrücken. Das Ganze mit Olivenöl bedecken.
Nach einigen Stunden nachsehen, ob das Gemüse mit Öl bedeckt ist. Eventuell etwas Öl nachfüllen. Dann die Gläser schließen und kühl stellen.

Zutaten für vier Personen:

1 kg kleine Artischocken
$^1/_2$ l Weißweinessig
$^1/_2$ l trockener Weißwein, Salz
10 Lorbeerblätter, einige Pfefferkörner
1 l kaltgepreßtes Olivenöl

SFORMATO DI PISELLI FRESCHI
Auflauf mit frischen Erbsen

50 g fetter und magerer Schinken, 1 Zwiebel, 600 g geschälte Erbsen, 30 g Butter, 20 g Mehl
3 Eier, 1 EL Parmesan

Der Schinken, die kleine, frische Zwiebel und einige Stengel Petersilie werden fein zerhackt. Man läßt alles in Öl bräunen und schüttet die Erbsen dazu, pfeffern und salzen. Wenn sie gar sind, passiert man $^1/_4$ davon durch ein Sieb, verrührt das Durchgeschlagene mit der Butter und dem Mehl und setzt es mit Fleischsauce oder Brühe auf das Feuer. Dann mischt man alle Zutaten zusammen, auch den Parmesan, gibt diese Masse in eine Auflaufform, deren Boden mit einem Butterpapier ausgelegt ist und läßt im Wasserbad gar werden.

SO KOCHT DER MEISTER

Zutaten für vier Personen:

400 g Erbsen, etwas Salz
1 Frühlingszwiebel
50 g Schinken, etwas Pfeffer
2 Eigelbe, 100 g Sahne

Die Erbsen im Salzwasser kochen, abgießen und die äußere Schale entfernen. Die Frühlingszwiebel in feine Ringe schneiden. Schinken und Zwiebel in einer beschichteten Pfanne kurz anbraten. Die Erbsen zugeben und noch 2 Minuten garen. Das Ganze mit Salz und Pfeffer abschmecken.
Die Erbsenmasse im Mixer pürieren. Die Eigelbe mit der Sahne verquirlen und unter die Erbsenpaste mischen. Kleine Förmchen bzw. eine große Form mit Öl einfetten, mit der Erbsenmasse füllen und 30 Minuten im Wasserbad bei 120° im Ofen backen.

Dazu paßt ein Soni bianco DOC.

PATATE TARTUFATE

Kartoffelgratin mit Trüffeln

500 g schöne festkochende Kartoffeln, 50 g Butter, ½ Glas Milch oder Rahm, 1 Ei, Salz

Die Kartoffeln werden gekocht, gepellt und noch heiß in Scheiben geschnitten. Man verquirlt Butter, Milch und Ei und gibt alles in eine feuerfeste, gefettete Form. Man salzt und backt im Ofen.

SO KOCHT DER MEISTER

Kartoffeln schälen und in ca. 2 mm Scheibchen schneiden. Die Scheiben mit Salz, Pfeffer und abgeriebener Muskatnuß würzen und in Milch kochen. Wenn die Kartoffeln die Milch aufgenommen haben, werden sie in eine feuerfeste Form gelegt und im Ofen überbacken, bis sich eine Kruste bildet. Die Form aus dem Ofen nehmen, etwas weiße Trüffel darüber hobeln und servieren.

Dazu paßt ein Trentino DOC Lagrein rot.

Zutaten für vier Personen:

400 g Kartoffeln
Salz, Pfeffer
Muskatnuß, ½ l Milch
weiße Trüffel

PASSATO DI PATATE
Gefüllte Kartoffeln

Wenn man in Italien über Mode oder Küche spricht, muß man sich, um verstanden zu werden, auf ausländische Weise ausdrücken. Damit ich also verstanden werde, darf ich diese Beilage nicht »Passato« nennen, sondern muß sie als Pürée oder – noch barbarischer – Machée bezeichnen.

500 g schöne, große, mehlige Kartoffeln, 50 g Butter, ½ Glas Milch bzw. Sahne, Salz

Die Kartoffeln kochen, schälen und passieren. Die Kartoffelmasse mit den obengenannten Zutaten in einen Topf geben und auf den Herd stellen. Mit einem Holzlöffel rühren, bis die Masse glatt ist. Man erkennt, ob die Kartoffeln gar sind, indem man sie mit einem Stäbchen durchsticht.

SO KOCHT DER MEISTER

Kartoffeln kochen, schälen und der Länge nach halbieren. Die Kartoffelhälften aushöhlen.
In einer Kasserolle die Milch mit 100 ml Öl verrühren und erhitzen. Die ausgeschabte Kartoffelmasse durch ein Sieb zur Milch passieren und die Masse bei mäßiger Hitze mit einem Holzlöffel ständig rühren, bis sie geschmeidig wird. Die Masse mit Salz und Pfeffer würzig abschmecken und in die ausgehöhlten Kartoffelhälften füllen. Den Schnittlauch in feine Röllchen schneiden und über die gefüllten Kartoffeln geben.
Für die Sauce den Joghurt mit dem restlichen Öl verschlagen und mit Salz und Pfeffer abschmecken. Wer mag, kann auch noch feingehackte gemischte Kräuter dazu geben.

Zutaten für vier Personen:

400 g Kartoffeln
100 ml Milch
150 ml Olivenöl
Salz, Pfeffer
1 Bund Schnittlauch
50 g Joghurt

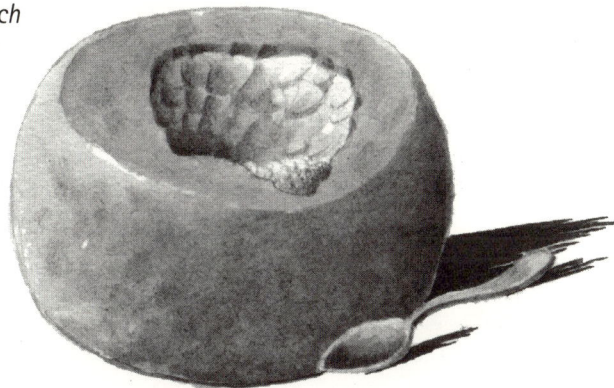

ASPARAGI
Spargel

Um den Spargel ansehnlicher zu machen, kratzt man vor dem Kochen den weißen Teil mit einem Messer ab, schält ihn und schneidet ihn unten ab. Dann bindet man die Stangen in nicht zu großen Bündelchen zusammen, und damit die Spitzen ihre Farbe behalten, salzt man das Wasser. Wenn es kocht, legt man den Spargel hinein und erhöht die Glut, damit es sofort weiterkocht. Der Spargel ist gar, wenn er anfängt, sich an der Spitze zu verbiegen. Es ist aber besser, wenn man vorher mit dem Finger probiert, ob er einem leichten Druck nachgibt, denn er sollte nicht übermäßig gekocht werden. Wenn er gar ist, wirft man ihn in kaltes Wasser, nimmt ihn aber sofort wieder heraus, damit er warm auf den Tisch gebracht werden kann.

Dieses Gemüse ist nicht nur schmackhaft, leicht verdaulich und harntreibend, sondern auch sehr teuer, weshalb man seine Möglichkeiten gut auswerten sollte.

Gekochten Spargel kann man auf verschiedene Arten zubereiten, am einfachsten und besten mit feinstem Öl, Essig und Zitronensaft. Eine andere Methode ist, ihn zunächst nur halbgar zu kochen. Dann läßt man die ganzen Stangen in Butter eine Weile braten, gibt Salz, Pfeffer und sehr wenig Parmesan dazu, nimmt den Spargel heraus und gießt reichlich gebräunte Butter darüber.

Man kann auch die Spitzen von den weißen Teilen abschneiden. Dann nimmt man ein feuerfestes Gefäß, bestreut den Boden mit geriebenem Parmesan und legt darauf dicht nebeneinander die Spargelspitzen. Man gibt Pfeffer, Salz und Butterstückchen darauf, deckt dann eine Schicht Spargel darüber, die man ebenso würzt. Das wiederholt man, solange Zutaten vorhanden sind. Dabei mit dem Gewürz sehr sparsam umgehen, damit es nicht zu stark durchschlägt. Die Spargelschichten legt man kreuzweise übereinander wie ein Gitter. Man legt einen Deckel darauf und läßt das Gericht möglichst mit Oberhitze gar werden. Es wird warm serviert. Hat man Fleischbrühe zur Verfügung, so kocht man den Spargel auch erst halbgar und dann in dieser Fleischbrühe zu Ende. Dann gibt man nur etwas Butter und einen Hauch von Parmesan hinzu.

Zu gemischtem Braten kann man Spargelspitzen mit Pastella nehmen. Dazu mischt man 100 g Mehl mit 1 EL Öl, 1 EL Aquavit, 1 Eigelb, Salz und etwas warmem Wasser zu einem Teig. Man schlägt das Eiweiß steif und hebt es unter den Teig. Nun kann man die Spargelspitzen durch den Teig ziehen und in reichlich heißem Öl ausbacken.

Es werden in Kochbüchern noch die verschiedensten Methoden angegeben, die aber meist den Eigengeschmack des Spargels nicht ausreichend berücksichtigen und nichts für Feinschmecker sind. Ich weise aber noch darauf hin, daß sich auch eine Salsa bianca sowohl für Spargel, als auch für in vier Stücke zerlegte und gekochte Artischocken eignet. Diese Sauce wird in der ausländischen Küche als deutsche Sauce bezeichnet. Man bereitet sie zu, indem man aus Butter und Mehl eine helle Mehlschwitze macht, die man mit Brühe angießt. Man würzt mit Salz und Pfeffer und gibt zur Abrundung nach Geschmack 1 Eigelb und 1 Eßlöffel Essig dazu.

SO KOCHT DER MEISTER

1 l Wasser in einem Spargeltopf oder einem anderen hohen Topf mit je 1 Teelöffel Salz und Zucker zum Kochen bringen. Inzwischen die Zitronen auspressen. Die Hälfte des Zitronensafts zum Kochwasser geben. Die Spitzen der Spargelstangen abschneiden und im Salzwasser bißfest kochen.

Den gegarten Spargel in Eis abkühlen und trocknen. Die Stile entsaften und den Saft auf die Hälfte einköcheln. Das Öl und den Zitronensaft zu dem eingekochten Spargelsaft geben. Die Sauce mit Salz und Pfeffer abschmecken und mit dem Schneebesen aufschlagen. Die Spargelspitzen mit der Sauce nappieren.

Dazu paßt ein Trentino DOC Pinot bianco.

Zutaten für vier Personen:

1 kg Spargel, Salz
1 TL Zucker, 2 Zitronen
50 g Olivenöl
Pfeffer

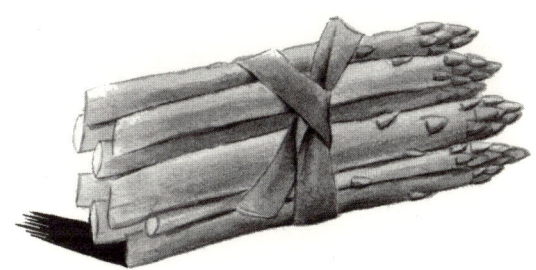

Fischgerichte

Unter den bekannten Fischen sind die feinsten der Stör, die Zahnbrasse, der Umberfisch, der Spinnenfisch, die Seezunge, der Steinbutt, die Goldbrasse, die Seebarbe und die Forelle. Sie sind das ganze Jahr über gut, Seebarbe und Steinbutt aber besonders im Winter. Von den übrigen Fischen genießt man Hecht und Aal zwar das ganze Jahr, aber der Aal ist im Winter besser.

Auch die anderen Fischsorten haben meist ihre Saison: Meeräschen Juli und August, kleine Äsche Oktober und November und den ganzen Winter über,

Gründling und Tintenfisch März bis Mai, Kraken Oktober, Sardinen und Heringe den ganzen Winter bis April, Seebarben September und Oktober, Thunfisch von März bis Oktober, Makrelen im Frühling, besonders im Mai. Dieser Fisch eignet sich wegen seines zähen, faserigen Fleisches zum Schmoren. Will man ihn grillen, so legt man ihn am besten auf einem dicken, eingefetteten Stück Papier auf den Rost, wobei man Öl, Salz, Pfeffer und einige Blättchen Rosmarin zugibt.

Unter den Schalentieren ist der geschätzte Hummer das ganze Jahr über gut, am besten aber im Frühling, unter den Muscheln die Auster, die in den »Austerngärten« von Oktober bis April »geerntet« wird.

Ob ein Fisch frisch ist, erkennt man an den klaren Augen – sonst sind sie blaß und trübe. Auch rote Kiemen zeugen von Frische. Außerdem erkennt man zu alten Fisch natürlich am Geruch, und wenn er zu lange auf Eis gelegen hat, wird das Fleisch weich und schlaff.

Küstenbewohner sagen, Schalentiere und Seeigel sollte man zur Zeit des Vollmondes einsammeln, dann seien sie fülliger.

Cacciucco
Fischsuppe

Dazu muß gesagt werden, daß dieses Wort vielleicht nur in der Toskana und im Westen bekannt ist. Denn an der Adriaküste sagt man Brodetto. Dies ist in Florenz nun wieder eine Oster-Minestra mit Ei, eher eine Brotsuppe in Fleischbrühe, die mit gequirltem Ei legiert und mit Zitrone gewürzt wird. Die Sprachverwirrung in den italienischen Provinzen erinnert an ein zweites Babylon.

Am gebräuchlichsten ist Fischsuppe natürlich in den Hafenstädten, wo es immer frischen Fisch und auch die erforderlichen Sorten gibt. Jeder Fischhändler kann einem sagen, was sich am besten zur Fischsuppe eignet. So gut sie aber sein mag – sie liegt schwer im Magen, und man sollte sich vom guten Geschmack nicht zu übermäßigem Genuß verführen lassen.

Für 700 g Fisch zerkleinert man $1/2$ Zwiebel und setzt sie in Öl mit Petersilie und 2 Knoblauchzehen auf das Feuer. Wenn die Zwiebel Farbe angenommen hat, schneidet man 300 g Tomaten hinein (oder entsprechend Tomatenmark), Salz und Pfeffer dazu. Sind die Tomaten gar, so löst man 1 EL voll Essigessenz (bei anderem Essig 2 El) in einem Glas Wasser auf und gießt es darüber. Man läßt den Topf noch einige Minuten auf dem Feuer, dann wirft man die Knoblauchzehen weg und passiert den Rest mit etwas Nachdruck. Der durchgeschlagene Saft kommt mit dem bereitgehaltenen Fisch wieder auf das Feuer.

Je nach Jahreszeit nimmt man als Fisch Seezunge, Seebarbe, Glatthai, Gründling und andere, wobei man die kleinen Fische ganz läßt, die größeren in Stücke schneidet. Es muß abgeschmeckt werden, ob die Würze stimmt. Auf jeden Fall ist es gut, noch etwas Öl zuzusetzen. Dafür hält man das Öl, in dem man die Zwiebel röstet, möglichst knapp.

Die Fischsuppe kommt in zwei Schüsseln auf den Tisch, in der einen der Fisch ohne Sud, in der anderen soviel am Feuer angetrocknete (nicht geröstete) Brotscheiben, wie von dem Sud durchtränkt werden können.

Variation

Diese in Viareggio übliche Fischsuppe ist nicht ganz so schmackhaft wie die vorige, aber leichter und verdaulicher.

Für die gleiche Menge Fisch zerkleinert man im Mörser 2 große Knoblauchzehen und frischen oder getrockneten Ingwer. Wegen des Ingwers braucht man keinen Pfeffer. Man setzt das Zerstoßene mit Öl in einer Pfanne oder einem Tontiegel auf das Feuer, gießt 1 Glas voll Flüssigkeit hinein, bester Wein (trockener weißer oder roter) und $2/3$ Wasser. Dann gibt man den Fisch dazu, salzt und gießt kurz darauf Tomatensauce oder in etwas Wasser gelöstes Mark nach. Es wird bei starkem Feuer gekocht, der Deckel bleibt auf dem Topf, der Fisch darf nicht angerührt werden, damit er nicht zerfällt. Er ist in wenigen Minuten gar. Man serviert ihn wie den vorigen, getrennt davon getrocknete (nicht geröstete) fingerdicke Brotscheiben.

SO KOCHT DER MEISTER

Diese Zubereitungsart wird nicht mehr so oft verwendet, nicht einmal in der Gegend von Livorno, der Heimat dieses Rezeptes. Die Gründe dafür sind vielfältig – selbst dort, wo man die richtigen Fischsorten findet. Theoretisch gehen den Fischern, auch bei einem bescheidenen Fang, immer noch genügend Fischsorten in die Netze, wie z. B. Drachenköpfe, Meersäue, Krebse und Tintenfische für die Zubereitung eines guten Cacciucco. Die Hausfrauen nehmen sich jedoch nicht mehr die nötige Zeit für das sorgfältige Putzen dieser Fische. Außerdem kann man entsprechende Fischzusammenstellungen unter der Bezeichnung »Cacciucco« in italienischen Supermärkten tiefgefroren kaufen. Ich möchte mich aber damit nicht lange aufhalten.

In den Restaurants wird dieses Gericht oft angeboten. Das Problem liegt nicht so sehr darin, daß es schwer verdaulich ist, wie Artusi anmerkt, sondern in der aufwendigen Zubereitungsart mit den langen Garzeiten. Aus diesem Grund kann man nicht automatisch davon ausgehen, daß die Fischsuppe auch am Tag ihrer Zubereitung serviert wird. Und ein aufgewärmtes Cacciucco ist keine gute kulinarische Erfahrung.

Das Rezept, wie es Artusi beschreibt, ist durchaus zeitgemäß, auch wenn die Verwendung von Essig für die Tomatensauce weniger für das Cacciucco typisch ist als für das
Brodetto adriatico. Den Knoblauch würde ich zu den kleineren Fischen geben. Ich
würde außerdem den Fisch zusammen mit der Suppe servieren und dazu separat die
gerösteten Brotscheiben, die je nach Wunsch mit Knoblauch eingerieben werden können oder nicht. Auch bei der Zubereitung des »Cacciucco von Viareggio« werden weder Essig noch Wein verwendet, und wenn der Fisch frisch ist, sollte man keine geschmacksintensiven Saucen einsetzen. Das Tomatenmark würde ich durch nicht ganz
reife Tomaten ersetzen. Der Fisch sollte entweder im Kühlschrank aufbewahrt oder mit
Eis bedeckt werden. Dadurch erübrigt sich das Salzen zur Aufbewahrung.

Dazu paßt ein Trentino DOC Pinot Grigio.

Pesce lesso
Gekochter Fisch

Gekochten Fisch bereitet man auf die folgende Weise: Man setzt die erforderliche Menge Wasser auf das Feuer (aber nicht zuviel). Man salzt es, aber ehe
man den Fisch hineingibt, läßt man es eine Viertelstunde mit folgenden Zutaten kochen: $1/4$ oder $1/2$ Zwiebel (je nach Größe des Fischs), die man mit
2 Gewürznelken gespickt hat, 1 Sellerie, Mohrrübe, einige Petersilienblättchen und 2 dünne Scheibchen Zitrone. Manche sind auch der Ansicht, man
sollte den Fisch gleich zusammen mit den Zutaten auf das Feuer setzen. Wenn
er gar ist, läßt man ihn warm in seiner Brühe stehen, bis er serviert wird. Vor
dem Kochen wird er aber mit den Zitronenscheibchen ganz abgerieben, weil
dann die Haut besser zusammenhält.

Ob er gar ist, erkennt man an den vorquellenden Augen, an der Haut, die sich
beim Berühren ablöst und an der Zartheit, die das Fleisch beim Kochen annimmt. Der Fisch kommt warm auf den Tisch mit ein wenig von der Brühe,
in der er gekocht wurde. Damit er recht appetitlich aussieht, kann man ihn
mit Petersilienblättchen verzieren und einer Beilage aus Roten Rüben (falls sie
klein sind, gekocht, größere im Ofen gebacken) und gekochten Kartoffeln anrichten, beides in kleine Scheibchen (bzw. Stückchen) geschnitten, damit sie
die Flüssigkeit besser annehmen. Schließlich fügt man als Verzierung noch einige Scheiben gekochtes Ei hinzu.

Man kann den Fisch aber auch nur mit einer leichten Mayonnaise auf den
Tisch bringen. Dann zerschneidet man ihn vorher in Stücke, die man in einer
Schüssel anhäuft, gießt die Salsa Mayonnaise darüber und dekoriert ein we-
nig mit gesalzenen Sardinen und ganzen Kapern.

Wenn man ein natürliches und perfektes Gericht haben möchte, sollte man so wenig Zutaten wie möglich einsetzen. Auf jeden Fall würde ich die mit Gewürznelken gespickte Zwiebel bei der Zubereitung des Fisches weiterhin verwenden, würde aber in das Kochwasser keine Zitrone geben. Entgegen der Empfehlung Artusis muß der Fisch sofort nach dem Garen aus dem Kochsud genommen werden. Keinesfalls sollte man ihn im heißen Sud warm halten, da sonst die Gefahr besteht, daß das Fischfleisch zerfällt und die Aromastoffe sich auflösen.

Das Zufügen hartgekochter Eier ist überflüssig, da sie nur dazu beitragen würden, das Gericht schwerer und dadurch schlechter verdaulich zu gestalten. Es sollte höchstens ein wenig Olivenöl »extra vergine« oder eine einfache Mayonaise verwendet werden. Bei Artusi beziehen sich die empfohlenen Garnituren immer auf Servierplatten, da damals das Servieren auf einzelnen Tellern noch nicht zu den Gepflogenheiten der bürgerlichen italienischen Küche gehörte.

Dazu paßt ein Trentino DOC Chardonnay.

SOGLIOLE IN GRATELLA

Seezunge vom Grill

Wenn die Seezungen (Scholle, solea vulgaris) ziemlich dick sind, werden sie besser gegrillt. Man nimmt dazu ausgelassenen Speck statt Öl, sie werden auf diese Art schmackhafter.

Man nimmt die Eingeweide heraus, schuppt sie, wäscht sie und trocknet sie gut ab. Dann werden sie leicht mit dem ausgelassenen, abgekühlten Speck bestrichen, der auch nicht andeutungsweise ranzig sein darf. Man gibt Salz und Pfeffer zu und wälzt den Fisch in Semmelbröseln. In einer kleinen Pfanne wird 1 weiteres Stück Speck ausgelassen. Mit diesem Fett wird der Fisch jedesmal bestrichen, wenn er auf dem Rost gewendet wird.

Will man große Seezungen braten, so kann man sie auf beiden Seiten (oder auch nur auf der dunklen) abhäuten, mit Mehl bestäuben und einige Stunden in gequirltes Ei legen, bevor man sie in die Pfanne legt.

Eine Besonderheit dieses delikaten Fisches besteht darin, daß er, wie jedes normal gebaute Tier, auf die Welt kommt: mit einem Auge auf der linken und einem auf der rechten Seite. Dann beginnt das Auge auf der weißen, also der linken Seite zu wandern, bis es auf der dunklen Seite seinen endgültigen Platz findet.

Die Franzosen nennen die Seezunge ihres guten Geschmacks wegen auch

»Rebhuhn des Meeres«. Der Fisch ist leicht verdaulich, im rohen Zustand haltbarer als andere Fische und zu jeder Jahreszeit genießbar. Er ist sehr stark in der Adria vertreten, und wird dort nachts mit großen Sacknetzen gefangen, deren Ränder mit Blei beschwert sind, so daß sie über den Boden streifen und den Fisch mitsamt Sand und Schlamm aufstören.

Der Steinbutt, dessen Fleisch dem der Seezunge ähnlich ist, eher noch delikater, wird »Fasan des Meeres« genannt.

SO KOCHT DER MEISTER

Dieser Fisch ist aufgrund seiner Güte und seiner vielfältigen Einsetzbarkeit nie aus der Mode geraten. Man findet ihn in den Menüs des 19. Jahrhunderts genauso wie in der heutigen modernen Küche.

Die Seezungen waschen und putzen. Die Schuppen abschaben bzw. die Haut abziehen und die Kiemen entfernen (die lästigste Arbeit). Wenn der Fischlaich noch vorhanden ist, sollte man darauf achten, daß er ganz bleibt, da er eine Delikatesse ist.

Heute findet man Seezungen in großen Mengen und zu verschiedenen Preisen. Auf dem Markt werden auch Seezungen aus Holland angeboten, die in der Nordsee gefischt und dann gekühlt werden, oder solche aus dem Tyrrhenischen Meer bzw. aus der Adria – wo man heute mit schonenderen Methoden fischt als zu Zeiten Artusis.

Man darf nicht vergessen, daß italienische Seezungen selten über 600 Gramm wiegen, so daß man bei durchschnittlicher Größe 1 Seezunge pro Person rechnet.

Eine frische Seezunge erkennt man daran, daß sie prall, klebrig und schlüpfrig ist. Die Farbe glänzt. Bei einer frischen Seezunge läßt sich die Haut schwer abziehen, und beim Garen rollt sie sich dermaßen zusammen, daß ihre Zubereitung schwierig wird.

Zum Grillen die Fische mit Olivenöl bestreichen und auf dem Holzkohlengrill garen. Dabei immer wieder mit Öl bestreichen. Die fertig gegrillten Seezungen nach Geschmack salzen und pfeffern.

Dazu paßt ein Trentino DOC Pinot grigio.

Zutaten für vier Personen:

4 Seezungen
100 ml Olivenöl, kaltgepreßt

TRIGLIE COL PROSCIUTTO
Rotbarben mit Schinken

Die Redensart »stumm wie ein Fisch« gilt nicht immer. Denn Seebarbe, Umberfisch und einige andere Fische geben Töne von sich, die durch die Schwingungen besonderer Muskeln erzeugt und durch die Luft in der Schwimmblase verstärkt werden.

Die größere der bei uns vorkommenden Rotbarben-Arten ist die schmackhaftere, aber lohnend ist auch die kleinere, die man an der Adriaküste Rossioli oder Barboni nennt. Wenn man die Fische gesäubert und gewaschen hat, werden sie mit einem Tuch gut abgetrocknet. Dann legt man sie in eine Schüssel, wo sie auf beiden Seiten mit Öl und Zitronensaft beträufelt und mit Salz und Pfeffer bestreut werden. So bleiben sie einige Stunden stehen. Jetzt schneidet man so viele Scheiben mageren und fetten Schinken, wie man Seebarben hat, nimmt ein Metallgefäß, gibt einige ganze Salbeiblätter hinein, wälzt die Seebarben gründlich in Semmelbröseln und stellt sie aufrecht dicht nebeneinander hinein, dazwischen jeweils die Schinkenscheiben. Darüber werden noch einige Blättchen Salbei gestreut.

Am Schluß gießt man die Bratflüssigkeit darüber und läßt zwischen zwei Feuern oder mit Oberhitze garen. Man kann das Gericht angenehmer machen, indem man die Fische vor der Zubereitung auf der Vorderseite aufschneidet, die Gräten entfernt und wieder schließt.

SO KOCHT DER MEISTER

Zutaten für vier Personen:

4 Rotbarben, 500 g reife Tomaten
100 ml Olivenöl »extra vergine«
3 Knoblauchzehen
1 Bund Salbei, Salz, Pfeffer
60 g Parmaschinken

Die Rotbarben putzen und von den Schuppen befreien. Die kleinen Gräten entfernen und den Fisch filetieren. Die Tomaten in kochendem Wasser brühen, schälen und entkernen. 2 Eßlöffel Olivenöl erhitzen, 2 Knoblauchzehen zerdrücken, die Salbeiblätter fein hacken. Tomaten, Knoblauch und die Hälfte des Salbeis im heißen Öl 5 Minuten dünsten und abschmecken.

Die letzte Knoblauchzehe sehr fein würfeln. Die Rotbarbenfilets in einer beschichteten Pfanne mit dem Knoblauch und dem übrigen Salbei in Öl braten, herausnehmen und warm stellen.

Den Schinken in kleine Streifen schneiden und 20 Sekunden lang in der Pfanne anbraten. In die Mitte eines jeden Tellers einen Eßlöffel Tomatensauce geben, vier Filetstücke in Kreisform um die Tomatensauce legen und das Ganze mit dem Schinken garnieren. Zum Schluß mit etwas Olivenöl »extra vergine« beträufeln.

Dazu paßt ein Trentino DOC Moscato giallo trocken.

160

TRIGLIE ALLA LIVORNESE
Rotbarben nach Art von Livorno

Im Gegensatz zur gemeinen Seebarbe erreicht die Rotbarbe, auch Rotbart oder Streifenbarbe genannt, ein Gewicht von 500 bis 600 g. Gegrillt schmeckt sie hervorragend.

Man versieht den Fisch auf die bekannte Art mit Salz, Pfeffer und Öl und läßt ihn bei starker Glut garen. Dann übergießt man ihn heiß mit einer vorher bereiteten Mischung aus Butter, gehackter Petersilie und Zitronensaft. Diese Behandlung eignet sich auch für andere entsprechend große, gegrillte Fische. Die alten Römer aßen lieber Fisch als Fleisch, und die von ihnen bevorzugten Sorten waren Stör, Spinnenfisch (auch Leierfisch, barschartig), Lamprete, Streifenbarbe und Seehecht, nicht zu vergessen die Muränen, die sie in eigenen Weihern hielten und sogar mit dem Fleisch ihrer Sklaven fütterten.

Asinius Pollio, der wegen seines Reichtums und seiner Grausamkeit bekannt war, speiste einmal mit Kaiser Augustus und befahl, einen unglücklichen Sklaven den Muränen im Teich vorzuwerfen, weil diesem das Mißgeschick widerfahren war, ein kostbares Kristallglas zu zerbrechen. Der Sklave warf sich dem Princeps zu Füßen und flehte um seine Hilfe. Dank seiner bekannt listigen Dialogführung konnte ihn Augustus retten.

Die Streifenbarben, die, wie oben erwähnt, 500 bis 600 g schwer werden, wurden zu höchsten, ja, sagenhaften Preisen gehandelt. Das Wohlleben der römischen Oberschicht hatte auch deren Geschmack bis zur Dekadenz verfeinert. Für die Seebarbe hatten sie eine Salsa erfunden, die sie »Gareleo« nannten. Darin war das Geschlinge dieses Fisches verarbeitet.

SO KOCHT DER MEISTER

Zutaten für vier Personen:

3 Knoblauchzehen, Chilischote
je 1 Bund Petersilie und Basilikum
500 g reife Tomaten, 5 EL Olivenöl
1,2 kg Rotbarben, Salz, Pfeffer

Den Knoblauch zerdrücken, die Chilischote aufschneiden. Die Petersilie und das Basilikum fein hacken.

Die Tomaten in kochendem Wasser drei Minuten brühen, mit kaltem Wasser abschrecken und die Haut abziehen. Die Kerne entfernen und das Tomatenfleisch in Würfel schneiden.

In einer schweren Pfanne das Olivenöl nicht zu stark erhitzen – ein ins Öl gegebener Wassertropfen sollte

161

brutzeln, ohne zu spritzen. Den Knoblauch zusammen mit der Chilischote ins Öl geben und braten, bis der Knoblauch goldbraun ist. Knoblauch und Chilischote aus dem Öl nehmen und wegwerfen.

Nun die Tomatenwürfel und das Basilikum zugeben und das Ganze etwas einkochen lassen. Inzwischen die Rotbarben säubern, mit Salz und Pfeffer würzen. Die Tomatensauce abschmecken, die Fische hineingeben und bei milder Hitze etwa fünf Minuten kochen. Die Fische mit der Tomatensauce auf vorgewärmten Tellern anrichtenund mit der Petersilie bestreuen.

Wer die vielen Gräten der Rotbarbe nicht mag, sollte die Fische vorher filetieren und die kleinen Gräten mit einer Pinzette entfernen. In diesem Fall geht allerdings der Geschmack der Hauptgräte verloren, und der Fisch ist etwas weniger geschmacksintensiv. Die Garzeit der Rotbarben reduziert sich in diesem Fall auf 2 Minuten.

Dazu paßt ein Trentino DOC Lagrein Rosé.

ARIGUSTA

Hummer

Der Hummer ist eines der feinsten und schmackhaftesten Schalentiere, die es an den Küsten des Mittelmeers gibt. Bei Hummern, Langusten und anderen Schalentieren ist es ein Zeichen für Frische und Qualität, wenn Gewicht und Größe proportional sind. Um das beurteilen zu können, braucht man allerdings einige Erfahrung.

Man gibt Zwiebel, Mohrrübe, Petersilie, 2 Lorbeerblätter, 2 EL Essig und 1 Prise Salz in einen Topf mit Wasser. Wenn das Wasser kocht, wirft man den Hummer hinein, der je nach Größe 30 bis 40 Minuten kochen muß. Dann läßt man ihn in der Brühe abkühlen; beim Herausnehmen das Wasser gut abtropfen lassen, den Schwanz auspressen, abtrocknen und den Hummer mit ein paar Tropfen Öl einreiben, damit er glänzt.

Bevor man den Hummer auf den Tisch stellt, macht man einen Einschnitt vom Kopf bis zum Schwanz, damit das Fleisch leichter herauszuholen ist. Will man ihn nicht einfach mit Öl und Zitronensaft genießen, so kann man eine Salsa Mayonnaise oder eine andere pikante Salsa dazu reichen oder aber auch eine eigene Salsa auf folgende Art zubereiten:

Man nimmt das Fleisch des Kopfes heraus, zerkleinert es zusammen mit 1 hartgekochten Eidotter und einigen Petersilienblättern sehr fein, gibt die Mischung in eine Saucenschüssel, würzt mit Pfeffer und sehr wenig (oder gar kein) Salz und rührt das Ganze mit Öl und dem Saft $1/2$ Zitrone (oder einer entsprechenden Menge Essig) an.

SO KOCHT DER MEISTER

Artusi stellt sehr richtig fest, daß das Gewicht eines Hummers der Größe angemessen sein soll. Die Erklärung sei an dieser Stelle nachgereicht: Sollte das Verhältnis Größe-Gewicht nicht stimmen, würde das bedeuten, daß dieses Krustentier lange Zeit zuvor gefischt wurde. Es hat Wasser verloren und ist damit im Verhältnis zur Größe leichter geworden. Außerdem verliert das Fleisch des Hummers durch Lagerung an Konsistenz. Bei alten Hummern würde man nach dem Garen, wenn das Krustentier aufgemacht wird, kein weißes und festes Fleisch vorfinden, sondern schlaffes, das gegenüber dem Gast nicht zu vertreten ist.

Es sollte daher darauf geachtet werden, daß der Hummer beim Kauf noch lebt und seine Schale nicht gebrochen ist, denn das Wasser kann auch aus einer gebrochenen Schere herausfließen. Es sollte auch überprüft werden, ob eventuelle Brüche mit Zahnstochern »repariert« wurden.

Der Hummer muß sofort nach dem Kochen serviert werden. Das offene Fleisch oxidiert leicht und nimmt dann eine unappetitliche schwarz-grüne Farbe an.

Je nach Größe des Schalentieres dauert die Garzeit zwischen 5 und 10 Minuten. Vor dem Abschmecken des Kochsudes sollte man im voraus wissen, wie der Hummer zubereitet wird. Oft passen nicht alle üblichen Kräuter zu der Sauce, mit der der Hummer am Ende serviert wird.

Hinsichtlich der von Artusi empfohlenen Sauce, die mit dem Kopf und dem Ei zubereitet wird, halte ich es für überflüssig – wenn der Hummer frisch ist – den Geschmack nach Meer übertönen zu wollen. Das Ei würde den intensiven Geruch mit Sicherheit nicht mildern. Ich halte deshalb die Zugabe von Ei für unnütz. Außerdem wäre das Gericht mit dieser Sauce nicht mehr so bekömmlich.

Dazu paßt ein Trentino DOC Gewürztraminer.

TOTANI IN GRATELLA

Gefüllte Calamari

Die Totani (gemeiner Kalamar, nicht der früher genannte gemeine Tintenfisch, die Sepia) gehören zur Art der Kopffüßler und sind an der Adriaküste als Calamaretti bekannt. Es gibt in diesem Meer zwar nur eine kleine Sorte, aber sie sind fleischig und aromatisch. Gebraten werden sie von Feinschmeckern sehr geschätzt. An der Westküste gibt es eine weit größere Sorte. Ich habe welche von 200 bis 300 g gesehen. Sie schmecken aber nicht so gut wie die adriatischen.

Auch wenn man Calamaretti in Stücke schneidet, bleiben sie beim Braten hart. Es ist also besser, sie mit einer Füllung auf dem Rost zu grillen oder, falls sie besonders groß sind, zu schmoren.

Jedes Tier hat im Inneren ein Kalkplättchen – nichts anderes als das Rudiment einer Muschelschale –, das unbedingt entfernt werden muß, ehe man die Füllung hineingibt.

Man beläßt dem Totano Kopf und Körper, schneidet die Tentakeln ab, die man mit Petersilie und sehr wenig Knoblauch zusammen mit einem Wiegemesser fein zerkleinert. Diese Masse versetzt man mit sehr viel Semmelbröseln, gibt Öl, Pfeffer und Salz dazu und füllt damit den Körper des Calamaretto. Um dessen Öffnung zu schließen, spießt man einen Zahnstocher hindurch, den man vor dem Servieren wieder herausnimmt. Man setzt dem »Fisch« Salz, Pfeffer und Öl zu und legt ihn auf den Rost.

Wenn ihr nach Neapel kommt, so versäumt nicht einen Besuch des berühmten Aquariums in den Gärten der Villa Nazionale, wo ihr neben anderen wunderbaren Seetieren auch diesen schlanken, gewandten Kopffüßler bewundern könnt.

SO KOCHT DER MEISTER

Zutaten für vier Personen:

800 g kleine Calamari
1 rote Paprikaschote
1 gelbe Paprikaschote
1 Zucchini
2 Kartoffeln
Salz, Pfeffer
6 EL Olivenöl »extra vergine«
1 Knoblauchzehe
500 g gemischte Blattsalate
1 Bund Petersilie
1 EL Balsamico-Essig

In diesem Rezept erweist sich Artusi als Lokalpatriot, da er die Überlegenheit der Adria gegenüber dem Tyrrhenischem Meer beansprucht – seltsam, denn die kleinen Calamari aus dem Tyrrhenischem Meer schmecken wunderbar. Vielleicht ist Artusi während seines Toskana-Aufenthalts nicht in den Genuß gekommen, sie serviert zu bekommen.

Die Livorneser, als faule Menschen bekannt, putzen die Calamari nicht vor der Zubereitung – mit der Ausrede, man solle dem Fisch nichts wegnehmen. Die Tiere werden nur in Mehl gewendet und fritiert. In dieser Form aber sind sie nicht jedermanns Sache, auch weil der Knorpel in der Mitte im Mund sehr unangenehm ist. Besonders delikat ist die folgende Zubereitung:

Die kleinen Calamari säubern und putzen. Das Gemüse waschen, trocknen und in sehr kleine Würfel schneiden.

Die Kartoffeln kochen, schälen und wie für ein Kartoffelpüree zerdrücken. Das Püree mit dem übrigen Gemüse mischen und das Ganze mit Salz und Pfeffer abschmecken.

2 Eßlöffel Olivenöl und die ganze Knoblauchzehe in eine beschichtete Pfanne geben, erhitzen und die Calamari darin anbraten. Die Fische mit der Gemüsezubereitung füllen und mit einem Zahnstocher schließen. Die gefüllten Calamari noch wenige Minuten im Dampf garen.
Inzwischen die Blattsalate putzen, waschen und trockenschütteln. Die Petersilie fein hacken. Aus Salz, dem Balsamico-Essig und dem restlichen Olivenöl eine Vinaigrette rühren.
Die Blattsalate auf 4 Tellern anrichten und mit der Vinaigrette beträufeln. Die Calamari auf dem Salatbett anrichten, das Gericht mit der Petersilie bestreuen und sofort servieren.

Dazu paßt ein Trentino DOC Pinot grigio.

SPARNOCCHIE

Gambas mit passierten Kichererbsen

Die Gambas erinnern mich auf den ersten Blick an Zirpen (Zikaden); sie sind ihnen sehr ähnlich. Wenn man dieses Krustentier genau unter die Lupe nimmt, sieht man, daß es die Form einer großen Garnele hat, die normalerweise 50-60 Gramm wiegt. Es ist im Geschmack delikater als ein Hummer und genau wie dieser wird es in der Regel im Wasser gekocht. Damit es an Geschmack nicht verliert, sollte man es aber am besten grillen, ohne Fett oder Saucen. Danach wird es geschält und mit Öl, Salz, Pfeffer und Zitronensaft angerichtet. Die kleinen Gambas können auch mit Mehl bestäubt und so wie die Cicale zubereitet werden.

SO KOCHT DER MEISTER

Sparnocchia ist der toskanische Ausdruck für Gambas. Dieses Krustentier möchte ich hier in einem einfachen, aber schmackhaften Rezept »Passatina di ceci con sparnocchie« (Passierte Kichererbsen mit Gambas) vorstellen. Dieses Grundrezept – eine Hülsenfrucht in Verbindung mit Fisch) – ist sehr alt; Kichererbsen galten als Tauschware zwischen den Bergvölkern und den Küstenvölkern. Durch die Zusammensetzung dieses Rezeptes können wertvolle und schmackhafte Gemüsesorten wieder an Wertschätzung gewinnen. Artusi vernachlässigt die Kichererbsen. Er erwähnt lediglich einmal ... »sie werden zusammen mit dem Klippfisch eingeweicht«.
Etwas Olivenöl »extra vergine« zum Schluß der Zubereitung wird den Geschmack dieses Gerichtes hervorheben.

Zutaten für vier Personen:

100 g trockene Kichererbsen
Salz, 1 Knoblauchzehe
1 Rosmarinzweig, Pfeffer
800 g Gambas
2 EL Olivenöl »extra vergine«

Die Kichererbsen am Vortag einweichen. Reichlich Wasser mit 1 Teelöffel Salz zum Kochen bringen und die Knoblauchzehe durch die Presse dazudrücken. Die Kichererbsen mit dem Rosmarinzweig ins kochende Wasser geben und kochen. Sobald die Kichererbsen weich sind, durch ein Sieb abgießen, mit dem Mixstab pürieren und mit Salz und Pfeffer abschmecken.
Die Gambas putzen, aus der Schale auslösen, den schwarzen Faden aus der Mitte entfernen und dampfkochen. Das Kichererbsenpüree in den Teller geben und die gekochten Gambas darauf legen. Mit etwas Olivenöl »extra vergine« beträufeln und mit Salz und Pfeffer würzen. Heiß servieren.

Dazu paßt ein Trentino DOC Müller Thurgau.

SEPPIE COI PISELLI

Tintenfische mit Erbsen

Eine größere Zwiebel, eine Knoblauchzehe und Petersilie fein hacken und in Öl anbraten. Mit Salz und Pfeffer würzen. Danach alles durchseihen. Die Tintenfische putzen, in Streifen schneiden und in die Pfanne zu den gehackten Zutaten geben. Gegebenenfalls Wasser zugießen, und wenn der Fisch gar ist, die in frischem Wasser eingeweichten Erbsen zugeben.

SO KOCHT DER MEISTER

Zutaten für vier Personen:

200 g Zwiebeln
1 Tintenfisch von 1 kg
4 EL Olivenöl, 400 reife Tomaten
Salz und Pfeffer
500 g Erbsen, 1 Bund Petersilie

Die Zwiebeln in dünne Scheiben, den Tintenfisch in 1 cm dünne Streifen schneiden. Das Öl in einer Kasserolle erhitzen, die Zwiebeln darin andünsten. Den Tintenfisch dazugeben und wenige Minuten mitdünsten. Inzwischen die Tomaten brühen, häuten und würfeln. Das Fruchtfleisch zum Tintenfisch geben, alles 10 Minuten kochen lassen und mit Salz und Pfeffer abschmecken. Wenn die Tintenfische noch hart sind, etwas Fischbrühe zugießen. Die Erbsen zufügen und wenige Minuten mitkochen lassen. Inzwischen die Petersilie hacken und das fertige Gericht damit bestreuen.

Dazu paßt ein Trentino DOC Pinot bianco.

BACCALÀ ALLA FIORENTINA
Klippfischterrine

Der Stockfisch gehört zur Familie der Gadidae, deren Hauptvertreter der Kabeljau ist. Die in unseren Gewässern vorkommenden Sorten sind vorwiegend Gadus minutus und Merlucius esculentus oder Seehecht, dessen Fleisch nicht sehr aromatisch ist, dafür aber leicht verdaulich, weshalb es Genesenden empfohlen wird, besonders wenn es gekocht und mit Öl und Zitronensaft zubereitet wird.

Die Art Gadus morrhua, der Kabeljau der arktischen und antarktischen Zonen ist der bei uns käufliche Stockfisch (Baccal oder Stoccafisso), aus dessen Leber man bekanntlich das medizinische Öl (Lebertran) gewinnt. Er wird mit der Angel gefangen. Ein einziger Mann fängt am Tag bis zu 500 Stück (die Verhältnisse liegen heute etwas anders; d. Ü.). Er ist vielleicht der fruchtbarste aller Fische. Man zählt in einem einzigen 900 Millionen Eier.

Im Handel sind die Sorten Gaspy und Labrador (nach den Fangplätzen), wovon dem Labrador der Vorzug zu geben ist, weil er fett und zart ist, sich leicht einweichen läßt und den besseren Geschmack hat.

Der Stockfisch wird in Stücke, etwa von der Größe des Handtellers, geschnitten und gut mit Mehl bestreut. In einer Pfanne (oder einem Tiegel) werden mit viel Öl, 2 oder 3 Knoblauchzehen, die etwas zerdrückt sind, angeröstet und der Stockfisch hineingegeben. Auf beiden Seiten braun werden lassen, wobei er öfter bewegt werden muß, damit er nicht ansetzt. Salz ist nicht erforderlich oder nur nach Abschmecken, aber 1 Prise Pfeffer ist sehr gut. Am Schluß gibt man noch einige EL Tomatensauce oder Tomatenmark darüber. Man läßt noch etwas kochen und kann servieren.

SO KOCHT DER MEISTER

Seit der Veröffentlichung des Artusi, das heißt seit hundert Jahren, erlebt der Klippfisch immer neue Höhenflüge. Heute kostet ein guter Klippfisch viel. Man findet ihn in großen Restaurants vielleicht als Terrine mit Trüffeln oder anderem bzw. in einer guten Trattoria, zubereitet nach der Tradition der alten Rezepte.

Den Klippfisch mindestens 24 Stunden in Wasser einweichen. Dabei das Einweichwasser möglichst oft wechseln.

10 Gramm Blattgelatine in kaltem Wasser einweichen.

Die Möhre in feine Stifte, die Zwiebel in kleine Würfel und den Lauch in dünne Schei-

Zutaten für vier Personen:

600 g Klippfisch
10 g Blattgelatine
1 Möhre, 1 Zwiebel
1 Lauchstange, 3 Kartoffeln
150 g schwarze Trüffel
1 Bund Petersilie
50 ml Olivenöl »extra vergine«, Salz

ben schneiden. Den Klippfisch mit dem Gemüse in einen Topf mit kaltem Wasser legen und das Ganze zum Kochen bringen. Wenn es kocht, den Topf vom Herd nehmen und den Fisch noch einige Minuten in der Brühe ziehen lassen.

Den Stockfisch aus der Brühe nehmen, Haut und Gräten entfernen. Die Brühe durchsieben und die Gelatine zugeben. Solange mit dem Schneebesen rühren, bis sich die Gelatine vollständig aufgelöst hat. Die Kartoffeln in runde Scheiben schneiden und in wenig Salzwasser kochen. Die Trüffeln fein hobeln.

In einer Terrine schichtweise Kartoffeln, Trüffelscheiben und Klippfisch legen. Bei der letzten Schicht liegen die Trüffeln ganz oben und darunter die Kartoffeln.

Sobald die Gelatine leicht andickt, das Ganze mit Gelatine bedecken. 12 Stunden im Kühlschrank aufbewahren. Vor dem Servieren die Petersilie fein hacken. Die Terrine auf eine Platte stürzen, in Stücke schneiden und mit Öl und Petersilie würzen.

Dazu paßt ein Trentino DOC Pinot grigio.

BACCALÀ ALLA BOLOGNESE

Klippfisch nach Bologneser Art

Man teilt den eingeweichten Stockfisch in große Stücke wie im vorigen Rezept und wirft ihn so, ohne alle Zutaten, in eine Pfanne (Tiegel) mit wenig Öl. Obenauf wird zerhackter Knoblauch und Petersilie gestreut. 1 Prise Pfeffer, einige Tropfen Öl und ein paar Stückchen Butter darüber und bei starkem Feuer gar werden lassen. Man wendet den Fisch, aber mit Vorsicht, denn da er nicht mit Mehl eingestäubt ist, wird er leicht zerfallen. Wenn er von beiden Seiten »durch« ist, spritzt man Zitronensaft darüber und serviert.

SO KOCHT DER MEISTER

Zutaten für vier Personen:

1 kg Klippfisch
500 g frische Zwiebeln
5 EL Olivenöl extra vergine
500 reife Tomaten
Salz, Pfeffer

Den Klippfisch über Nacht einweichen. Die Zwiebeln in dünne Scheiben schneiden und im Öl dünsten. Die Tomaten brühen und häuten, in kleine Würfel schneiden und zu den Zwiebeln geben. Das Ganze in wenigen Minuten zu einer sämigen Sauce verkochen lassen und mit Salz und Pfeffer abschmecken. Den Fisch 5 Minuten in Wasser kochen bzw. dampfkochen, dann in die Sauce geben und weitere 5 Minuten garen

Dazu paßt ein Trentino DOC Pinot grigio.

Braten

Von wenigen Ausnahmen abgesehen, werden Arrosti am Spieß heute nicht mehr mit Speck, Knoblauch, Rosmarin oder ähnlichem gespickt, weil Würzen bei dieser Zubereitung zu stark durchschlagen und Widerwillen erregen. Am besten nimmt man das Fett, das in der jeweiligen Landschaft am besten und gebräuchlichsten ist – Öl, Butter oder ausgelassenen Speck. Geröstetes hat man gern kräftig gewürzt. Deshalb nimmt man für Kalbfleisch, Lamm, Geflügel und Schwein etwas mehr Salz. Beim Fleisch größerer, ausgewachsener Tiere ist das nicht unbedingt nötig, weil es von Natur aus würziger ist. Man soll aber stets erst salzen, wenn das Fleisch halb oder zu zwei Dritteln gar ist. Es ist ein großer Fehler, Fleisch zu salzen, ehe man es auf den Spieß steckt, weil es dann vom Feuer ausgetrocknet wird.

Schwein und Fleisch von jungen Tieren wie Kalb- oder Lammfleisch muß stärker durchgebraten werden, weil es viel Feuchtigkeit enthält. Dagegen brät man Rind- und Hammelfleisch weniger, damit es nicht zu trocken wird. Geflügel röstet man an der Flamme, aber nicht zu nahe, weil es sonst an Aroma verliert.

Hühnerfleisch gerät zarter und hat eine schönere Farbe, wenn man es in eine mit Butter bestrichene Folie hüllt. Ist das Huhn halbgar, nimmt man die Folie ab, salzt es, bestreicht es mit Fett und läßt es ohne Folie gar werden. Dasselbe gilt für Geflügel im allgemeinen. Es sollte in diesem Falle auch innen etwas gesalzen werden. Die Brust von Truthahn und Perlhuhn kann man mit Speck spicken. Junge Tauben und Masthühnchen werden auch kalt genossen. Geröstetes Fleisch bewahrt besser seinen Nährwert als anders zubereitetes Fleisch und ist auch leichter verdaulich.

ROSBIFFE
Roastbeef

Das englische Wort »Roastbeef« ist als »Rosbiffe« in die italienische Sprache eingedrungen und heißt einfach Ochsenbraten. Ein gutes Rosbiffe ist ein gehaltvolles Gericht und gehört an eine vorwiegend männlich besetzte Tafel, wo man sich nicht mit Kleinigkeiten zufrieden gibt. Im übrigen gibt auch das beste Roastbeef den Zähnen Arbeit. Am besten geeignet ist das Lendenstück wie für das Beefsteak alla fiorentina. Damit es zart gerät, sollte es von einem jungen Tier stammen und mindestens 1 kg wiegen, dann trocknet es am Feuer nicht aus. Wenn man es aufschneidet, muß es eine schöne rosa Farbe haben und saftig genug sein. Um das zu erreichen, brät man bei starkem Feuer, so daß es gleich zu Beginn Farbe bekommt. Man streicht das Fleisch mit Öl ein und stellt die Schale zum Abtropfen unter. Am Ende gießt man noch eine Kelle Fleischbrühe darüber, die mit der vom Fleisch abgetropften Flüssigkeit zusammen als Sauce dient. Gesalzen wird, wenn es halbgar ist, aber sparsam, weil es an sich schon würzig ist. Man soll sich stets vor Augen halten, daß das wohltätige Salz zugleich ein schlimmer Feind der guten Küche sein kann.
$^1/_2$ Stunde bevor man die Minestra aufzutragen gedenkt, stellt man das Fleisch zum Feuer. Das dürfte ausreichen, wenn das Stück nicht zu dick ist. Um zu prüfen, ob es gar ist, sticht man an der dicksten Stelle mit einer feinen Pikiernadel hinein. Man tut das aber nicht zu oft, um keinen Saft zu verlieren. Der austretende Saft darf nicht blutig und nicht dunkel sein. Die als Beilage gebrauchten Kartoffeln werden roh, mit Öl, gesondert gebraten. Man schält sie vorher; wenn es kleine sind, können sie ganz bleiben, sonst nimmt man Viertelstückchen. Man kann das Roastbeef auch im Backofen braten. In diesem Fall gibt man Salz, Öl, 1 Stückchen Butter und geschälte Kartoffeln dazu und schüttet 1 Glas Wasser in den Tiegel.
Will man übriggebliebenes Roastbeef nicht kalt essen, so schneidet man es in Scheiben und wärmt es mit Butter, Fleisch- oder Tomatensauce auf.

Variation

Diese zweite Art ist nach meiner Ansicht vorzuziehen, weil das Roastbeef saftiger und würziger ist. Wenn man das Fleisch auf den Spieß gesteckt hat, wickelt man eine nicht zu dünne, gut mit ausgelassener Butter bestrichene weiße Papierfolie (die von Artusi mehrmals angewendeten Papierfolien wird man heute in den meisten Fällen durch Alufolie ersetzen können; d. Ü.). Die Enden der Folie werden gut zugebunden, dann brät man an starkem Feuer bei öfterem Drehen. Wenn das Fleisch halbgar ist, nimmt man die Folie ab, salzt und läßt es bräunen. Nachdem man es vom Feuer genommen hat, läßt man es gut zugedeckt noch 10 Minuten stehen und serviert erst dann.

SO KOCHT DER MEISTER

Das Fleisch mit einer Schnur zusammenbinden und mit Olivenöl bestreichen. Im vorgeheizten Ofen bei starker Hitze 15 Minuten auf dem Rost braten. Mit Salz und weißem Pfeffer würzen.

Am Ende der Garzeit das Fleisch mit einem Spieß durchstechen. Wenn sich der Spieß beim Herausziehen lauwarm anfühlt, ist das Fleisch fertig. Das Fleisch im ausgeschalteten Ofen noch mindestens 5 Minuten ruhen lassen, damit sich das Blut, das während des Garens in die Mitte des Fleischstückes geflossen ist, wieder in das gesamte Stück verteilt. Das Fleisch in dünne Scheiben schneiden und in Kreisform auf einen Teller anrichten.

Dazu paßt ein Trentino DOC Marzemino.

Zutaten für vier Personen:

500 g Roastbeef-Fleisch
100 ml Olivenöl
Salz, weißer Pfeffer

PETTO DI VITELLA DI LATTE IN FORNO

Kalbsbrustbraten

Die Florentiner Metzger nennen das Lendenstück vom Rind oder Kalb, von dem das Filet genommen wird, »Sfilettato«.

Man nimmt also 1 dickes Stück Sfilettato und spickt es mit Trüffeln, besser weiße als schwarze. Die Stückchen sollen etwa 3 cm lang und spitz zugeschnitten sein. Zu jedem Trüffelstückchen kommt 1 Stückchen Butter, mit dem man den Spalt schließt, den man mit der Messerspitze in das Fleisch geschnitten hat, um die Trüffel einzuführen. Man macht auf der Außenseite Einschnitte, damit das Fleisch sich nicht wirft, bindet es zusammen und steckt es zum Braten auf den Spieß. Wenn es $3/4$ gar ist, wird es mit Öl bestrichen und ganz wenig gesalzen, weil das Fleisch großer Tiere an sich schon würzig ist.

SO KOCHT DER MEISTER

Die Knoblauchzehe mit der flachen Messerklinge zerquetschen, den Rosmarin grob hacken. Den Knoblauch, den Rosmarin und das Schweineschmalz mit 1 Teelöffel Salz und 1 Teelöffel gemahlenem Pfeffer in den Mörser geben und zu einer Paste verarbeiten. Das Kalbfleisch mit dieser Würzpaste bestreichen.

Zutaten für vier Personen:

1 Knoblauchzehe, 1 Rosmarinzweig
1 EL Schweineschmalz
Salz, weißer Pfeffer
800 g Kalbsbrust
3 EL Olivenöl, 1 Lauchstange
1 Stange Staudensellerie
1 Schalotte, 1 kleine Möhre
1/2 l Weißwein, 400 g Kartoffeln
300 g kleine Zwiebeln
100 g schwarze Trüffel

Einen flachen Bräter mit Olivenöl ausfetten und das Fleisch hineinlegen. Den Backofen vorheizen. Den Lauch und die Selleriestange in dünne Scheiben, die Schalotte und die Möhre in Würfel schneiden und zum Fleisch geben.

Den Bräter in den Ofen stellen und das Fleisch etwa 90 Minuten braten. Dabei ab und zu mit Weißwein begießen.

Die Kartoffeln schälen und in Würfel schneiden. Die kleinen Zwiebeln häuten. Nach der Hälfte der Garzeit die Kartoffelwürfel zum Fleisch geben und nach wenigen Minuten auch die kleinen Zwiebeln.

Nach dem Garen die Kartoffeln und die Zwiebeln aus dem Bräter nehmen und warm stellen. Den Bratfond abseihen und würzig abschmecken.

Die Trüffeln in kleine Würfel schneiden und in einer Kupferpfanne mit dem restlichen Öl, Salz und weißem Pfeffer warm machen. Die warmen Trüffeln zum Bratfond geben. Das Kalbfleisch in kleine Würfel schneiden und mit den Zwiebelchen und den Kartoffelwürfeln auf Tellern anrichten. Die Sauce darübergießen.

Dazu paßt ein Trentino DOC Marzemino.

ARROSTO D'AGNELLO ALL'ARETINA

Lammbraten

Lammbraten ist von Dezember bis Ostern gut, außerhalb dieser Zeit ist er nicht zu empfehlen.

Man nimmt 1 Keule oder 1/4 Lamm und würzt es mit Salz, Pfeffer, Öl und einigen Tropfen Essig. Man sticht es hier und da mit dem Messer an und läßt es einige Stunden in dieser Flüssigkeit liegen. Dann steckt man das Fleisch auf den Spieß, nimmt ein Rosmarin-Ästchen, taucht es in die Flüssigkeit und bestreicht das Fleisch mehrmals damit, bis es gar ist. Das macht es nicht nur schmackhafter, vor allem verschwindet ein gewisser Geruch, der im Stall gehaltenen Tieren anhaften kann. Wem der Geschmack von Rosmarin zusagt, der kann das Fleisch auch mit einigen Ästchen Rosmarin spicken, die natürlich entfernt werden, wenn man serviert.

SO KOCHT DER MEISTER

Zutaten für vier Personen:

1 Lammkeule
3 Knoblauchzehen
30 g Thymian
100 g Schweinespeck
Salz, weißer Pfeffer
Schweinsnetz zum Einwickeln
$^1/_2$ l Weißwein

Den Knochen von der Keule auslösen. Knoblauch, Thymian und Schweinespeck fein hacken und mit Salz und Pfeffer zusammenmischen. Diese Mischung auf das Fleisch verteilen.

Die Keule in das Netz einwickeln und im Ofen 45 bis 50 Minuten bei 180°C garen. Während der gesamten Garzeit das Fleisch ständig mit Weißwein begießen.

Das Fleisch noch einige Minuten im ausgeschalteten Backofen ruhen lassen. Den Bratfond mit dem restlichen Wein loskochen und abschmecken. Das Fleisch aus dem Netz nehmen, in dünne Scheiben schneiden, auf einer Platte anrichten und mit der Sauce begießen. Als Beilage eignet sich Tomatensoufflet.

Dazu paßt ein Trentino DOC Lagrein rot.

PICCIONE A SORPRESA

Tauben in Trüffelsauce

Taubenfleisch ist wegen der großen Menge an Fibrin und Eiweiß, die es enthält, sehr nahrhaft und wird vor allem Kranken und Genesenden empfohlen. In Machiavellis Lustspiel »Clizia« nimmt sich der alte Nicomaco, um einem verliebten Turnier gewachsen zu sein, vor, »mangiare uno pippione grosso, arrosto cosi verdemezzo che sanguigni un poco« (eine große Taube zu essen, so leicht gegrillt, daß sie noch etwas blutig ist).

Man nimmt also 1 kräftige, aber noch junge Taube, halbiert sie der Länge nach und drückt sie mit der Hand flach. Dann legt man sie für 4 oder 5 Minuten zum Braten in Öl, damit das Fleisch fest wird. So warm streut man Pfeffer und Salz darauf und bereitet folgende Mischung: 40 g Butter zergehen lassen, 1 Ei verquirlen und beides zusammen gießen. Man verrührt die Mischung gut mit einer Gabel und legt die Taube einige Zeit hinein, wobei man sie mehrmals wendet. Man wälzt sie dann in Semmelbröseln, grillt sie bei sehr langsamem Feuer und serviert mit einer pikanten Salsa oder einer anderen Beilage.

SO KOCHT DER MEISTER

Die Knochen der Tauben vom Fleisch auslösen und auf-
bewahren. Die Steinpilze, die Leber und den Thymian
fein hacken und mit etwas Salz zusammenmischen. Mit
dieser Paste die Tauben füllen und mit Küchengarn zu-
schnüren.
Das Olivenöl in eine ausreichend große Kasserolle oder
einen Bräter geben und erhitzen. Die Knoblauchzehe
dazu pressen, den Thymian und die Karkasse zweier
Tauben ebenfalls dazu geben und alles einige Minuten
bei nicht zu großer Hitze schwitzen lassen.
Die gefüllten Tauben zufügen und 15 Minuten garen.
Das Fleisch dabei ab und zu wenden, damit es außen
knusprig wird und innen rosa bleibt. Am Ende der Garzeit den Weißwein angießen.
Die Tauben aus der Kasserolle nehmen und warm stellen. Den Bratfond in eine Kup-
ferpfanne durchseihen und einkochen lassen. Inzwischen die Trüffel fein würfeln. Die
Trüffelwürfel zur Sauce geben. Den Fond noch kurz durchkochen und abschmecken.
Die Tauben in die Sauce legen und in der Kupferpfanne servieren.

Dazu paßt ein Trentino DOC Marzemino.

Zutaten für vier Personen:

4 Tauben
4 frische Steinpilze
100 g Schweinsleber
3 Thymianzweige, Salz
100 ml Weißwein, 100 ml Olivenöl
1 Knoblauchzehe
100 g schwarze Trüffel
Salz, weißer Pfeffer

QUAGLIETTE

Wachteln

Eine Farce aus durchgedrehtem Fleisch vom Milchkalb, Ei, Speck
und Gewürzen herstellen und die Wachteln damit füllen. Jeden Vogel in eine dünne Speckscheibe einwickeln und mit
Küchengarn binden. Die Wachteln auf den Spieß stecken
und braten. Jede Wachtel mit einigen Salbeiblättern
zwischen zwei geröstete Brotscheiben legen, mit Öl
bepinseln, salzen und mit Brühe befeuchten.
Auch Rinderfilet läßt sich auf diese Weise sehr delikat zubereiten. Es wird in Stücke geschnitten und
wie die Wachteln in Speck gewickelt und am Spieß
gebraten. Dann gibt man es mit einigen Salbei-
blättchen wiederum zwischen 2 geröstete Brotscheiben.

SO KOCHT DER MEISTER

Zutaten für vier Personen:

4 Wachteln, 1 Schalotte
100 ml Olivenöl, einige Salbeiblätter
600 ml Weißwein, 1/4 l Brühe
4 Scampi (100 g pro Stück)
8 dünne Scheiben roher Schinken
1 Knoblauchzehe
Salz, weißer Pfeffer

Die Wachteln von den Knochen lösen und die Karkassen aufbewahren. Das Fleisch in große Würfel schneiden. Die Schalotte fein würfeln.

Die Hälfte des Öls in einer Pfanne erhitzen und darin die Knochen, die Schalotte und den Salbei einige Minuten anschwitzen. Den Weißwein angießen und bei großer Hitze einkochen. Mit der Brühe auffüllen und weiter einkochen, bis eine konzentrierte Sauce entstanden ist. Inzwischen die Scampi putzen, in die Schinkenscheiben wickeln und die Päckchen mit Zahnstochern fixieren. In einer zweiten Pfanne das restliche Olivenöl erhitzen und den Knoblauch durch die Presse dazu drücken. Das Wachtelfleisch ins heiße Öl geben und kurz anbraten. Nun die Scampi dazu geben, alles braten, salzen und pfeffern.

Die Sauce durch ein Sieb passieren. Das Wachtelfleisch in der Mitte von vorgewärmten Tellern anrichten. Die Scampi in Scheiben schneiden und das Wachtelfleisch damit umlegen. Alles mit der Sauce übergießen. Als Beilage eignet sich dampfgegarter Lauch sehr gut.

Dazu paßt ein Trentino DOC Lagrein.

POLLO ALLA DIAVOLA

Mariniertes Hähnchen

Dieses Gericht verdankt seinen höllischen Namen dem scharfem Cayenne-Pfeffer und der pikanten Salsa, mit der es im allgemeinen zubereitet wird. Wer es unvorbereitet ißt und spürt, wie es im Mund zu brennen anfängt, kommt leicht in Versuchung, Huhn und Koch zusammen zum Teufel zu wünschen. Die hier beschriebene Art, ist einfacher und für den durchschnittlichen Gaumen erheblich humaner.

Man nimmt ein Hähnchen oder ein junges Huhn, schneidet ihm Hals und Beine ab, schneidet es vorne ganz auf, nimmt es aus und drückt es flach. Dann wird es gewaschen, gut abgetrocknet und kommt auf den Rost. Sobald es braun zu werden beginnt, dreht man es um, streicht mit einem Pinsel Öl oder ausgelassene Butter darauf, gibt Pfeffer und Salz zu. Beginnt es auch auf der anderen Seite braun zu werden, dreht man es wieder um und behandelt die jetzt oben liegende Seite ebenso. So fährt man fort, wechselweise die Seiten einzufetten und zu würzen, bis das Huhn gar ist.

SO KOCHT DER MEISTER

Den Zitronensaft mit dem Orangensaft und dem Weißwein in eine Schüssel gießen. Den Kerbel und den Dill fein hacken und mit dem Lorbeerblatt und der Gewürznelke dazu geben. Das Hähnchen klopfen, in diese Marinade legen und 2 Tage ziehen lassen.

Das Fleisch aus der Marinade nehmen und trockentupfen. Die Knoblauchzehe zerquetschen und das Fleisch damit einreiben. Das Fleisch salzen und pfeffern und auf dem Kontaktgrill bei großer Hitze grillen, bis es auf beiden Seiten knusprig, aber innen noch ein wenig rosig ist.

Inzwischen ½ l der Marinade einkochen. Den Estragon und den Rosmarin fein hacken. Den Lauch in feine Scheiben schneiden. Die Kräuter und den Lauch zur Sauce geben und das Ganze würzig abschmecken.

Das Hähnchen in vier Portionen schneiden und die Sauce darüber gießen. Als Beilage eignet sich Pilaw-Reis.

Dazu paßt ein Teroldego Rotaliano DOC.

Zutaten für vier Personen:

Saft von ½ Zitrone
Saft von ½ Orange
½ l Weißwein, 1 Bund Kerbel
2 Dillzweige, 1 Lorbeerblatt
1 Gewürzenelke, 1 Hähnchen
1 Knoblauchzehe
Salz, schwarzer Pfeffer
1 Estragonzweig, 1 Rosmarinzweig
1 Lauchstange (in hauchdünne Scheiben geschnitten)
einige Wacholderbeeren
4 Thymianzweige

GALLINA DI FARAONE

Perlhuhn

Dieser aus Numidien stammende Hühnervogel, der irrtümlich indisches Huhn genannt wird, war in der Antike das Symbol der brüderlichen Liebe. Als Meleagros, der König von Kalydomen, zu Tode gekommen war, beweinten die Schwestern ihn so sehr, daß sie von Diana in Perlhühner verwandelt wurden (Perle als Symbol der Träne). Die domestizierte Art, die noch halb wild und sehr unruhig ist, ähnelt dem Rebhuhn im Verhalten wie auch im Geschmack des delikaten Fleisches. Diese armen, wunderschönen Geschöpfe werden getötet, indem man ihnen die Kehle durchschneidet oder ihren Kopf unter Wasser hält. Vermeidbare Grausamkeiten sollten auch in der Küche unterbleiben.

Das Fleisch dieses Geflügels muß mürbe

gemacht werden. Im Winter hält es sich übrigens 5 oder 6 Tage ohne besondere Kühlung.

Am besten brät man das Perlhuhn am Grill oder am Spieß. Man legt ein eigens nachgesalzenes Stück Butter hinein, spickt die Brust mit Speck und hüllt sie in eine Folie, die mit Butter eingefettet und mit Salz bestreut wurde. Diese nimmt man ab, wenn das Huhn zu zwei Dritteln gar ist, läßt es dann braun und gar werden, wobei man es mit Öl bestreicht und nachsalzt.

Auch Truthahn kann man auf diese Art garen.

SO KOCHT DER MEISTER

Zutaten für vier Personen:

100 g Lauch
100 g fette Leber, Salz
4 Perlhuhnbrüste
weißer Pfeffer
100g Butter, 50 g Schalotte
1 Knoblauchzehe
50 ml Olivenöl
1 Thymianzweig, 50 ml Brühe

Den Backofen vorheizen. Den Lauch und die Leber fein hacken und mit etwas Salz mischen. Die Perlhuhnbrüste einschneiden, mit der Masse füllen und zubinden. Das Fleisch mit Salz und Pfeffer würzen und in gebutterte Alufolie einwickeln.

Die Brüste auf einer kleinen Platte im Ofen 10 Minuten braten. Inzwischen die Schalotte fein hacken. Die Thymianblättchen von den Zweigen rubbeln, die Knoblauchzehe durch die Presse drücken. Am Ende der Garzeit in einer Kasserolle das Öl erhitzen. Das Fleisch aus der Folie nehmen und mit der Schalotte, dem Knoblauch und dem Thymian einige Minuten anbraten.

Das Fleisch aus der Kasserolle nehmen und in dünne Scheiben schneiden. Die Brühe angießen, etwas einkochen und die Sauce mit der restlichen Butter aufschlagen. Die Fleischscheiben auf einer Platte anrichten und mit der Sauce begießen. Als Beilage Makkaroni al pangrattato dazu servieren.

Dazu paßt ein Trentino DOC Marzemino.

Arnioni alla Parigina
Nieren nach Pariser Art

Man nimmt die Niere und öffnet sie, um das Fett zu entfernen; denn dieses Fett hat einen üblen Geruch. Man schneidet sie quer in dünne Scheiben, gibt Salz und Pfeffer dazu und gießt soviel kochendes Wasser darüber, daß sie bedeckt sind. Wenn das Wasser abgekühlt ist, nimmt man die Scheiben heraus und wirft sie in die heiße Pfanne, wo sie Wasser abgeben, das man wegschüttet. Man streut 1 Prise Mehl darüber, setzt 1 Stückchen Butter zu und läßt die Nieren unter häufigem Bewegen und Wenden nur 5 Minuten braten. Salz, Pfeffer und 1 knappes halbes Glas Weißwein zusetzen. Man läßt die Nieren noch kurz auf dem Feuer, und vor dem Abnehmen wirft man noch 1 Stückchen Butter und etwas feingehackte Petersilie in die Pfanne. Natürlich kann man statt des Weines auch Marsala oder – noch besser – Champagner nehmen.

SO KOCHT DER MEISTER

Die Nieren zwei Tage lang in fließendes Wasser legen. Die geklärte Butter bis auf einen kleinen Rest in eine konische Kasserolle geben. Die Nieren trocknen, mit Salz und Pfeffer würzen und in die Kasserolle legen; bei leichter Hitze die Nieren garen, bis sie rosa werden. Die Rosinen in lauwarmem Wasser einweichen.
Inzwischen die Schalotten fein würfeln und das Basilikum fein hacken. Die Nieren aus der Kasserolle nehmen und warm stellen. Das Bratfett bis auf einen kleinen Rest abgießen und die Kasserolle wieder auf den Herd stellen. Die Schalotten, 1 Thymianzweig, die Lorbeerblätter und das Basilikum in die Kasserolle geben, kurz schwitzen lassen. Den Wein angießen, stark einkochen lassen und die Sauce salzen und pfeffern.
Die Morcheln abbrühen und mit der restlichen Butter, Salz und Pfeffer schwenken.
Den rohen Spinat auf vorgewärmten Tellern anrichten, die Morcheln und die Rosinen darüberstreuen. Die Nieren in dünne Scheiben schneiden und auf den Spinat legen. Die Sauce durch ein Sieb drücken, mit dem Öl aufschlagen und auf die Nieren gießen.

Dazu paßt ein Trentino DOC Merlot.

Zutaten für vier Personen:

2 Kalbsnieren
50 g geklärte Butter
Salz, Pfeffer, 100 g Rosinen
50 g Schalotten, 1/2 Bund Basilikum
2 Thymianzweige, 3 Lorbeerblätter
100 ml Weißwein, 100 g Morcheln
200 g roher Spinat
200 ml Olivenöl

Backwerk und Süßspeisen

Die Dolci gehören zu den Höhepunkten der italienischen Küche. Anders als nördlich der Alpen spielen dabei schwere Kuchen und Torten jedoch nur eine Nebenrolle. Die Rezepte für großes Gebäck sind vielfach aus fremden Küchen übernommen. So ist der auch in Italien beliebte Strudel ein Relikt aus den Zeiten, in denen große Teile Italiens zur Donaumonarchie gehörten. Zu Weltruhm gelangte allerdings der Panettone – das duftig-leichte Gegenstück der italienischen Pasticceria zum nordischen Christstollen.

STRUDEL

Erschreckt nicht, wenn euch diese Süßspeise etwas gepanscht vorkommt, und wenn sie im fertigen Zustand unförmig daliegt wie ein riesiger Blutegel, ihr werdet sie trotzdem schätzen lernen.

250 g Mehl, 100 g Butter, 500 g Renetten oder Äpfel guter Qualität, 85 g Korinthen, 85 g Puderzucker, geriebene Zitronenschale, 2 oder 3 Prisen gemahlener Zimt

Man verrührt das Mehl mit warmer Milch, 1 nußgroßen Stück Butter, 1 Ei und 1 Prise Salz zu einem ziemlich festen Teig, den man etwas ruhen läßt. Dann rollt man ihn dünn aus wie den Teig für Taglierini. Die Äpfel werden geschält, das Gehäuse entfernt, das Fruchtfleisch in dünne Scheiben geschnitten und so auf den Teig gelegt, daß die Ränder frei bleiben. Auf der Schicht der Äpfel verteilt man die Korinthen, die Zitronenschale, den Zimt, den Zucker und endlich die 100 g zerlassene Butter, von der man ein bißchen zurückbehält. Dann rollt man den Teig zusammen und bildet so eine Rolle, die man in eine Pfanne mit Butter legt, wo man sie, der Form der Pfanne entsprechend, in Kreisform auslegen muß. Mit der zuvor einbehaltenen Butter bestreicht man die ganze Außenseite des Strudels und stellt ihn in den Backofen. Wäre noch zu bemerken, daß sich die Korinthen oder Sultaninen von unseren Rosinen unterscheiden. Unsere sind klein und schwarz, die anderen doppelt so groß, hellbraun und gleichfalls kernlos.

SO KOCHT DER MEISTER

Eine typische österreichische Spezialität, die aber auch in Italien, vor allem in Norditalien, sehr bekannt ist. Der Strudel kann auf verschiedene Art und Weise zubereitet werden: mit Äpfeln, Kirschen, Aprikosen, etc. Der üblichste, zumindest in Italien, wird mit Äpfeln zubereitet.
Für den Teig alle Zutaten miteinander verkneten, bis der Teig geschmeidig und glatt ist. Er darf nicht zu weich sein und soll nicht an den Händen kleben. Den Teig mit einem feuchten Tuch abdecken und eine Weile ruhen lassen. Man kann auch einen Blätterteig verwenden, und das Rezept wird genauso gelingen
Für die Füllung die Rosinen einweichen. Die Äpfel schälen und das Kernhaus herausschneiden. Die Äpfel in dünne Scheiben schneiden und in 50 g Butter in einer Kasserolle kurz anbraten. Den Rum zugießen und komplett verdunsten lassen. Die Kasserolle vom Herd nehmen und abkühlen lassen.
Die Semmelbrösel, den Zucker, die Rosinen, die abgeriebene Zitronenschale, die Pinienkerne und den Zimt zu den Äpfeln geben. Alles gut und vorsichtig vermischen.

181

Zutaten für acht Personen:

Für den Teig:
250 g Mehl, 50 g Zucker
2 Eigelbe, 50 g Butter
1 Prise Salz, etwas lauwarme Milch

Für die Füllung:
100 g Rosinen
1 kg Äpfel (Renetten oder
Golden Delicious)
75 g Butter, 1 Gläschen Rum
100 g Semmelbrösel, 100 g Zucker
50 Pinienkerne, etwas abgeriebene Zitronenschale, 1 Prise Zimt

außerdem:
1 Ei zum Bestreichen

Die restliche Butter zerlassen. Den Teig sehr dünn ausrollen. Das Geheimnis für das Gelingen dieses Rezeptes liegt wirklich im Ausrollen des Teiges. Den Teig vorsichtig zu einem Rechteck ausziehen und mit zerlassener Butter bestreichen. Die Füllung über den Teig verteilen,m die Ränder dabei freil assen und den Strudel vorsichtig aufrollen. Die äußeren Enden zuklappen.

Den Strudel in Hufeisen- bzw. Kreisform auf ein eingefettetes Blech legen. Mit einer Gabel den Teig durchstechen. Das Ei aufschlagen und mit einer Gabel leicht verquirlen. Die Oberfläche des Strudels mit dem Ei bestreichen. Den Strudel bei 200°C etwa 40 bis 50 Minuten im Ofen backen, bis er goldbraun und knusprig ist. Aus dem Ofen nehmen und mit Puderzucker bestäuben. Den Strudel auf eine Servierplatte anrichten, schneiden und lauwarm servieren.

Wenn man Blätterteig verwendet, sollte man die Zutaten für die Füllung auf die Hälfte reduzieren. Den Blätterteig zu einem 2 mm dicken Rechteck ausrollen; es soll ausreichen, um die Füllung einmal einzurollen. Die Ränder überlappen. Den Strudel im Ofen wie oben backen. Mit einer Vanillesauce reichen.

Variation

Wenn Sie den Strudel mit Blätterteig oder Halbblätterteig zubereiten wollen, gehen Sie wie folgt vor:

Für den Blätterteig:

500 g Mehl
500 g Butter
200 ml Wasser

150 g Mehl und die Butter mit den Händen zu einem Teig kneten, zu einem Quadrat formen und kalt stellen. Das restliche Mehl anhäufeln und in die Mitte eine Vertiefung drücken. Nach und nach das Wasser in die Mulde gießen und das Salz darüber streuen. Das Ganze zu einem geschmeidigen und glatten Teig verkneten und gut 30 Minuten zugedeckt ruhen lassen.

Die Arbeitsfläche mit Mehl bestäuben und den Teig 1 cm dick ausrollen. In die Mitte des ausgerollten Teiges den gekühlten Mehlbutterblock legen und die Ränder des Mehlteiges hochklappen. Den Teig erneut zu einem 1 cm dicken Viereck ausrollen, ohne daß die Butter aus den Rändern ausgedrückt wird. Die Seiten zur Mitte hin einschlagen und überlappen, so daß sich vier Schichten bilden. Diesen Vorgang dreimal wiederholen (insgesamt vier Mal). Der Teig wird jedes Mal in die umgekehrte Richtung ausgerollt und nach jedem Vorgang mit einem feuchten Tuch bedeckt und 20 Minuten kalt gestellt. Den Teig im Kühlschrank aufbewahren, bis er verwendet wird, jedoch nicht länger als zwei Tage.

Wenn man diesen Blätterteig für längere Zeit aufbewahren möchte, sollte man ihn sofort nach der Zubereitung in eine Folie einwickeln und einfrieren. Den Teig einen Tag vor dem Gebrauch aus dem Tiefkühlfach nehmen und im Kühlschrank auftauen. Wenn dieser Teig richtig hergestellt wird, ist er hervorragend.

Der Halbblätterteig wird genau so wie der vorher beschriebene echte Blätterteig hergestellt. Er wird zum Teil wie dieser verwendet, ist aber weniger fett und eignet sich bestens zur Zubereitung von pikantem Gebäck wie Tartes, Quiches etc.

Dazu paßt ein Trentino DOC Moscato giallo.

Für den Blätterteig:

500 g Mehl, 500 g Butter
200 ml Wasser, 10 g Salz

SAVARIN

Dieses Gebäck erhielt seinen Namen zu Ehren von Brillat-Savarin, dem Altmeister der Grande Cuisine. Geben wir uns also mit seinem französischen Namen zufrieden und empfehlen wir es seiner Güte und des schönen Aussehens wegen (der französische Schriftsteller Brillat-Savarin veröffentlichte 1826 die »Physiologie des Geschmacks oder Betrachtungen über transzendentale Gastronomie; ein theoretisches, historisches und zeitgemäßes Werk, allen Pariser Feinschmeckern gewidmet von einem Professor, Mitglied mehrerer gelehrter Gesellschaften«; d. Ü.). Wir benötigen dazu eine runde Form, die in der Mitte durchbrochen ist und doppelt soviel Fassungsvermögen hat, wie die Menge des Teigs ausmacht.

60 g Butter, 40 g Zucker, 180 g Mehl, 40 g süße Mandeln, Bierhefe soviel wie 1 kleines Ei, 2 dl Milch, 2 Eidotter und 1 Eiklar, 1 Prise Salz,

Die Form wird mit ausgelassener Butter bestrichen, dann mit Mehl und Puderzucker ausgestreut. Auf den Boden legt man die in Stückchen geschnittenen und geschälten Mandeln. Wenn man sie vorher röstet, ist es noch besser. Man versetzt die Bierhefe mit etwas von der lauwarmen Milch und 1 guten Prise des Mehls, knetet einen Teig daraus, den man an einem warmen Ort aufgehen läßt. Den Rest der Zutaten gibt man in eine Schüssel (die Milch nach und nach) und bearbeitet sie mit dem Rührlöffel. Man setzt den Gärteig hinzu, und wenn der Teig so gut durchgearbeitet ist, daß er sich leicht von der Schüssel löst, gießt man ihn über die Mandeln in der Kuchenform. Die Form kommt an einen Platz, der warm, aber nicht sehr warm sein soll, und muß vor

Luftzug geschützt werden. Wichtig ist, daß dieses zweite »Aufgehen« 4 oder 5 Stunden dauert. Während der Teig dann im Backofen gar wird, bereitet man folgenden Sirup: 30 g Zucker werden mit Wasser (2 Fingerbreit eines Glases) zum Kochen gebracht. Wenn der Zucker eingedickt ist, nimmt man ihn vom Feuer und läßt ihn abkühlen. Nachher gibt man 1 TL von mit Vanille versetztem Zucker und 2 EL Rum oder Kirsch hinein. Der Savarin wird gestürzt, und in warmem Zustand streicht man mit einem Pinsel den ganzen Sirup darüber. Man kann den Savarin warm oder kalt auf den Tisch bringen.

Obwohl die Menge gering ist, kann sie für 5 oder 6 Personen ausreichen. Wenn man merkt, daß der Teig mit der Milch etwas zu dünnflüssig wird, kann man einen Teil weglassen. Natürlich kann man auch die Mandeln weglassen.

SO KOCHT DER MEISTER

Zutaten für acht Personen:

Für den Teig:
15 g Bierhefe, 250 g Mehl
75 g Butter, 30 g Zucker
1 Prise Salz, 1 Vanillezucker, 4 Eier

Für den Sirup mit Rum:
200 g Zucker
Schale von 1 unbehandelter Zitrone
Schale von 1 unbehandelter Orange
50 ml Rum, 400 g Obstsalat
100 g Aprikosengelee

Außerdem:
etwas Butter und Mehl für die Form
200 g gemischte Früchte
100 g geschlagene Sahne

In einer großen Schüssel die Hefe mit etwas lauwarmem Wasser auflösen. Das Mehl, die im Wasserbad zerlassene Butter, Zucker, Salz, Vanillezucker und die Eier nach und nach zufügen. Den Teig kneten, bis er geschmeidig und elastisch ist und sich leicht vom Schüsselrand löst. Den Teig abdecken und an einem lauwarmen Ort gehen lassen, bis er das Zweifache seines Volumens erreicht hat. Die Savarin-Form mit Butter einfetten und mit Mehl bestäuben. Die Form bis zur Hälfte mit Teig füllen und gehen lassen, bis der Teig den Formrand erreicht hat. Im Ofen bei 180 °C 30 bis 40 Minuten goldbraun backen. Mit einem Zahnstocher das Savarin durchstechen. Wenn der Zahnstocher beim Herausziehen trocken ist, ist das Savarin fertig. Die Form aus dem Ofen nehmen, das Savarin aus der Form stürzen und auf einem Kuchengitter abkühlen lassen. Inzwischen kann der Sirup zum Tränken vorbereitet werden. Dazu $^1/_4$ l Wasser mit dem Zucker sowie den Schalen der Zitrusfrüchte zum Kochen bringen. Einige Minuten kochen lassen, vom Herd nehmen und den Rum zugießen. Mit einem Pinsel den Sirup gleichmäßig auf dem Kuchen verteilen.

Die Aprikosenmarmelade erwärmen und den Kuchen damit bestreichen. Den Kuchen auf eine Tortenplatte stellen und die mittlere Vertiefung mit den Früchten füllen. Die Schlagsahne in eine Konditortüte füllen und den Kuchen damit garnieren.

Dazu paßt ein Trentino DOC Moscato giallo liquoroso.

Biscotti croccanti
Knuspriges Spritzgebäck

500 g Mehl, 220 g Puderzucker, 30 g Butter, 1 Prise Anis, 5 Eier, 1 Prise Salz, 120 g ganze Mandeln, einige Pinienkerne

Die Mandeln und Pinienkerne werden erst später gebraucht, alles übrige verrührt man mit 4 Eiern, des fünften bedient man sich, wenn der Teig weicher werden soll. Man bildet 4 fingerdicke, handgroße Teigkuchen, brät sie mit Butter in der Pfanne, fariniert sie und bestreicht sie oben mit Eidotter.
Man brät sie nicht zu sehr, damit man sie in Scheiben schneiden kann, was am besten am nächsten Tag geschieht, wenn sich die Kruste besser schneidet Die Scheiben werden dann auf beiden Seiten leicht getoastet, und die Biscotti croccanti sind fertig.

Variation

40 g Mandeln, 30 g Sultaninen, 20 g Pinienkerne; 20 g kandierter Kürbis oder Zitronat, 1 Prise Anis, 400 g Mehl, 200 g Zucker, 80 g Butter, 2 EL Weingeist, 1 knapper TL Natron, 1 Ei und 3 Dotter

Diese Plätzchen sind feiner als die zuvor beschriebenen, und sie lassen keinen Wunsch offen. Die in warmem Wasser gehäuteten Mandeln und die Pinienkerne bleiben ganz, das Kandierte wird in Stückchen geschnitten. Man häuft das Mehl an, macht oben eine Vertiefung und gibt Eier, Zucker, Butter, Weingeist und Natron hinein. Der Teig wird verknetet, aber nicht übermäßig. Dann macht man eine Öffnung, bringt darin verteilt den Rest der Zutaten unter und rollt den Teig zu einer etwa 1 Meter langen, etwas plattgedrückten Stange aus, die man in 4 oder 5 Stücke aufteilt, wie sie in die Pfanne passen. Sie werden mit Eidotter bestrichen und gebacken. Anschließend schneidet man zentimeterdicke Scheibchen in der üblichen Biskuitform und toastet auf beiden Seiten leicht.

SO KOCHT DER MEISTER

Zutaten für 500 g Gebäck

150 g zimmerwarme Butter
150 g Puderzucker, 2 Eier
abgeriebene Schale von
1 unbehandelter Zitrone
1 Prise Salz, 175 g Mehl
150 g gemahlene Mandeln
etwas Butter und Mehl für das Blech

Die Butter und den Puderzucker schaumig rühren. Die Eier, die abgeriebene Zitronenschale, das Salz, das Mehl und die Mandeln dazu geben. Alles gut vermischen und zu einem glatten Teig rühren.
Etwas Butter zerlassen und das Backblech damit einfetten, dann mit Mehl bestreuen. Einen Spritzbeutel mit dem Teig füllen und die Plätzchen auf das Blech spritzen. Das Gebäck etwa 20 Minuten bei 170°C im Ofen backen.

Dazu paßt ein Trentino DOC Vino santo.

Variation: Bastoncelli croccanti

Die Butter mit Zucker, Honig, Sahne, Salz und der abgeriebenen Zitronenschale schaumig schlagen. Nach und nach unter ständigem Rühren die Eier zufügen. Zum Schluß das durchgesiebte Mehl und das Backpulver untermischen.
Den Backofen auf 170 °C vorheizen. Den Teig in einen Beutel mit Rosettentülle füllen und Stäbchen auf ein gefettetes Blech spritzen. Das Gebäck in 15 bis 20 Minuten goldbraun backen. Die Bastoncelli schmecken zu Eis vorzüglich.

Dazu paßt ein Trentino DOC Moscato giallo.

Zutaten für 1 kg Gebäck

225 g zimmerwarme Butter
200 g Puderzucker, 50 g Akazienhonig
750 ml Sahne, 1 Prise Salz
abgeriebene Schale von
$1/2$ unbehandelten Zitrone
2 Eier, 500 g Mehl, 1 Prise Backpulver

BRIOCHES

30 g Hefe, 300 g Mehl, 20 g Zucker, 5 g Salz, 6 Eier, 150 g Butter

Man rührt die Hefe mit warmem Wasser in ein Viertel des Mehls und bildet daraus einen festen, runden Laib, auf dem man oben einen kreuzweisen Einschnitt macht. Er wird in einer kleinen Kasserolle mit einem Mehlschleier am Boden zum Gehen an einen mäßig warmen Platz gestellt.

In das übrige Mehl macht man oben eine Vertiefung, gibt den Zucker, das Salz und 1 Ei hinein und vermischt es. Man schneidet die Butter in kleinen Stückchen dazu und beginnt das Mehl einzuarbeiten, zuerst mit einer Messerklinge, dann mit den Händen. Dieser Teig kommt in eine Schüssel, wo man ihn besser durchkneten kann.

Wenn der zuvor angesetzte Vorteig auf das Doppelte aufgegangen ist, wird auch er von Hand eingeknetet, wobei nacheinander auch die Eier zugesetzt werden. Die Schüssel wird zugedeckt und kommt an einen warmen (nicht zu warmen) Platz. Ist der Teig ausreichend gegangen, so nimmt man kleine Mengen ab, die man in etwa 20 Blechförmchen füllt, die zuvor mit Butter oder zerlassenem Speck ausgestrichen und mit einer Mischung aus Mehl und Puderzucker eingestreut wurden.

Die kleinen Kuchen müssen noch eine Weile gehen, werden mit Eidotter bestrichen, damit sie schön goldgelb werden und im Backofen herausgebacken.

SO KOCHT DER MEISTER

Dieser Teig sollte am Vortag hergestellt werden, damit er ruhen und abkühlen kann, ehe man ihn am darauffolgenden Tag verwendet.

200 g Mehl mit der Hefe und der lauwarmen Milch zu einem festen Vorteig verkneten. Den Vorteig in ein mit Mehl bestäubtes Tuch einwickeln und an einem lauwarmen Ort etwa 1/2 Stunde gehen lassen bzw. so lange, bis der Teig das Dreifache seines Volumens erreicht hat. Inzwischen aus dem restlichen Mehl, dem Zucker, den Eigelben, dem Salz, der abgeriebenen Zitronenschale und dem Vanillezucker einen Teig kneten. Dieser Teig darf nicht zu weich sein. Den Vorteig zum Teig geben und das Ganze zu einem elastischen Teig verkneten. Die Butter in kleine Stücke schneiden und in kleinen Portionen in den Teig kneten, bis dieser die ganze Butter aufgenommen hat. Diesen Teig 2 bis 3 Stunden an einem mäßig warmen

Zutaten für 20 Stück

600 g Mehl
20 g Bierhefe, 100 ml lauwarme Milch
100 g Puderzucker, 4 Eigelbe
10 g Salz, 300 g Butter
abgeriebene Schale von
1 unbehandelten Zitrone
1 Prise Vanillezucker, 2 Eier

Ort gehen lassen, bis er das dreifache seines Volumens erreicht hat. Den Teig erneut einige Minuten lang kneten und über Nacht kalt stellen.

Am darauffolgenden Morgen den Teig in 24 gleich große Stücke schneiden. 20 Stücke zu Kugeln formen. Die restlichen Stücke in jeweils 5 Teile schneiden und jedes der kleinen Stücke zu einer kleinen Kugel formen.

Die Brocheförmchen mit Butter einfetten, mit Mehl bestäuben und die großen Kugeln hineinstellen. In die Mitte jeder Teigkugel mit dem Finger eine kleine Mulde drücken und eine kleine Teigkugel darauf legen. Die Brioches an einem mäßig warmen Ort erneut gehen lassen.

Inzwischen den Backofen vorheizen und die Eier aufschlagen und verquirlen. Nach dem Gehen die Oberfläche der Brioches mit dem Ei bestreichen und bei 200 °C im Ofen etwa 15 Minuten backen.

Die Brioches sollen die typische goldbraune Farbe haben. Sie werden lauwarm bzw. kalt serviert. Wenn sie gut gemacht sind, schmecken sie vorzüglich.

TORTA ALLA MARENGO

Man macht einen Mürbteig aus 250 g Mehl, 100 g weißem Zucker, 100 g Butter, 20 g Speck und 1 Ei. Man läßt dazu den Speck aus, gibt alle Zutaten auf ein Backbrett, die Butter in kleinen Flöckchen, und hackt mit der Klinge eines großen Messers, bis die Zutaten gut gemischt sind und das Mehl die Butter aufgenommen hat. Nun verknetet man den Teig rasch mit den Händen und läßt ihn an einem kühlen Ort ruhen. Dann bereitet man eine Creme mit folgenden Mengen:

4 dl Milch, 60 g Zucker, 30 g Mehl, 3 Eidotter, etwas Vanille

Eine Form mittlerer Größe wird mit Butter ausgestrichen und der Boden mit einer dünnen Schicht aus Teig bedeckt. Ringsherum legt man an den Rand der Form einen Ring aus demselben Teig, 1 Finger breit, 2 Finger hoch, den man mit einem in Wasser getauchten Finger an das Metall heftet.

Der Teig auf dem Boden wird mit Löffelbiskuits bedeckt, die mit Melissenlikör angefeuchtet sind. Darauf wird die Creme ausgestrichen und darüber eine weitere Schicht Löffelbiskuits gelegt, die ebenfalls mit Melissenlikör besprengt sind. 2 der 3 Eiweiß, die beim Zubereiten der Creme übrigblieben, werden mit dem Rührbesen geschlagen. Sobald der Schaum fest genug ist, rührt man langsam 130 g Puderzucker ein und bedeckt mit dieser Marenga den Kuchen. Den Rand läßt man frei, um ihn mit Eigelb zu bestreichen. Der

Kuchen kommt in den Backofen. Wenn die Marenga sich verfestigt hat, deckt man eine Folie darüber, damit sie nicht braun wird.

Die Torte erst abkühlen lassen, bevor man sie aus der Form nimmt, und anschließend mit etwas Puderzucker bestäuben. Diese sehr süße Torta ist zwar wie das gleichnamige Hühnerrezept nach dem Ort Marengo benannt, meines Wissens aber nicht wegen der berühmten Schlacht, in der Napoleon einen seiner glänzendsten Siege errang.

SO KOCHT DER MEISTER

Für den Biskuit den Backofen vorheizen. Die Eier mit 4 Eßlöffeln warmem Wasser, dem Zucker und dem Vanillezucker zu einer sehr feinen Schaummasse schlagen. Das Mehl mit dem Backpulver mischen, auf die Schaummasse sieben und locker unterheben. Eine Springform mit zerlassener Butter ausfetten und mit Mehl bestäuben. Den Biskuitteig einfüllen, mit einer Palette glatt verstreichen und im Ofen etwa 40 Minuten backen.

Nach dem Backen den Biskuit etwas abkühlen lassen, aus der Form nehmen und auf einem Kuchengitter völlig auskühlen lassen.

Für die Chantilly-Creme die kalte Sahne in einem möglichst kalten, halbrunden Behälter schlagen. Dabei darauf achten, daß die Sahne nicht zu lange geschlagen wird, weil sonst die Gefahr besteht, daß sie zu Butter wird. Die Eigelbe mit dem Puderzucker, dem Vanillezucker und dem Zitronensaft im Wasserbad zu einer festen Creme schlagen und unter die Schlagsahne mischen. Diese Creme wird oft zum Garnieren von Kuchen und Torten verwendet.

Für die Konditorcreme die Milch mit der Hälfte des Zuckers und der Zitronenschale zum Kochen bringen. Die Eigelbe mit dem restlichen Zucker, dem Mehl und einer Prise Salz verrühren. Die Milch ohne Zitronenschale mit der Eigelbmasse gründlich vermischen und wieder in den Topf geben. Bei milder Hitze unter ständigem Rühren mit dem Schneebesen einige Minuten kochen lassen.

Die Creme in eine Schüssel gießen und unter wiederholtem Rühren abkühlen lassen, damit sich an der Oberfläche keine Haut bildet. Die Creme abdecken und bis zur Verwendung an einem kühlen Ort aufbewahren. Sie hält sich im Kühlschrank 2 bis 3 Tage.

Zutaten für sechs Personen:

Für den Biskuitteig
4 Eier, 175 g Zucker
1 Päckchen Vanillezucker
175 g Mehl, 1/2 TL Backpulver
Etwas Butter und Mehl für die Form

Für die Chantilly-Creme
500 g Sahne, 5 Eigelbe
250 g Zucker, 1 Prise Vanillezucker
der Saft von 1/2 Zitrone

Für die Konditorcreme:
200 ml Milch, 50 g Zucker
1 Stück Schale einer unbehandelten Zitrone, 2 Eigelbe, 20 g Mehl
1 Prise Salz

Außerdem:
5 Eiweiß, 50 g Puderzucker
1 EL Zitronensaft

Den Biskuitboden mit einem gezackten Messer dreimal quer durchschneiden. Die ein-
zelnen Böden sollten dünn sein, denn sie werden lediglich mit der Creme gefüllt.
Die Chantilly-Creme mit der Konditorcreme verrühren und auf die Böden verteilen.
Den ersten Boden auf eine Tortenplatte legen, mit der Creme bestreichen und mit der
nächsten Schicht weiter machen.
Die Eiweiße und den Zucker zu einer Baisermasse schlagen, den Zitronensaft zufügen.
Die Masse soll sehr fest sein. Die Baisermasse gleichmäßig auf den Kuchen verteilen
und mit einer Palette zu Wellen formen. Etwas Streuzucker darüber streuen. Den Ku-
chen kurz im heißen Ofen backen und einige Minuten unter dem Grill überbacken, da-
mit die Baisermasse hart wird. Aufpassen, daß die Tortenplatte nicht direkt auf dem
Ofenblech aufliegt, damit die Cremefüllung nicht heiß wird. Aus dem Ofen nehmen,
abkühlen lassen und servieren bzw. im Kühlschrank aufbewahren.

Dazu paßt ein Trentino DOC Moscato giallo.

DOLCE ALLA NAPOLETANA

Diese Süßspeise sieht nicht nur gut aus, sie schmeckt auch ganz phantastisch:

120 g Zucker, 120 g Mehl, 100 g süße Mandeln, 4 Eier

Die gehäuteten Mandeln werden an der Sonne oder im Ofen getrocknet, dann
nimmt man ein Drittel davon (die größten) und teilt sie in ihre natürlichen
Hälften. Die übrigen werden in dünne Scheiben geschnitten. Die Eier und den
Zucker setzt man in einer Metallschüssel (Kupfer, Messing) auf den Ofen, so
daß sie warm werden und schlägt sie länger als $1/4$ Stunde mit dem Rührbesen. Man nimmt die Mischung ab, rührt das Mehl ein und gießt sie in eine
glatte, runde oder ovale Form, die vorher mit Butter ausgestrichen und mit
Mehl und Puderzucker (je 1 TL voll vermischt) eingestäubt wurde. Die Form
sollte so groß sein, daß der gebackene Kuchen etwa 4 Finger dick ist. Nach
dem Backen läßt man ihn gut abkühlen und schneidet ihn dann horizontal in
1 cm dicke Scheiben.
Darauf bereitet man eine Creme aus folgenden Zutaten:

2 Eidotter, 3 dl Milch, 60 g Zucker, 15 g Mehl, 10 g Butter, Vanilleschote

Diese Creme gießt man heiß auf die Oberseite der Scheiben und setzt den Kuchen dann wieder zusammen, indem man eine auf die andere legt.
Die Creme gerät besser, wenn man zuerst die Butter mit dem Mehl zusammen

sieden, aber nicht braun werden läßt. Dann läßt man abkühlen (lauwarm), gibt die Eidotter, die Milch und den Zucker dazu und setzt alles zusammen wieder auf das Feuer.

Jetzt muß man die ganze Außenseite des Kuchens mit einer Glasur überziehen. Dazu kocht man in einem kleinen Topf 230 g Zucker mit 1 dl Wasser ein, bis die Flüssigkeit zwischen den Fingern etwas klebt, aber noch keine Fäden zieht – ein anderes Kennzeichen für die richtige Dichte ist, daß sie nicht mehr dampft und große Blasen wirft. Die Flüssigkeit wird abgenommen, und wenn sie abzukühlen beginnt, preßt man den Saft von $1/4$ Zitrone hinein und rührt um, bis sie schneeweiß geworden ist. Wenn sie einem unter der Hand zu fest wird, gießt man etwas Wasser darauf. Man schüttet die in Scheibchen geschnittenen Mandeln hinein, vermischt sie gut und bestreicht mit dem Gemisch den Kuchen. Die halbierten Mandeln steckt man in die Oberseite.

Statt der Creme kann man auch eine Fruchtkonserve nehmen, aber mit Creme schmeckt die Torte besonders gut und ich rate in jedem Fall, einen Versuch damit zu machen.

SO KOCHT DER MEISTER

Für den Biskuit den Backofen vorheizen. Die Eier mit 4 Eßlöffel warmem Wasser, dem Zucker und dem Vanillezucker zu einer sehr feinen Schaummasse schlagen. Das Mehl mit dem Backpulver mischen, auf die Schaummasse sieben und locker unterheben. Eine Springform mit zerlassener Butter ausfetten und mit Mehl bestäuben. Den Biskuitteig einfüllen, mit einer Palette glatt verstreichen und im Ofen etwa 40 Minuten backen.

Für die Konditorcreme die Milch mit der Hälfte des Zuckers und der Zitronenschale zum Kochen bringen. Die Eigelbe mit dem restlichen Zucker, dem Mehl und einer Prise Salz verrühren. Die Milch ohne Zitronenschale mit der Eigelbmasse gründlich vermischen und wieder in den Topf geben. Bei milder Hitze unter ständigem Rühren mit dem Schneebesen einige Minuten kochen lassen.

Die Creme in eine Schüssel gießen und unter wiederholtem Rühren abkühlen lassen, damit sich an der Oberfläche keine Haut bildet. Die Creme abdecken und bis zur Verwendung an einem kühlen Ort aufbewahren. Nach dem Backen den Biskuit etwas abkühlen lassen, aus der

Zutaten für 6-8 Personen:

Für den Biskuitteig
4 Eier, 175 g Zucker
1 Päckchen Vanillezucker
175 g Mehl, $1/2$ TL Backpulver
Etwas Butter und Mehl für die Form

Für die Konditorcreme:
200 ml Milch, 50 g Zucker
1 Stück Schale einer unbehandelten Zitrone, 2 Eigelbe
20 g Mehl, 1 Prise Salz

Außerdem:
200 g Mandeln, 200 ml Maraschino-Sirup, etwas Puderzucker

Form nehmen und auf einem Kuchengitter vor der Verwendung vollständig auskühlen lassen.

Die Mandeln in feine Stifte schneiden und in einer beschichteten Pfanne ohne Fett anrösten, bis sie goldbraun sind. Beiseite stellen und abkühlen lassen. Den Biskuitkuchen zweimal durchschneiden und den obersten Teil auf eine Tortenplatte legen. Diese Biskuitplatte mit etwas Maraschino-Sirup tränken und dann ein Drittel der Konditorcreme darauf streichen. Den zweiten Boden auflegen, ebenfalls mit dem Sirup tränken und Creme darauf verteilen. Den dritten und letzten Boden auflegen und mit Sirup tränken. Die restliche Creme auf die gesamte Torte verteilen, mit einer Palette glattstreichen, mit den Mandelstiften bedecken und mit Puderzucker verzieren.

Dazu paßt ein Trentino DOC Moscato giallo liquoroso.

DOLCE TEDESCO

100 g Butter, 100 g feiner Zucker, 4 Eier, 250 g Mehl, 4 Eßlöffel Milch, 1 Päckchen Vanillezucker

Die Butter, den Zucker und die Eier eine halbe Stunde lang rühren. Das Mehl und die Milch zugeben und das Ganze gut zu einem weichen Rührteig verarbeiten.

Damit solche und ähnliche Kuchen aufgehen, wird jetzt aus Deutschland und England ein weißes, geruchloses Pulverchen importiert; 10 Gramm davon werden mit der steif geschlagenen Eiweißmasse in den Teig gegeben. Sollte man es im eigenen Land nicht finden, kann man statt dessen 5 Gramm Bikarbonat (Natrium) bzw. 5 Gramm Weinstein dazumischen. Den Teig in eine eingefettete Kuchenform geben und im Ofen bzw. im Steinofen backen. Der Kuchen wird kalt serviert.

Man kann diesen und ähnliche Kuchen mit einer Glasur aus mit Rum verrührtem Puderzucker verbessern.

SO KOCHT DER MEISTER

Die Butter mit dem Zucker in einer Schüssel schaumig rühren. Die Eier nach und nach dazugeben. Salz, Vanillezucker, das durchgesiebte Mehl und zum Schluß das in Milch aufgelöste Backpulver untermischen. Alles gut vermengen. Die Backform mit Butter einfetten und mit Mehl bestäuben. Den Rührteig in die Form hineingeben und bei 180°C ca. 40-45 Minuten im Ofen backen. Den Kuchen mit einem Zahnstocher in der Mitte durchstechen. Wenn der Zahnstocher beim Herausziehen trocken ist, ist der Kuchen fertig. Den Kuchen aus der Form lösen und kalt servieren, aber nicht im Kühlschrank aufbewahren.

Dazu paßt ein Trentino DOC Moscato giallo liquoroso.

Zutaten für acht Personen:

150 g Butter, 150 g Zucker
4 Eier, 1 Prise Salz
1 Päckchen Vanillezucker
250 g Mehl,
1 Päckchen Backpulver
4 EL Milch

PASTA FROLLA

Mürbteig

Ich gebe euch hier drei verschiedene Rezepte für Mürbteig und überlasse euch die Wahl, je nachdem, wie ihr ihn verwenden wollt. Als das feinste muß ich aber das dritte Rezept empfehlen.

Rezept A
500 g Mehl, 220 g weißer Zucker, 180 g Butter, 70 g Speck, 2 Eier und 1 Dotter

Rezept B
250 g Mehl, 125 g Butter, 110 g weißer Zucker, 1 Ei und 1 Dotter

Rezept C
270 g Mehl, 115 g Zucker, 90 g Butter, 45 g Speck, 4 Eidotter, geriebene Orangenschale

Man erspart sich Schwierigkeiten, wenn man den Zucker vorher im Mörser fein zerreibt – ich nehme Staubzucker – und mit dem Mehl vermischt. Wenn die Butter hart ist, wird sie vorher mit einer in Wasser getauchten Hand auf dem Nudelbrett pastos geknetet. Der Speck darf, auch wenn er ausgelassen wird, keine Spur ranzig sein. Aus allem zusammen macht man ein Gemisch, das so wenig wie möglich bearbeitet wird. Deshalb ist es zweckmäßig, sich beim Einrühren von Anfang an der Klinge eines Tafelmessers zu bedienen.

Wenn möglich, setzt man den Teig einen Tag früher an, als man ihn braucht. Das Stehen in rohem Zustand schadet ihm nichts, er läßt sich danach sogar leichter backen, weil er noch mürber wird. Braucht man ihn für Pasteten, Crostate (der eigentliche Mürbteigkuchen) oder Torten, so rollt man ihn erst mit der glatten Nudelrolle aus, danach den Teil, der später nach oben oder außen kommt, noch mit der linierten oder gemusterten Rolle. Die Ober- (Außen-)Seite wird immer mit Eidotter »vergoldet«.

Nimmt man Puderzucker, so wird der Teig besser. Reste kann man mit einem Tröpfchen Weißwein oder Marsala wieder zusammenfügen, damit man nicht zu viel herumkneten muß. Diese Weine eignen sich auch, um den Teig noch mürber zu machen.

SO KOCHT DER MEISTER

Für 8 Personen:

Rezept A
500 g Mehl, 250 g Zucker
250 g Butter, 2 Eier
1 Eigelb, 1 Prise Salz
abgeriebene Zitronenschale

Rezept B
250 g Mehl, 125 g Butter
110 g Zucker, 1 Ei
1 Eigelb, 1 Prise Salz
abgeriebene Zitronenschale

Rezept C
300 g Mehl, 150 g Zucker
225 g Butter, 4 Eigelbe
1 Prise Salz, 1 Teelöffel Honig
abgeriebene Zitronenschale

Man unterscheidet zwischen einfachem – die Rezepte A und B – sowie feinem Mürbteig – das Rezept C. Bei feinem Mürbteig ist der Anteil an Butter im Verhältnis zum Mehl höher.

Für gehackten Mürbteig alle Zutaten gekühlt verwenden. Das Mehl auf ein Backbrett häufeln und den Zucker untermischen. Die Butter in Flöckchen über die Mehl-Zucker-Mischung verteilen und mit einem großen Messer oder einer Palette jeweils von außen nach innen in das Mehl einhacken.

Die Mischung zusammenschieben, die Geschmackszutaten zugeben, die Eier verquirlen und ebenfalls dazugeben. Alles mit den Händen schnell zu einem festen Teig verkneten. Vor dem Backen 1 Stunde kühlen.

CENCI
Schmalzgebackenes

240 g Mehl, 20 g Butter, 20 g Zucker, 1 Eßlöffel Akquavit, Salz

Aus diesen Zutaten mit den Händen einen eher festen Teig kneten, mit Mehl bestäuben, in ein Tuch einwickeln und ruhen lassen. Sollte der Teig zu weich werden und dadurch schwer zu verarbeiten sein, mehr Mehl zufügen.
Den Teig ausrollen, mit dem gezackten Rädchen bzw. mit einem Messer Streifen ausschneiden, die etwa so lang wie eine Hand und so breit wie zwei-drei Finger sind. Ab und zu die Streifen einschneiden, durch Einrollen, Flechten oder Falten bizarre Formen daraus machen, bevor sie in Öl (Schmalz oder Speck) ausgebacken werden. Wenn sie kalt sind, mit Puderzucker bestäuben. Die Menge reicht für einen großen, vollen Teller. Sollte der Teig beim Ruhen eine dünne Kruste bekommen haben, einfach erneut durcharbeiten.

SO KOCHT DER MEISTER

Alle Zutaten mit den Händen zu einem festen Teig verkneten. Den Teig mit Mehl bestäuben, in ein Tuch einwickeln und ruhen lassen. Wenn der Teig zu weich ist, zusätzliches Mehl zugeben.
Den Teig 1 mm dünn ausrollen und mit einem Teigrädchen Streifen von 8 bis 10 cm Länge und 4 bis 5 cm Breite ausschneiden. Die Streifen an einigen Stellen einschneiden, damit man sie aufrollen oder flechten kann.
In einer hohen Kasserolle das Öl erhitzen und die Cenci im schwimmenden Öl ausbacken. Dabei ab und zu wenden, damit sie von allen Seiten goldbraun werden. Abkühlen lassen und mit Puderzucker bestäuben.
Die angegebene Zutatenmenge reicht aus, um eine kleinere Platte mit Cenci zu füllen.

Dazu paßt ein Trentino DOC Moscato giallo liquoroso.

Zutaten für 8-10 Personen:

500 g Mehl, 50 g Butter
10 g Puderzucker, 1 Ei
2 Eßlöffel Weinbrand
10 g Salz, 125 ml Weißwein
Vanillezucker
1 EL abgeriebene Schale einer unbehandelten Zitrone
1 l Öl zum Ausbacken

FOCACCIA ALLA TEDESCA
Hefekuchen nach deutscher Art

200 g Hefe, 300 g Zucker, 1,7 kg feinstes Mehl, 150 g Butter, 50 g Speck, 4 dl Milch, 2 dl Marsala, 2 EL Rum, 6 Eier, 1 TL Natron, 1 Prise Salz, abgeriebene Schale einer unbehandelten Zitrone

Wenn man exakt obige Mengen nimmt, hat der Teig genau die richtige Festigkeit. Zum Aufgehen bereitet man eine kleine Vorteigmenge vor.
Man löst also die Hefe in der Hälfte der Milch auf und knetet soviel Mehl hinein, daß es einen festen Teig gibt. Den legt man in der Schüssel auf eine gut fingerdicke Mehlschicht und stellt ihn an einen warmen Ort, wo er vor Luftzug geschützt ist. Sobald er gut aufgegangen ist, wozu je nach Jahreszeit 8 bis 10 Stunden erforderlich sind, zerbröckelt man ihn und vergrößert ihn mit dem Rest der Milch und dem dazu erforderlichen Mehl. Man wartet, bis der Teig erneut gegoren und sich aufgebläht hat, was wieder einige Zeit dauert. Man legt ihn dann auf das Nudelbrett und knetet den Rest des Mehls und sämtliche Zutaten hinein. Es muß lange genug und mit Kraft geknetet werden, damit der Teig glatt und einheitlich wird.
Die Form oder die Formen werden mit dem ausgelassenen Speck eingefettet, dann kommen die Kuchen hinein, die beliebig groß und ziemlich breit sein dürfen. Sie müssen in der Küche oder an einem anderen Platz, der mäßig warm ist, noch einmal »gehen«, bis sie ausreichend aufgegangen sind. Dann macht man mit der Messerspitze auf der Oberfläche lange Einschnitte, bestreicht sie mit Eigelb und streut grob zerstoßenen Kristallzucker darüber. Gebacken wird bei mäßiger Hitze. Im Winter sollte man den Hefeteig mit warmer Milch ansetzen und die Kuchen zum Aufgehen etwas in die Röhre oder an einen anderen warmen Platz stellen. Mit der Hälfte der angegebenen Mengen kann man 4 schöne Kuchen von je 350 g machen, falls man sie nicht kleiner haben will.

SO KOCHT DER MEISTER

Wir schlagen eine »venetianische« Variante vor, die locker ist und sehr aromatisch schmeckt.
Die Bierhefe in lauwarmem Wasser auflösen und mit 100 g Mehl zu einem glatten und geschmeidigen Vorteig herstellen. Den Vorteig an einem lauwarmen Ort stellen und zugedeckt gehen lassen.
Wenn der Vorteig das zweifache seines Volu-

mens erreicht hat, 150 g Mehl, 50 g Zucker und 50 g zerlassene und erkaltete Butter dazugeben. Etwas lauwarme Milch zugießen und kneten, bis der Teig weich,
glatt und gleichmäßig wird.

Diesen Teig wiederum an einem warmen Ort gehen lassen. Wenn er das Zweifache seines Volumens erreicht
hat, das restliche Mehl (250 g), 100 g Butter, 100 g
Zucker, die Eigelbe, abgeriebene Zitronen- und Orangenschale, das Salz, den Marsala und den Vanillezucker
zugeben. Etwas lauwarme Milch zugießen und wiederum kneten, bis der Teig glatt und geschmeidig wird.

Die Orangeatwürfel auf ein Stück Pergamentpapier geben und den Teig in Kreis darauf legen. Den Teig erneut
gehen lassen, bis er das Zweifache seines Volumens erreicht hat.

Für die Glasur das Ei verquirlen und den Kuchen damit
bestreichen.

Aus 50 g gemahlenen Mandeln, 50 g Zucker und dem Ei-
weiß eine Creme rühren. Diese auf den Teig streichen. Mit ganzen Mandeln und Hagelzucker verzieren. Mit Puderzucker bestäuben. Den Kuchen bei 170 °C ca. 60 Minuten im Ofen backen. Ob der Kuchen fertig ist, läßt sich mit einem Zahnstocher testen,
der in den Kuchen gestochen wird und beim Herausziehen trocken sein soll. Den Kuchen abkühlen lassen.

Servieren Sie diesen Kuchen mit einer heißen Vanillesauce.

Dazu paßt ein Trentino DOC Moscato giallo.

Zutaten für acht Personen:

Für den Teig:
10 g Bierhefe, 500 g Mehl
150 g Butter
1/4 l Milch (nach Bedarf)
150 g Zucker, 4 Eigelbe
abgeriebene Zitronenschale
abgeriebene Orangenschale
1 Prise Salz, 1 Gläschen Marsala
Vanillezucker, 100 g Orangeat

Für die Glasur:
1 Ei, 50 g Mandeln
50 g Zucker, 1 Eiweiß
Puderzucker, Einige Mandeln
50 g Hagelzucker

PANETTONE ALLA MARIETTA
Panettone Marietta

Marietta ist eine tüchtige Köchin und dabei so gut, daß ich dieses Gebäck, dessen Herstellung ich von ihr gelernt habe, nach ihr benennen möchte.

100 g Butter, 1 Ei und 2 Dotter, 300 g feines Mehl, 80 g Zucker, 80 g Sultaninen, 1 Prise Salz,
10 g Weinsteinrahm (Cremor di Tartaro), 1 TL oder knapp 5 g Natron, 20 g Kandiertes (in
Stückchen), geriebene Zitronenschale, etwa 2 dl Milch

Im Winter erwärmt man die Butter im Wasserbad und verrührt sie dann mit
den Eiern. Man fügt das Mehl hinzu und die Milch in kleinen Mengen, dar-

auf auch die übrigen Zutaten ohne Sultaninen und die beiden Pulver, die zuletzt gebraucht werden. Bevor man sie zusetzt, muß der Teig wenigstens ¹/₂ Stunde lang gut durchgearbeitet werden und mit Milch die richtige Festigkeit bekommen, das heißt, nicht zu fest und nicht zu flüssig. Man gießt ihn in eine glatte Form, die höher als breit ist und den doppelten Inhalt aufnehmen kann, damit der sich aufblähende Kuchenteig nicht über den Rand tritt, sondern die Gestalt eines runden Brotes annehmen kann. Die Form wird vorher innen mit Butter bestrichen, dann mit Mehl und Puderzucker (gemischt) bestreut. Der Kuchen ist gar, wenn er sich aufgebläht hat und oben rissig geworden ist. Dieser Panettone ist sehr zu empfehlen, denn er ist besser als der handelsübliche Milaneser Panettone und macht weniger Umstände.

SO KOCHT DER MEISTER

Dieser Kuchen, der in Italien vorwiegend in der Weihnachtszeit gebacken wird, ist in der ganzen Welt bekannt. Er wird sowohl von großen und kleinen Betrieben hergestellt, die sich auf dieses Gebäck spezialisiert haben, als auch von erfahrenen Konditoren, die ihre Kunden mit frischen und duftenden Panettoni verführen.

Für dieses Rezeptes sollte man einige Erfahrung in der Herstellung von Hefeteig haben. Die Verwendung einer guten Hefe ist Voraussetzung für das Gelingen. Einen Panettone anzubieten, der gleichzeitig schön aussieht und gut schmeckt, ist der Stolz eines jeden Konditors, und ein jeder hat dafür ein eigenes System und ein eigenes Rezept.

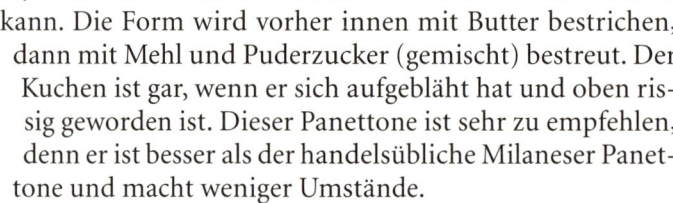

Zutaten für vier Personen:

450 g Mehl, 100 g frische Hefe
150 g Zucker, 150 g Butter
7 Eigelbe, 1 Prise Salz
abgeriebene Schale von
1 unbehandelter Zitrone
150 g Rosinen
50 g Zitronat und Orangeat in kleinen
Würfeln

Aus 400 g Mehl, der Hefe, 100 g Zucker, 100 g Butter, 4 Eigelben und etwas Wasser einen geschmeidigen und elastischen Teig herstellen. Den Teig zudecken und an einem nicht zu warmen Ort über Nacht gehen lassen. Der Teig soll sein Volumen verdoppeln. Am nächsten Tag 50 g Mehl, 50 g Zucker, 3 Eigelbe und zum Schluß die Butter, das Salz und die abgeriebene Zitronenschale unterkneten. Den Teig durchkneten, bis er sich vom Backbrett (wenn man ihn mit den Händen herstellt) bzw. von den Knethaken (wenn man das elektrische Handrührgerät verwendet) löst. Rosinen, Zitronat und Orangeat untermischen. Den Teig von Hand zu einer Kugel formen, in eine der typischen Papierformen legen und 3 bis 4 Stunden in einem warmen Raum gehen lassen, bis sich sein Volumen verdoppelt hat. Die Oberfläche kreuzweise einschneiden und eine Butternuß in die Mitte legen. Den Kuchen bei 180 °C ca. 1 Stunde im Ofen backen.

Mit einem Zahnstocher feststellen, ob der Panettone durch ist. Den Zahnstocher in die Mitte des Kuchens stechen und wieder herausziehen. Wenn der Kuchen fertig ist, bleibt der Zahnstocher trocken. Den Kuchen aus der Form stürzen und in einem Korb abkühlen lassen.

Variation

Zutaten für einen Panettone von ca. 1 kg:

5 g Bierhefe, 650 g Mehl
170 g Zucker, 150 g Butter
5 Eigelbe, 150 g Rosinen
50 g Orangeat und Zitronat
abgeriebene Zitronenschale
1 Prise Salz

Die Hefe in wenig lauwarmem Wasser auflösen und mit 50 g Mehl einen glatten und gleichmäßigen Vorteig rühren. Den Vorteig an einem lauwarmen Ort zugedeckt gehen lassen, bis sich sein Volumen verdoppelt hat.

Nach dem Gehen weitere 50 g Mehl und ein wenig lauwarmes Wasser hinzufügen. Erneut gehen lassen. Dann weitere 250 g Mehl, 50 g zimmerwarme Butter und 50 g Zucker unterkneten. Etwas lauwarme Milch zugießen, bis der Teig glatt und geschmeidig ist. Den Teig nochmals gehen lassen, bis sich sein Volumen abermals verdoppelt hat.

Die restlichen 300 g Mehl, 100 g zimmerwarme Butter, 120 g Zucker, 5 Eigelbe, abgeriebene Zitronenschale, Salz und Milch dazugeben. Rosinen, Orangeat- und Zitronatwürfel untermischen. Den Teig zu einer Kugel formen und in das dafür vorgesehene Panettonepapier stellen. Den fertigen Teig in einem warmen Raum gehen lassen, bis sich sein Volumen verdreifacht hat. Die Oberfläche kreuzweise einschneiden und eine Butternuß in die Mitte legen. Den Kuchen bei 180 °C ca. 1 Stunde im Ofen backen. Mit einem Zahnstocher feststellen, ob der Panettone durch ist. Den Zahnstocher in die Mitte des Kuchens stechen und wieder herausziehen. Wenn der Kuchen fertig ist, ist der Zahnstocher trocken. Den Kuchen aus dem Ofen nehmen und abkühlen lassen.

Dazu paßt ein Trentino DOC Moscato giallo.

PASTA MADDALENA

4 Eigelbe, 130 g Zucker, 80 g Mehl, 30 g Butter, 3 Eiweiße, 1 Prise Natrium, abgeriebene Zitronenschale

Zuerst die Eigelbe mit dem Zucker rühren, bis sie hell sind. Das Mehl zugeben und eine gute Viertelstunde den Teig verarbeiten. Wenn dieser Kuchen im Winter zubereitet wird, wird die Butter zerlassen, bevor sie zur Teigmasse gegeben wird. Zum Schluß die steif geschlagenen Eiweiße untermischen.

Das Mehl auf dem Feuer bzw. an der Sonne (wenn es Sommer ist) trocknen.

Dieser Teig kann unterschiedlich geformt werden; er sollte aber immer dünn bleiben. Er wird normalerweise in eingefettete und mit Mehl bestäubte Förmchen bzw. in eine einzige, 1 cm hohe Form gebacken, dann in Form einer Mandel geschnitten und mit Puderzucker bestäubt. Man kann den Kuchen auch dünner machen und ihn mit Marmelade bestreichen und mit Mandeln belegen.

SO KOCHT DER MEISTER

Zutaten für acht Personen:

4 Eier, 4 Eigelbe, 230 g Zucker
135 g Mehl, 65 g Speisestärke
100 g zerlassene Butter
abgeriebene Schale von
1 unbehandelter Zitrone
Vanillezucker

Eier, Eigelbe und Zucker mit dem elektrischen Handrührgerät schlagen – wenn möglich im Wasserbad. Wenn die Masse schaumig ist, das Mehl und die Speisestärke darüber sieben. Zum Schluß die zerlassene Butter, die abgeriebene Zitronenschale und eine Prise Vanillezucker untermischen. Vorsichtig mischen, damit die Masse nicht zusammenfällt.

Eine Kuchenform einfetten und mit Mehl bestäuben. Die Form mit dem Teig füllen. Bei 170 °C ca. 40 Minuten im Ofen goldgelb backen. Mittels eines Zahnstochers läßt sich feststellen, ob der Kuchen fertig ist. Den Kuchen aus dem Ofen nehmen und abkühlen lassen. Mit Puderzucker bestäuben. Dieser Kuchen kann am Nachmittag zum Tee serviert werden. Er schmeckt aber auch als Nachtisch zu einem winterlichen Menü.

DOLCE DI MANDORLE
Mandelkuchen

125 g süße Mandeln, darunter 3 bittere, Zucker vom Gewicht der Eier (mit Schale), 3 Eier, 125 g Kartoffelmehl, 125 g Butter, geriebene Zitronenschale

Die Mandeln werden in warmem Wasser geschält, an der Sonne oder am Herd getrocknet und mit $1/3$ des Zuckers im Mörser fein zerstoßen. Die 3 Eidotter verrührt man mit dem Rest des Zuckers und der geriebenen Zitronenschale, bis sie weißlich geworden sind. Man rührt zuerst das Kartoffelmehl hinein, dann die zerstoßenen Mandeln und die verflüssigte Butter und arbeitet alles gut durch. Als letztes kommt das zu Schnee geschlagene Eiklar dazu. Wenn alles gut vermengt ist, in den Ofen schieben, abkühlen lassen und mit Puderzucker bestäuben.

Wenn die Form einen Durchmesser von etwa 22 cm hat, bekommt der Kuchen die richtige Höhe. Natürlich muß die Form wieder eingefettet sein (mit der oben angegebenen Butter) und auch wieder mit einem Gemisch aus Mehl und Puderzucker eingestreut. Diese Süßspeise ist ganz hervorragend und reicht für 8 Personen.

SO KOCHT DER MEISTER

Für den Mürbteig alle Zutaten gekühlt verwenden. Das Mehl auf ein Backbrett häufeln und den Zucker untermischen. Die Butter in Flöckchen über die Mehl-Zucker-Mischung verteilen und mit einem großen Messer oder einer Palette jeweils von außen nach innen in das Mehl einhacken.

Die Mischung zusammenschieben, das Salz und die abgeriebene Zitronenschale zugeben, die Eier verquirlen und ebenfalls dazugeben. Alles mit den Händen schnell zu einem festen Teig verkneten und vor dem Backen 1 Stunde kühlen.

Den Mürbteig $1/2$ cm hoch ausrollen. Eine Form von ca. 22 cm Durchmesser einfetten und mit dem ausgerollten Teig auslegen, dabei den Teig am Boden und an den Rändern fest drücken. Mit einem Messer den Teig abschneiden, der aus dem Formenrand ragt. Den Boden mit einer Gabel einstechen und mit einem Löffel eine sehr dünne Schicht von der Aprikosenkonfitüre darauf streichen.

Geschälte und bittere Mandeln fein mahlen. Die zimmerwarme Butter mit dem Zucker

Zutaten für acht Personen:

500 g Mehl, 250 g Zucker
250 g Butter, 1 Prise Salz
abgeriebene Zitronenschale
2 Eier, 1 Eigelb
Aprikosenkonfitüre
100 g geschälte Mandeln
50 g bittere Mandeln
150 g Butter
150 g Zucker, 3 Eier
abgeriebene Zitronenschale
einige ganze Mandeln zum Garnieren

schaumig schlagen, die Eier, die abgeriebene Zitronenschale und die gemahlenen Mandeln nach und nach untermischen. Diese Mischung in die Form geben und glattstreichen. Mit ganzen Mandeln garnieren und bei 160 °C ca. 50 bis 60 Minuten im Ofen backen.

Den Kuchen aus dem Ofen nehmen und in der Form abkühlen lassen, aber nicht kalt stellen.

Dazu paßt ein Trentino DOC Vin Santo.

CROSTATE

Unter »Crostate« verstehe ich jene Kuchen, die aus Mürbteig gemacht und mit Marmeladen bzw. Cremes belegt werden.

Nach dem oben beschriebenen Rezept einen Mürbteig herstellen. Dabei ein Ei und ein Eigelb verwenden. Bevor diese zum Teig kommen, werden sie verquirlt. Etwas davon übriglassen, um den Teig zu bepinseln. Es wird geraten, etwas Zitronenschale in den Mürbteig zu reiben bzw. etwas Orangenblütenaroma zu geben. Das Rezept C würde sich am besten eignen.

Die Hälfte des Teiges mit dem Nudelholz ausrollen und in eine eingefettete Form legen. Die Marmelade bzw. die Creme oder beide (jedoch getrennt) darauf verteilen. Wenn die Marmelade zu fest ist, kann sie auf dem Herd mit einigen Löffeln Wasser verdünnt werden. Die andere Teighälfte ausrollen und in fingerbreite Streifen schneiden. Die Streifen in Gitterform auf den Belag legen; einen Streifen kreisförmig um den inneren Formrand legen und mit Wasser befeuchten, damit er besser haftet. Mit dem übrigen Eigelb die Teigstreifen bepinseln und den Kuchen im Ofen backen. Nach 1 bis 2 Tagen schmeckt dieser Kuchen noch besser.

SO KOCHT DER MEISTER

Für den Mürbteig alle Zutaten gekühlt verwenden. Das Mehl auf ein Backbrett häufeln und den Zucker untermischen. Die Butter in Flöckchen über die Mehl-Zucker-Mischung verteilen und mit einem großen Messer oder einer Palette jeweils von außen nach innen in das Mehl einhacken. Die Mischung zusammenschieben, das Salz und die abgeriebene Zitronenschale dazu geben. Nun das Eier mit dem Eigelb verquirlen und ebenfalls zum Mehl geben. Alles mit den Händen schnell zu einem festen Teig verkneten und vor dem Backen 1 Stunde kühlen.

Den Mürbteig ausrollen und eine Springform von ca. 22 cm Durchmesser damit auslegen. Den Teig abschneiden, der über den Rand hinausgeht. Den Boden mit einer Gabel einstechen, mit Butterpapier abdecken und mit getrockneten Hülsenfrüchten belegen. Den Teig 20 Minuten bei 180 °C im Ofen backen. Aus dem Ofen nehmen, die Hülsenfrüchte und das Papier entfernen und bei gleicher Temperatur fertig backen. Aus dem Ofen nehmen und abkühlen lassen.

Die Sahne schlagen und in die Konditorcreme unterheben. Diese Creme auf den kalten Kuchen streichen. Die Erdbeeren waschen und trockentupfen. Dann die Erdbeeren vorsichtig auf die Creme legen. Das Ganze mit Puderzucker bestäuben und servieren.

Anstelle der Erdbeeren kann man auch Himbeeren bzw. andere frische Obstsorten verwenden.

Zutaten für acht Personen:

250 g Mehl, 110 g Zucker
125 g Butter, 1 Prise Salz
abgeriebene Zitronenschale
1 Ei, 1 Eigelb
200 g Konditorcreme
200 g Schlagsahne
500 g große Erdbeeren

Variation

Den Mürbteig wie oben beschrieben herstellen und 3 mm hoch ausrollen. Die Biskuitböden nach dem auf Seite 217 beschriebenen Rezept backen oder Fertigprodukte verwenden.

Eine Springform von 22 bis 24 cm Durchmesser und mindestens 4 cm hohem Rand einfetten und mit Mehl bestäuben. Die Form mit dem Teig auslegen. Den aus dem Formenrand überstehenden Teig mit einem Messer abschneiden. Die Konditorcreme nach dem auf Seite 217 beschriebenen Rezept herstellen.

Zutaten für acht Personen:

1 Rezept Mürbteig (siehe oben)
2 dünne Biskuitböden (siehe oben)
250 g Konditorcreme
3 große Renetten bzw. Golden Delicius
1 EL Zucker
50 g Aprikosenkonfitüre

Einen Biskuitboden auf den Mürbteig legen, die Konditorcreme darauf streichen und mit dem zweiten Biskuitboden abdecken. Die Äpfel schälen, halbieren, vom Kerngehäuse befreien und in dünne Scheiben schneiden. Den oberen Biskuitboden mit den Apfelscheiben vorsichtig belegen. Mit Zucker bestreuen und im heißen Ofen bei 180 °C etwa 50 Minuten backen. Dabei aufpassen, daß der Mürbteig nicht verbrennt.

Den Kuchen aus dem Ofen nehmen, nicht ganz erkalten lassen und aus der Form stürzen. Die Aprikosenkonfitüre unter Rühren erwärmen, bis sie streichfähig ist und den Kuchen mit einer dünnen Schicht Konfitüre überziehen. Lauwarm servieren.

Variation

Zutaten für acht Personen:

¹/₂ Rezept Mürbteig (siehe vorhergehende Seite)
4 Eigelbe, 3 Eier
130 g Zucker
1 unbehandelte Zitrone
60 g Mehl
50 g gemahlene Mandeln
50 g Speisestärke
70 g Butter, Puderzucker

Den Mürbteig wie auf Seite 228 beschrieben, aber mit der Hälfte der Zutatenmenge herstellen und 3 mm hoch ausrollen. Eine Kuchenform einfetten und mit dem Teig auslegen. Den über den Rand der Form überstehenden Teig abschneiden.

Eigelbe und ganze Eier mit dem Zucker schaumig rühren. Die Schale der Zitrone abreiben und den Saft auspressen. Zitronenschale und -saft zur Schaummasse geben. Das Mehl zusammen mit den gemahlenen Mandeln und der Speisestärke mischen und sorgfältig unter die Schaummasse ziehen. Inzwischen die Butter zerlassen und den Teig rühren.

Den Mandelteig zu dem Mürbteig in die Form geben und das Ganze bei 170 °C etwa 50 Minuten im Ofen goldgelb backen.

Den Kuchen aus der Form nehmen und abkühlen lassen, mit Puderzucker bestäuben und servieren. Dieses Gebäck eignet sich sehr gut als Kuchen zum Tee.

Dazu paßt ein Trentino DOC Moscato giallo.

CIALDONI

Waffeln

In einen Topf folgende Zutaten geben:

80 g Mehl, 30 g Zucker, 20 g Schweinefett, 7 Eßlöffel eiskaltes Wasser

Mehl und Zucker im Wasser auflösen und das Fett zugeben. Das Waffeleisen auf den heißen Herd stellen. Wenn das Eisen sehr heiß geworden ist, aufmachen und jedes Mal ¹/₂ Eßlöffel Teig darauf verteilen. Die zwei Eisenhälften fest zusammenpressen, auf einer Feuerstelle von beiden Seiten erhitzen; die austretenden Teigreste mit einem Messer entfernen. Das Waffeleisen aufmachen, wenn der Teig haselnußbraun gebacken ist. Die Waffel mit einem Messer abtrennen und sofort einrollen, bevor sie kalt wird. Dieser Vorgang muß sehr schnell durchgeführt werden, da sich kalte Waffeln nicht einrollen lassen.
Wenn die Waffel am Eisen haften bleibt, das Eisen ab und zu mit Schweinefett einfetten und wenn sie nicht alle gleichmäßig sind, etwas Mehl zugeben.
Wie ihr wißt, können Waffel allein serviert werden. Am besten schmecken sie jedoch mit Sahne bzw. mit Creme brûlé oder portugiesischer Milch.

SO KOCHT DER MEISTER

In einem kleinen Topf die Butter bei schwacher Hitze zerlassen. Die Butter mit dem Zucker in einer Schüssel verrühren. Zuerst die Eigelbe, dann das Mehl und zum Schluß die Milch untermischen. Dabei ununterbrochen rühren, damit sich keine Klümpchen bilden.

Das Waffeleisen erhitzen, an beiden Seiten öffnen, mit Butter einfetten und einen Eßlöffel Teig hineingeben. Das Eisen schließen und den Teig goldgelb backen. Mit einem Messer den herausgetretenen Teig vorsichtig abschaben.

Das Waffeleisen öffnen und die Waffel mit Hilfe eines Messer herausnehmen. Falls ein elektrisches Waffeleisen mit Antihaftbeschichtung verwendet wird, darf keine Metallklinge verwendet werden, um die Beschichtung nicht zu beschädigen.

Die noch warme Waffel einrollen. Dies muß sehr schnell gemacht werden, denn eine kalte Waffel läßt sich nicht mehr einrollen. Die Waffeln werden mit Schlagsahne, Eis, etc. serviert.

Zutaten für sechs bis acht Personen:

100 g Butter
100 g Puderzucker
3 Eigelbe, 100 g Mehl
200 ml Milch, Vanillezucker
Salz und Pfeffer

AMARETTI

Mandelmakronen

100 g süße Mandeln, 50 g bittere Mandeln, 250 g weißer Puderzucker, 2 Eiweiß

Die Mandeln werden gehäutet, an der Sonne oder am Ofen getrocknet und dann mit dem Wiegemesser sehr fein zerkleinert. Der Zucker und die Eiweiße werden mindestens $1/2$ Stunde lang mit dem Rührlöffel bearbeitet, dann macht man zusammen mit den Mandeln daraus einen festen Teig, der sich zu Kügelchen von der Größe einer kleinen Nuß formen läßt. Ist der Teig zu fest geraten, gibt man noch etwas Zucker daran, ist er zu weich, noch etwas Eiweiß, das diesmal aber geschlagen sein muß. Sollen die Makronen eine bräunliche Farbe erhalten, setzt man dem Teig etwas karamelisierten Zucker zu. Sobald die etwa 1 cm dicken Makronen fertig werden, legt man sie auf Oblaten oder direkt auf das mit Butter eingestrichene, mit Mehl und Puderzucker (gemischt) bestreute Blech. Man sollte aber zwischen den einzelnen Kügelchen einen kleinen Abstand wahren, weil sie sich stark aufblähen und innen hohl bleiben. Gleichfalls nur bei mäßiger Hitze backen.

Variation

Dieses Rezept halte ich für besser als das vorige, es ist auch leichter auszuführen.

180 g süße Mandeln, 20 g bittere Mandeln, 300 g weißer Staubzucker, 2 Eiweiß

Die Mandeln werden wieder gehäutet und getrocknet, danach mit einem ratenweise zugesetzten Eiweiß im Mörser zerstoßen. Dann fügt man die Hälfte des Zuckers hinzu und bearbeitet die Mischung mit einer Hand. Anschließend gießt man die Masse in ein größeres Gefäß. Während man sie mit der einen Hand weiter bearbeitet, setzt man nacheinander zuerst $^1/_2$ Eiweiß, dann den Rest des Zuckers und schließlich das letzte halbe Eiweiß zu.

Durch diese Bearbeitung entsteht ein einheitlicher Teig von der richtigen Festigkeit, den man zu einem länglichen, schmalen Stück ausrollen und in kleine Stückchen schneiden kann. Diese nimmt man einzeln in die Hand und feuchtet sie etwas an, damit man nußgroße Kügelchen daraus formen kann, die zu einer Dicke von 1 cm zusammengedrückt werden. Das übrige geschieht wie vorhin, nur daß man diese Makronen vor dem Backen in mäßiger Hitze noch leicht mit Puderzucker bestäubt.

Die oben aufgeführten Zutaten ergeben etwa 30 Stück.

SO KOCHT DER MEISTER

Zutaten für 300 g Amaretti:

50 g geschälte Mandeln
50 g bittere Mandeln
200 g Zucker
50 g Eiweiß
1 Prise Natron
Vanillezucker

Mandeln und bittere Mandeln mit 100 g Zucker im Mixer fein mahlen. Die gemahlenen Zutaten in eine Schüssel geben, den restlichen Zucker (100 g), das Eiweiß, das Natron und den Vanillezucker hinzufügen. Die Masse mit einem Holzlöffel bearbeiten, bis sie geschmeidig ist. Ein Backblech einfetten. Die Mandelmasse in einen Spritzbeutel füllen und die Amaretti auf das Backbleck bzw. auf Backpapier spritzen. Die Amaretti mit einem nassen Tuch befeuchten und etwa 20 Minuten bei 160°C im Ofen backen. Die Amaretti auf dem Backblech abkühlen lassen.

Dazu paßt ein Trentino DOC Vin santo.

PASTICCINI DI PASTA BEIGNET
Windbeutel

150 g Wasser, 100 g Mehl, 10 g Butter, 3 Eier, 1 Eigelb, Salz

Das Wasser erhitzen. Wenn es kocht, das ganze Mehl auf einmal hineinschütten und rühren. Die Butter zufügen und 10 Minuten unter ständigem Rühren kochen. Der daraus resultierende Teig ist fest und wird fingerdick ausgerollt und dann mit einem Eigelb wieder gründlich durchgearbeitet, damit er weicher wird.

Nach diesem Vorgang kommt er zusammen mit den anderen Eiern, die schaumig gerührt werden, in eine Schüssel. Man sollte rühren, bis der Teig wie eine fette Salbe glatt und geschmeidig ist. Einige Stunden ruhen lassen. Eine Form mit Butter einfetten und den Teig löffelweise (es werden etwa 10 bis 12) hineingeben. Das Eigelb mit ein wenig Eiweiß verquirlen und die Teigstücke damit bepinseln. Im heißen Ofen backen. Wenn sie fertig sind, von einer Seite mit einem kleinen Messer einschneiden bzw. eine Öffnung in Form eines Halbkreises machen, damit sie mit Creme oder Marmelade gefüllt werden können. Mit Puderzucker bestäuben und servieren.

Ich weise darauf hin, daß bei einem Teig, der aufgehen soll, der Holzlöffel zum Rühren nicht im Kreis, sondern von unten nach oben zu bewegen ist.

SO KOCHT DER MEISTER

Zutaten für acht Personen:

5 g Salz
100 g Butter
150 g Mehl
4 Eier
Konditorcreme (siehe Rezept Seite 217)
Puderzucker

250 ml Wasser mit dem Salz und der Butter in einen großen Topf geben und zum Kochen bringen. Wenn die Butter zerlassen ist, das Mehl darauf sieben und mit einem Holzlöffel kräftig rühren. Diese Mischung kochen lassen, bis sich nach Verdampfen des Wassers ein fester und glatter Teig gebildet hat, der sich vom Topfboden und von den Wänden löst.

Den Topf vom Herd nehmen, abkühlen lassen und die Eier nach und nach untermischen. Der Teig muß gut vermischt werden, damit sich eine cremige und geschmeidige Masse bildet. Den Brandteig in einen Spritzbeutel mit glatter Tülle füllen. Das Backblech einfetten und mit Mehl bestäuben. Walnußgroße Brandteigkugeln auf das Blech spritzen und ca. 20 Minuten bei 200 °C im Ofen backen. Die Windbeutel aus dem Ofen nehmen und abkühlen lassen. Sie sollten trocken und dick sein. Mit einer Schere die Windbeutel von der Seite oder von unten etwas aufschneiden und mit der Konditorcreme füllen. Mit Puderzucker bestäuben und servieren.

DOLCE DI CHIARE D'UOVO
Baisertörtchen

Wenn man Eiweiße zur Verfügung hat und nicht weiß, wozu man sie verwenden kann, könnte man folgende Süßspeise zubereiten:

8-9 Eiweiße, 300 g Mehl, 150 g Puderzucker, 150 g Butter, 10 g Weinstein, 5 g Natrium, 100 g Rosinen, Vanillezucker

Die Eiweiße steif schlagen; zuerst Mehl und Zucker und dann die zerlassene Butter zufügen. Wenn die Masse gleichmäßig ist, Weinstein und Natron und zum Schluß die Rosinen untermischen.
Die Masse in eine eingefettete, mit Puderzucker und Mehl bestäubte Form geben, die mindestens zwei Finger hoch sein soll.
Im Ofen bzw. Steinofen backen und kalt servieren.

SO KOCHT DER MEISTER

Zutaten für 12 Stück

200 g Eiweiße
150 g Zucker
150 g Puderzucker
Saft von 1/2 Zitrone

Die Eiweiße mit dem Zucker zu steifem Schnee schlagen und den Puderzucker vorsichtig unterheben. Die Baisermasse in einen Spritzbeutel mit glatter Tülle füllen.
Ein Backblech einfetten und etwa 8 cm große Törtchen auf das Backblech spritzen. Die Baisers 3 bis 4 Stunden bei 100 bis110 °C backen. Nach etwa 1 Stunde die Baisers aus dem Ofen nehmen und die untere Seite eindrücken, so daß ein Loch entsteht. Die Baisers sofort wieder in den Ofen stellen und fertig backen.
Die Baisers können mit Schlagsahne bzw. Eis serviert oder zum Garnieren von Torten verwendet werden.

PASTICCINI DI PASTA BEIGNET COPERTI DI CIOCCOLATA

Windbeutel mit Schokoladenüberzug

Einen Brandteig, wie auf Seite 233 beschrieben, zubereiten, aber die Beignet etwas kleiner gestalten, so daß 20 bis 23 Stück daraus entstehen. Diese mit Creme, Schlagsahne oder Marmelade füllen.
Folgende Zutaten in einem Topf auf dem Herd zusammenmischen:

120 g Schokolade, 50 g Puderzucker, 100 ml Wasser

Wenn diese Zutaten gut vermengt sind, wie bei einer heißen Tasse Schokolade, die heiße Creme auf die Windbeutel gießen. Diese zuerst auf ein Tablett schön stapeln.
Diese Nachspeise sollte am besten noch am Tag der Zubereitung serviert werden, denn sie wird ansonsten zu hart. Die Zutaten reichen für sechs Personen.

SO KOCHT DER MEISTER

125 ml Wasser mit dem Salz und der Butter in einen großen Topf geben und zum Kochen bringen. Wenn die Butter zerlassen ist, das Mehl darauf sieben und mit einem Holzlöffel kräftig rühren. Diese Mischung kochen lassen, bis sich nach Verdampfen des Wassers ein fester und glatter Teig gebildet hat, der sich vom Topfboden und von den Wänden löst.
Den Topf vom Herd nehmen, abkühlen lassen und die Eier nach und nach untermischen. Der Teig muß gut vermischt werden, damit sich eine geschmeidige Masse bildet. Den Brandteig in einen Spritzbeutel mit glatter Tülle füllen. Das Backblech einfetten und mit Mehl bestäuben. Walnußgroße Brandteigkugeln auf das Blech spritzen und ca. 20 Minuten bei 200 °C im Ofen backen. Für die Chantilly-Creme die kalte Sahne in einem kalten, halbrunden Behälter schlagen. Darauf achten, daß die Sahne nicht zu lange geschlagen wird, weil sonst die Gefahr besteht, daß sie zu Butter wird. Die Eigelbe mit Puderzucker, Vanillezucker und Zitronensaft im Wasserbad zu einer festen Creme schlagen und unter die Schlagsahne mischen.
Die Windbeutel aus dem Ofen nehmen und abkühlen lassen. Sie sollten trocken und dick sein.

Zutaten für sechs Personen:

Für die Windbeutel:
1 Prise Salz, 50 g Butter
75 g Mehl, 2 Eier

Für die Chantilly-Creme:
200 g Sahne, 3 Eigelbe
125 g Puderzucker
1 Prise Vanillezucker, 2 EL Zitronensaft

Für die Glasur:
150 ml Milch, 150 g Zucker
50 g ungesüßtes Kakaopulver
50 g Zartbitterschokolade

Mit einer Schere die Windbeutel von der Seite oder von unten etwas aufschneiden und mit der Chantillycreme füllen.

Für die Schokoladenglasur die Milch und den Zucker in einem Topf aufkochen lassen. Den Kakao zufügen und das Ganze unter Rühren mit einem kleinen Schneebesen erneut zum Kochen bringen. Den Topf vom Herd nehmen, die Zartbitterschokolade in Stücken hineinbröckeln und schmelzen lassen. Die Sauce durch ein Spitzsieb abgießen und etwas ruhen lassen, bis sie lauwarm ist.

Die Windbeutel auf eine Platte pyramidenförmig aufstellen und mit der Schokoladensauce begießen.

DOLCE DI MARRONI CON PANNA MONTATA

Maronendessert

500 g große Maroni, ca. 30 Stück, 130 g Puderzucker, 60 g Schokolade, 3 Eßlöffel Zitronenlikör

Die Maroni in Wasser kochen, schälen und, wenn sie noch heiß sind, passieren. Die Schokolade zerkleinern und mit den anderen Zutaten zusammenmischen. Eine kleine Kaffeeuntertasse in die Mitte eines großen runden Tellers stellen; die Mischung verkneten und um die kleine Untertasse gleichmäßig verteilen. Die Untertasse vorsichtig entfernen und die Mitte mit 300 g Schlagsahne füllen. Die Zutaten reichen für acht Personen.

SO KOCHT DER MEISTER

Zutaten für sechs Personen:

1 kg Maroni
ca. 1/2 l Milch
200 g Zucker
1 Päckchen Vanillezucker
500 ml Sahne

Die Maroni mit einem spitzen Messer einschneiden und einige Minuten im heißen Ofen backen, bis die Schalen aufgehen. Die Maroni aus dem Ofen nehmen und sowohl die äußere als auch die innere dünne Schale entfernen.

Die geschälten Maroni in eine Kasserolle geben, mit Milch bedecken und bei schwacher Hitze kochen lassen, bis sie weich sind. Zucker und Vanillezucker zugeben und fertiggaren. Es soll eine dickflüssige Masse entstehen. Diese Masse durchpassieren, am besten mit einem elektrischen Mixstab, gut vermischen und zum Schluß abkühlen.

210

Diese Masse in ein Sieb mit etwas größeren Löchern geben und durch die spaghettiähnlichen Fäden so fallen lassen, daß in der Mitte des Berges aus »Maroninudeln« eine Vertiefung bleibt. Das Ganze dick mit dem Puderzucker bestäuben.

Die Sahne schlagen und mit dem Großteil der Schlagsahne die Mulde in dem Dessert füllen. Die restliche Schlagsahne in eine Spritztüte füllen und das Ganze mit Schlagsahnetüpfelchen verzieren. Das Gericht bis zum Verzehr kalt stellen.

BUDINO DI SEMOLINO

Grießpudding

Man kocht Grieß in 3 Gläsern Milch, achtet darauf, daß er nicht zu fest wird, nimmt ihn ab, rührt Zucker, 1 Prise Salz und geriebene Zitronenschale hinein, und wenn er nicht mehr heiß ist, setzt man 3 Eidotter und 2 Eiklar zu. Es muß alles gut vermischt werden. Eine Form mittlerer Größe wird mit Butter oder Speck ausgestrichen und dann mit einer Folie aus Mürbteig (dick wie ein Geldstück) ausgekleidet. Die halbe Menge des Rezepts von Seite 219 wird genügen. Man gießt $^1/_3$ des Grießpuddings hinein und verteilt darauf in kleinen Abständen Stücke (oder Teelöffel voll) Fruchtkonserven verschiedener Art wie Himbeeren, Quitten, Aprikosen etc. Darauf folgt eine zweite und dritte Schicht, immer Grieß und Fruchtkonserve abwechselnd. Oben darüber kommt dann wieder eine Schicht Mürbteig, deren Ränder man mit dem in Wasser getauchten Finger anfeuchtet, damit er an dem Teig haftet, mit dem die Form ausgelegt ist. Man »vergoldet« die Oberfläche mit Eidotter und stellt den Pudding in den Backofen. Wenn man ihn aus der Form nimmt, streut man Puderzucker darüber und serviert ihn kalt.

Zur Fruchtkonserve kann man auch Rosinen, Sultaninen und zerhackte kandierte Früchte geben.

SO KOCHT DER MEISTER

Zutaten für sechs Personen:

800 ml Milch
100 g Zucker
1 Prise Salz
150 g Grieß
20 g Butter
4 Eier
100 g Rosinen
3 Eßlöffel Rum
abgeriebene Schale einer
unbehandelten Zitrone

Die Milch mit dem Zucker und einer Prise Salz zum Kochen bringen. Den Grieß langsam einrieseln lassen; dabei zuerst mit einem Schneebesen und dann mit einem Hölzlöffel rühren. Den Grießbrei einige Minuten bei milder Hitze kochen lassen und dann den Topf vom Herd nehmen.

Den Grießbrei noch etwas abkühlen lassen. Inzwischen die Butter in einem kleinen Topf zerlassen. Die zerlassene Butter, die Eier nacheinander, die Rosinen, den Rum und die abgeriebene Zitronenschale untermischen.

Alles gut vermischen und in eine geschlossene Puddingform bzw. in viele kleine Förmchen geben, die vorher mit Butter eingefettet und mit Semmelbröseln bestäubt wurden. Die Form zu drei Vierteln füllen, in ein Wasserbad stellen und im Ofen ca. 1 Stunde bei milder Temperatur garen. Die Form aus dem Ofen nehmen und den Pudding auf eine Platte stürzen. Heiß oder lauwarm servieren.

BUDINO ALLA TEDESCA

Pudding auf deutsche Art

140 g Weißbrot ohne Kruste, 100 g Butter, 80 g Zucker, 4 Eier, abgeriebene Zitronenschale, 1 Prise Salz

Am besten eignet sich Kastenweißbrot. Das Weißbrot ohne Kruste zerbröseln bzw. in Scheiben schneiden und in kalte Milch einweichen. Wenn das Brot die Milch aufgenommen hat, in ein Tuch einwickeln, ausdrücken und passieren. Im Winter die Butter im Wasserbad zerlassen und mit einem Holzlöffel mit den Eigelben verarbeiten, bis alles cremig ist. Die Eigelbe, das Brot und den Zucker zugeben und weiter rühren. Diese Mischung in eine eingefettete, mit Semmelbröseln bestäubte Form gießen und im Ofen backen. Wenn man diesen Pudding mit Sorgfalt zubereitet, kann er eine Augenweide und eine Delikatesse sein. Warm servieren.

SO KOCHT DER MEISTER

Das Toastbrot in Milch einweichen, ausdrücken und durch ein Sieb oder mit dem Mixstab passieren. Die zimmerwarme Butter mit dem Zucker verrühren. Die Eier trennen. Die Eigelbe, die abgeriebene Zitronenschale, eine Prise Salz und das passierte Brot zufügen und alles gut vermischen.
Die Eiweiße steif schlagen und in die Masse unterheben. Eine Puddingform einfetten und mit Semmelbröseln bestäuben. Die Masse hineingeben und den Pudding im Wasserbad bei mittlerer Hitze eine Stunde garen, bis die Masse fest wird. Die Form aus dem Ofen nehmen und den Pudding auf eine Platte stürzen. Heiß servieren.

Zutaten für sechs Personen:

140 g Toastbrot ohne Kruste
ca $^1/_4$ l Milch, 100 g Butter
80 g Zucker, 4 Eier
abgeriebene Schale von
1 unbehandelter Zitrone
etwas Salz

DOLCE DI CIOCCOLATA

Schokoladenkuchen

100 g Biskuit, 50 g Butter, 100 g Schokolade, 30 g Zucker, Rosolio (Likör)

Den Biskuitboden in dünne Scheiben schneiden. Die Schokolade reiben. Die Butter im Wasserbad zerlassen und mit der Schokolade und dem Zucker mischen. Diese Mischung mit einem Holzlöffel so lange rühren, bis sie glatt ist. Die Biskuitscheiben in den Rosolio-Likör tränken. Eine Form mit dem Likör befeuchten, damit sich diese Nachspeise besser von der Form löst. Biskuitscheiben und Schokocreme hinein schichten. Im Sommer die Form im Kühlschrank aufbewahren, damit sich die Nachspeise verfestigt. Die Zutaten reichen für sechs Personen.

SO KOCHT DER MEISTER

Für den Schokoladenbiskuit die Eier mit dem Zucker schaumig schlagen. Die Schaummasse wird besser, wenn sie während des Schlagens im Wasserbad erwärmt wird. Das Mehl sieben und mit dem Kakao unter die Schaummasse heben. Dabei den Teig nicht zu lange bearbeiten, denn der Eischaum könnte durch den Kakao zusammenfallen.

Zutaten für acht Personen:

Für den Schoko-Biskuitteig:
4 Eier, 130 g Zucker
110 g Mehl
25 g ungesüßtes Kakaopulver

Für die Creme:
300 g Sahne
250 g zartbittere Schokolade
1 Eiweiß, 50 g Zucker

Eine Form von etwa 22 cm Durchmesser einfetten und mit Mehl bestäuben. Die Biskuitmasse hineingeben und bei mittlerer Hitze (170°) 30 bis 40 Minuten goldgelb backen. Mit einem Zahnstocker kann man testen, ob der Kuchen fertig ist. Wenn dies der Fall ist, ist der Zahnstocher beim Herausziehen trocken.

Die Form aus dem Ofen nehmen und den Kuchen zum Abkühlen auf ein Tuch stürzen.

Für die Creme die Sahne zum Kochen bringen. Die Schokoladenstücke in kleine Stücke brechen und zur Sahne geben. Die Schokolade unter ständigem Rühren in der heißen Sahne schmelzen lassen. Die Masse mit dem Schneebesen rühren, bis eine glatte und flüssige Creme entsteht, und etwas abkühlen lassen.

Das Eiweiß mit dem Zucker zu steifem Schnee schlagen und zu der Creme geben. Die Creme gut durchmischen und kalt stellen.

Den Bikuitkuchen zweimal durchschneiden und die Schoko-Creme auf die ersten zwei Böden streichen. Etwas von der Schoko-Creme für die Oberfläche übrig lassen. Die restliche Creme etwas anwärmen und auf den Kuchen gießen. Den Schokoladenkuchen vor dem Servieren einige Stunden in den Kühlschrank stellen.

BAVARESE LOMBARDA

Bayerische Creme

Diese Süßspeise, die unterschiedliche Bezeichnungen hat, könnte »il piatto dolce del giorno« (das süße Tagesgericht) genannt werden, denn sie ist bei vielen Familien sehr beliebt.

180 g Butter, 180 g Puderzucker, 150 g Löffelbiskuit bzw. Biskuitboden, 6 hartgekochte Eigelbe, Vanillezucker, Rosolio-Likör zum Tränken

Die Eier 7 Minuten lang kochen. Die Eiweiße von den Eigelben trennen; letztere mit der Butter mischen und passieren. Puderzucker und Vanillezucker dazugeben und das ganze zu einer geschmeidigen Masse rühren. Eine Form mit Rosolio befeuchten, die Löffelbiskuits der Länge nach halbieren und in Rosolio tränken bzw. die Hälfte der Löffelbiskuits mit Rosolio und die andere Hälfte mit Alkermes tränken. Die Form mit den Biskuits auslegen. In die Mitte die Eigelbmischung gießen und mit weiteren Löffelbiskuits bedecken. Mindestens drei Stunden kalt stellen und servieren.

Diese sehr feine Süßspeise kann bereits am Vortag zubereitet werden, wenn sie bis zum Verzehr gut gekühlt werden kann. Die Zutaten reichen für acht Personen.

SO KOCHT DER MEISTER

Die Milch mit dem Zucker, der Zitronenschale und der Vanille zum Kochen bringen. Den Topf vom Herd nehmen, Zitronenschale und Vanille entfernen.
Die Blattgelatine in kaltem Wasser einige Minuten einweichen. In einer Schüssel die Eigelbe schlagen und die heiße Milch langsam unter Rühren zugießen, damit die Eier nicht gerinnen. Die Blattgelatine gut ausdrücken und zu der Milchcreme geben. Alles gut verrühren, bis sich die Gelatine vollständig gelöst hat, und die Creme durch ein Spitzsieb gießen.
Wenn die Creme kalt ist und langsam fest wird, die Sahne schlagen und untermischen.
Die Creme in eine Form geben, mit Butterpapier abdecken und 4 Stunden im Kühlschrank fest werden lassen.
Vor dem Servieren die Form kurz in heißes Wasser tauchen und die Creme vorsichtig auf eine Platte stürzen. Nach Belieben mit geschlagener Sahne und kandierten Früchten verzieren. Mit Gebäck servieren.
Nachdem man die Sahne untergehoben hat, kann man auch frisches Obst in dünnen Scheiben dazugeben, etwa Erdbeeren, Melone, etc.
Man kann in der heißen Milch auch 100 g zartbittere Schokolade auflösen. Damit erhält man eine sehr feine Schokoladencreme.

Zutaten für acht Personen:

500 ml Milch, 175 g Zucker
etwas Schale einer unbehandelten
Zitrone, 1 Vanillestange
20 g Blattgelatine
6 Eigelbe, 500 ml Sahne

ZUPPA INGLESE

In der Toskana, wo man aus klimatischen Gründen, aber auch aus reiner Gewohnheit alle Lebensmittel leicht und, wenn möglich, in flüssiger Form zubereitet, ist diese Creme dünn, ohne Stärke oder Mehl, und wird in einer Kaffeetasse serviert. Sie ist dann zwar delikater, eignet sich aber nicht zu einer englischen Suppe in der Form und sieht auch nicht sehr gut aus.
Hier sind die Mengen für eine »Crema pasticcera«, wie die Köche sie nennen, um sie von einer Creme ohne Mehl zu unterscheiden.

85 g Zucker, 4 Eidotter, 40 g Mehl, besser noch Stärkemehl, 5 dl Milch, etwas Vanillewürze (wenig)

215

Zuerst wird der Zucker mit den Eidottern verrührt, dann kommt das Mehl und zuletzt in kleinen Mengen die Milch dazu. Der Topf wird auf starkes Feuer gesetzt und ständig umgerührt. Sobald er aber zu dampfen beginnt, zieht man ihn auf schwächeres Feuer, damit sich keine Klumpen bilden. Wenn die Masse etwas fester geworden ist, läßt man sie noch 10 Minuten auf dem Feuer und dann abkühlen.

Man nimmt eine kannelierte Form, bestreicht sie mit Butter und füllt sie auf folgende Weise: Wenn man eine gute Fruchtkonserve hat, wie Aprikose, Pfirsich oder Quitte, legt man sie als erstes auf den Boden der Form, darauf eine Schicht Creme und eine Schicht Savoiardi (Löffelbiskuits), die man in weißen Likör getaucht hat. Nehmen wir einmal an, die Form habe 18 Kannelierungen, dann kann man neun Savoiardi in Alkermes tauchen und neun in weißen Likör, die man dann abwechselnd in die Vertiefungen einpaßt. Man gießt dann wieder Creme darauf, wieder eine Schicht Löffelbiskuits und so fort, bis die Masse verbraucht ist. Man sollte die Savoiardi nicht zu stark mit Likör nässen, weil sie sich sonst nicht an die Creme binden. Ist der zur Verfügung stehende Likör zu süß, streckt man ihn mit Rum oder Cognac. Zu hart gewordene Fruchtkonserven können mit Wasser am Feuer eingeweicht werden, kommen aber abgekühlt in die Form. Die aufgeführte Zutatenmenge reicht für 7 oder 8 Personen. Im Sommer sollte das Dessert mit Eis gekühlt werden. Um es dann aus der Form zu nehmen, taucht man es kurz in warmes Wasser, damit sich die Butter (vom Einstreichen) löst.

(Es ist klar, daß das Wort »Zuppa« in »Zuppa inglese« nicht exakt dem deutschen Wort »Suppe« entspricht, wie ja auch eine Fischsuppe in den seltensten Fällen eine »Suppe« nach unserem Verständnis ist. Das italienische Wort »inzuppare« bedeutet einfach einweichen, die Menge der Flüssigkeit spielt dabei keine Rolle; Anm. d. Ü.)

SO KOCHT DER MEISTER

Für den Biskuit den Backofen vorheizen. Die Eier mit 4 Eßlöffeln warmem Wasser, dem Zucker und dem Vanillezucker zu einer sehr feinen Schaummasse schlagen. Das Mehl mit dem Backpulver mischen, auf die Schaummasse sieben und locker unterheben. Eine Springform mit zerlassener Butter ausfetten und mit Mehl bestäuben. Den Biskuitteig einfüllen, mit einer Palette glatt verstreichen und im Ofen etwa 40 Minuten backen.

Für die Konditorcreme die Milch mit der Hälfte des Zuckers und der Zitronenschale zum Kochen bringen. Die Eigelbe mit dem restlichen Zucker, dem Mehl und einer Prise

Salz verrühren. Die Milch ohne Zitronenschale mit der Eigelbmasse gründlich vermischen und wieder in den Topf geben. Bei milder Hitze unter ständigem Rühren mit dem Schneebesen einige Minuten kochen lassen.

Die Creme in eine Schüssel gießen und unter wiederholtem Rühren abkühlen lassen, damit sich an der Oberfläche keine Haut bildet. Die Creme abdecken und bis zur Verwendung an einem kühlen Ort aufbewahren. Nach dem Backen den Biskuit etwas abkühlen lassen, aus der Form nehmen und auf einem Kuchengitter vor der Verwendung völlig auskühlen lassen.

Den Biskuitboden zweimal durchschneiden. Einen Biskuitboden auf eine Tortenplatte legen und mit wenig Likör-Sirup tränken. Mit der Hälfte der Creme bestreichen. Den zweiten Boden darauf legen, erneut tränken und mit der übrigen Creme bestreichen. Den dritten und letzten Boden darauf legen und leicht tränken.

Die Sahne schlagen und den Kuchen mit einem Spritzbeutel mit Rosettentülle damit garnieren. Nach Belieben die kandierten Früchte in kleine Stücke schneiden und über den Kuchen streuen.

Zutaten für acht Personen:

Für den Biskuitteig:
4 Eier, 120 g Zucker
Vanillezucker, 120 g Mehl
1 TL Backpulver

Für die Konditorcreme:
300 ml Milch, 80 g Zucker
etwas Schale einer unbehandelten Zitrone
4 Eigelbe, 20 g Mehl

außerdem:
1 Gläschen Amaretto, verdünnt mit einem Sirup aus 50 g Zucker und 150 ml Wasser, 250 ml Sahne
50 g kandierte Früchte

BIANCO MANGIARE

Tässchen

Dies ist eine sehr feine Nachspeise, die man am Ende einer Mahlzeit in Tassen reicht, die kleiner sind als Kaffeetassen, 1 Täßchen pro Person – daher auch der Name »le Tazzine«. Im Folgenden die Mengen für 10 Personen:

60 g süße Mandeln, 300 g Zucker, 10 Eidotter, 1 dl Wasser mit Duftstoff »Orangenblütenwasser«, Zimt in ausreichender Menge

Die geschälten Mandeln werden nußbraun geröstet, sehr fein zerstoßen und beiseite gestellt.

Den Zucker läßt man in der angegebenen Wassermenge 1 oder 2 Minuten lang kochen, er darf aber nicht braun werden. Wenn er lauwarm ist, setzt man die Eidotter zu, einzeln nacheinander oder höchstens 2 auf einmal. Das Gefäß kommt auf sehr mäßige Glut und wird ständig in ein und derselben Richtung umgerührt. Wenn die Masse etwas eingekocht ist und keine Gefahr mehr besteht, daß sie ansetzt oder klumpt, kann man sie, damit sie besser aufgeht, von unten nach oben mit dem Schaumschläger durchklopfen, bis die Eidotter ihre lebhafte Färbung verloren haben und alles eine dichte Creme geworden ist. Darauf kommen Duftstoff und Mandeln dazu und werden gut verrührt. Die steife Flüssigkeit wird in Täßchen abgefüllt, und auf jedes streut man in der Mitte 1 Prise Zimt, was aber dem Gast überlassen bleibt, der je nach Geschmack mit dem Löffelchen etwas davon einrührt, um das »Getränk« duftiger zu machen. Man kann diese Süßspeise auch einige Tage vor der Mahlzeit zubereiten, weil sie sich so lange hält.

SO KOCHT DER MEISTER

Zutaten für vier Personen:

3 Gelatineblätter (10 g)
100 g süße und einige bittere Mandeln
250 ml Milch, 80 g Zucker
Vanillezucker, 250 g Sahne

Die Blattgelatine in kaltem Wasser einweichen. Die Mandeln mahlen, mit Milch und Zucker vermischen und zum Kochen bringen.
Den Topf vom Herd nehmen, die Gelatineblätter gut ausdrücken und in die heiße Masse geben. Dabei ständig rühren, bis sich die Gelatine vollständig in der Flüssigkeit gelöst hat.
Das Ganze durch ein Spitzsieb gießen und dabei möglichst viel Flüssigkeit auspressen. Die Creme erkalten lassen. Sobald die Creme beginnt, fest zu werden, die Sahne schlagen und unterheben. Alles gut vermengen und die Masse in eine Form füllen. 2 Stunden im Kühlschrank kalt stellen. Vor dem Servieren die Form kurz in warmes Wasser tauchen und die Creme auf eine Servierplatte stürzen.

LATTE BRÛLÉ

Creme brûlé

1 l Milch, 180 g Zucker, 8 Eidotter und 1 Eiklar

Die Milch wird mit 100 g Zucker aufgesetzt und eine ganze Stunde lang gekocht. Dann läßt man sie abkühlen. Die restlichen 80 g Zucker werden in einer Kasserolle aufgesetzt, in der man ihn flüssig werden läßt. Man gießt davon soviel in eine glatte Form, daß der Boden wie mit einem dünnen Schleier bedeckt ist. Was noch in der Kasserolle ist, bleibt weiter auf dem Feuer, bis es schwarz ist. Dann kommt eine kleine Kelle Wasser dazu, worauf der Zucker knisternd gerinnt. Er bleibt aber weiter auf dem Feuer und wird umgerührt, bis er eine dicke, schwarze Flüssigkeit bildet. Man stellt ihn beiseite, quirlt die Eier und mengt dann alles zusammen: die Milch, die Eier und den verbrannten Zucker. Man probiert, ob die Mischung süß genug ist und seiht sie dann durch ein nicht zu enges Sieb. Gebacken wird im Wasserbad mit Oberhitze. Wenn die Oberfläche beginnt, Farbe anzunehmen, legt man ein mit Butter eingefettetes Blatt unter den Deckel. Um festzustellen, ob das Dessert gar ist, sticht es mit einem kleinen Messerchen an. Wenn dieses sauber und trocken bleibt, nimmt man die Form vom Feuer, läßt gut abkühlen, und fährt vor dem Ausformen mit einem dünnen Messer an der Innenseite der Form entlang. Dann kippt man die Süßspeise mit einem Tuch oder auch ohne auf eine Platte. Im Sommer sollte man die Form vor dem Stürzen auf Eis stellen. Die Menge kann für 10 Personen reichen.

SO KOCHT DER MEISTER

100 g Zucker mit etwas Wasser in einen kleinen Kupfertopf geben. Bei schwacher Hitze den Zucker schmelzen lassen, bis er eine goldbraune Farbe annimmt. Den Topf vom Herd nehmen und den Karamel in kleine Metallformen gießen.

Die Milch mit dem Zucker und der Zitronenschale zum Kochen bringen. Die Eier mit dem Vanillezucker in einer Schüssel schlagen. Unter ständigem Rühren die warme Milch langsam zur Eimasse gießen, ohne daß die Eier gerinnen. Die Creme durchsieben und in die Förmchen füllen. Die Förmchen in Wasserbad im Ofen backen und dabei darauf achten, daß das Wasser nicht kocht. Wenn die Creme fest ist, die Förmchen aus dem Ofen nehmen, abkühlen lassen und dann im Kühlschrank kalt stellen. Die Creme aus den Formen stürzen und mit Gebäck servieren.

Zutaten für sechs Personen:

100 g Zucker für Karamel
500 ml Milch
125 g Zucker
etwas Schale von einer
unbehandelten Zitrone
4 Eier
Vanillezucker

Variation

Das Wasser mit dem Zucker in einem kleinen Topf zum Kochen bringen. Den Kakao zugeben und wieder zum Kochen bringen.
Den Topf vom Herd nehmen, die Schokolade in Stücken hineingeben und rühren, bis sie geschmolzen sind. Die Creme durchsieben. Kalt oder heiß servieren.

Zutaten für sechs Personen:

200 ml Wasser, 200 g Zucker
60 g Kakao
30 g zartbittere Schokolade

Variation

250 ml Milch, 1 Vanillestange
3 Eigelbe, 75 g Zucker
1 Teelöffel Mehl
50 ml Sahne

Die Milch mit der Vanillestange kochen. Die Eigelbe mit dem Zucker schaumig schlagen und das Mehl dazumischen. Die heiße Milch langsam unter ständigem Rühren in die Eigelbmasse gießen, so daß die Eier nicht gerinnen.

Den Topf wieder auf den Herd setzen (besser noch in ein Wasserbad) und unter ständigem Rühren weiter kochen. Den Topf vom Herd nehmen, die flüssige Sahne untermischen und das Ganze durch ein Sieb gießen. Die Vanillecreme je nach Bedarf kalt oder heiß servieren.

GNOCCHI DI LATTE

Milchklösse

1 l Milch, 240 g Zucker, 120 g Stärke in Pulverform, 8 Eigelbe, Vanillezucker

Alle Zutaten wie bei der Zubereitung einer Creme zusammenmischen, in einem Topf auf den Herd stellen und ständig rühren. Wenn die Mischung dickflüssig ist, noch einige Minuten auf dem Herd lassen und dann in eine Form bzw. in einen Teller gießen. Wenn die Creme kalt ist, in mandelförmige Stücke schneiden. Diese auf ein Kupfer- bzw. Porzellantablett symmetrisch aufstapeln und dazwischen einige Butterstücke legen. Im Ofen bzw. Steinofen backen und heiß servieren.

SO KOCHT DER MEISTER

Eine feste Creme nach Art einer Konditorcreme zubereiten. Dazu in einem Topf die Milch mit der Zitronenschale und die Hälfte des Zuckers aufkochen. In einer Schüssel die Eigelbe mit dem restlichen Zucker schaumig rühren, das Mehl und eine Prise Salz untermischen. Etwas Milch zugeben, um alles besser zu vermengen. Die Zitronenschale entfernen und die restliche Milch unter die Eigelbmasse mischen. Die Masse in den Topf zurückgeben und bei milder Hitze unter ständigem Rühren zum Kochen bringen. Einige Minuten kochen lassen und den Topf vom Herd nehmen. Die Butter untermischen, gleichmäßig ver-

mengen und das Ganze auf einen eingefetteten Teller
2 cm hoch verteilen.

Die Teigmasse abkühlen lassen und in viele kleine
Rechtecke schneiden.

Die Eier aufschlagen und verquirlen. Die Rechtecke zuerst im geschlagenen Ei und dann in den Semmelbröseln wenden. Die Rechtecke in heißem Öl ausbacken,
mit Puderzucker bestäuben und servieren.

Man kann zu der Teigmasse auch Rosinen und kandierte
Früchte geben.

Zutaten für sechs Personen:

500 ml Milch
1 Stück Schale von einer
unbehandelten Zitrone, 150 g Zucker
4 Eigelbe, 1 Prise Salz
100 g Mehl, 50 g Butter
2 Eier, Semmelbrösel
Puderzucker, Öl zum Fritieren

CIARLOTTA DI MELE

Apfelcharlotte

500 g Äpfel, Renetten, ein Stück einer Zimtstange, halbe Zitrone, 125 g Zucker, etwas altes
Weißbrot ohne Kruste, Butter

Renetten eignen sich gut, weil sie weich und duftig sind; in Ermangelung dieser Apfelsorte eine andere, ähnliche Sorte verwenden. Wenn dieses Kompott
lange Zeit aufbewahrt werden soll, doppelt so viel Zucker nehmen. Wenn man
es sofort verwendet, reicht eine Zuckermenge, die einem Viertel des Gewich-
tes der Äpfel entspricht.

Die Äpfel schälen, in Viertel schneiden und das Kerngehäuse entfernen. In fri-
sches, mit Zitronensaft gesäuertes Wasser tauchen. Die Viertel aus dem Was-
ser nehmen, trocknen und in dünne Scheiben schneiden. Diese mit etwas
Wasser und der Zimtstange in einen Topf geben und auf den Herd stellen.
Wenn die Äpfel zerfallen, den Zucker zufügen und rühren, bis sie gar sind. Die
Zimtstange herausnehmen.

Die Butter zerlassen und wenn sie sehr heiß ist, die 1 cm dicken Brotscheiben
darin wenden und damit eine runde Form komplett auslegen. In die Mitte der
Form das Apfelmus geben und mit weiteren in Butter getauchten Brotscheiben belegen. Wie einen Pudding zubereiten. Es reicht, wenn die Brotscheiben
angeröstet sind. Heiß servieren.

Diese Nachspeise kann beliebig geändert und komplizierter gestaltet werden.
Man kann zum Beispiel in der Mitte ein Loch freilassen, das mit Aprikosenmarmelade gefüllt werden kann; man kann verschiedene Kompottsorten verwenden und Schichten machen.

Man könnte anstelle der in Butter gewendeten Brotscheiben auch Mürbteig
nehmen.

SO KOCHT DER MEISTER

Zutaten für acht Personen:

1,2 kg Äpfel (Golden delicius oder
Renetten)
1 EL Butter, 150 g Zucker
1 Prise Zimt
abgeriebene Schale von
1 unbehandelter Zitrone
500 g Toastbrot in Scheiben
1 EL Puderzucker

Die Äpfel schälen, das Kerngehäuse entfernen und in Scheiben schneiden. In einer Kasserolle $1/2$ Eßlöffel Butter zerlassen. Die Apfelscheiben, den Zucker und ein halbes Glas Wasser dazugeben und bei milder Hitze kochen, bis die Äpfel gar sind und die Flüssigkeit verdampft ist. Mit dem Zimt und der abgeriebenen Zitronenschale würzen.

Die restliche Butter erwärmen. Die Toastbrotscheiben mit der Butter bestreichen. Die Charlottenform mit Butter einfetten, mit den Toastbrotscheiben auslegen und mit der Apfelmasse füllen. Die Oberfläche mit weiteren Toastbrotscheiben bedecken. Die Charlotte bei 200° im Ofen goldbraun backen. Aus dem Ofen nehmen, etwas abkühlen lassen und auf eine Platte stürzen. Mit dem Puderzucker bestäuben und warm servieren.

SOUFFLET DI CIOCCOLATA

Schokoladensoufflé

120 g Zucker, 80 g Kartoffelstärke, 80 g Schokolade, 30 g Butter, 400 ml Milch, 3 Eier, 1 Eßlöffel Rum

Die Butter zerlassen und die geriebene Schokolade darunter mischen. Wenn die Schokolade ebenfalls geschmolzen ist, die Kartoffelstärke, dann nach und nach die warme Milch und zum Schluß den Zucker unter kräftigem Rühren zugeben. Wenn die Masse geschmeidig und gar ist, kaltstellen. Zum Schluß den Rum und die Eier (zuerst die Eigelbe und dann die steif geschlagenen Eiweiße) zugeben. Wenn man mehr als drei Eiweiße zur Verfügung hat, gelingt diese Süßspeise noch besser.

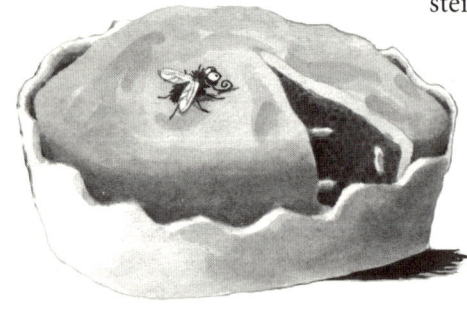

Eine feuerfeste Form mit Butter einfetten, im Ofen backen bzw. zwischen zwei Hitzequellen stellen, bis die Speise gut aufgegangen ist.

Diese Zutaten reichen für sechs Personen.

SO KOCHT DER MEISTER

Die Milch mit dem Zucker aufkochen. In einem Topf die
Butter zerlassen und das Mehl untermischen. Die heiße
Milch zugießen und das Ganze 2 Minuten bei milder
Hitze kochen.
Den Topf vom Herd nehmen und etwas abkühlen lassen.
Dann die Eigelbe nacheinander unterrühren. Die Scho-
kolade im Wasserbad schmelzen und unter die Masse
rühren. Die Eiweiße zu steifem Schnee schlagen und unterheben.
Eine feuerfeste Form einfetten und mit Zucker bestäuben. Die Form zu drei Vierteln mit
der Schoko-Creme füllen. Das Soufflet bei 180 °C 35 bis 40 Minuten backen. Die Form
aus dem Ofen nehmen, mit Puderzucker bestäuben und sofort mit warmer Vanillesauce servieren.

Zutaten für vier Personen:

250 ml Milch
50 g Zucker, 50 g Butter
50 g Mehl, 4 Eier
50 g Zartbitterschokolade

SOUFFLET DI FARINA DI PATATE

Vanillesoufflé

100 g Zucker, 80 g Kartoffelstärke, $1/2$ l Milch, 3 Eier, 2-3 Eiweiße, Vanillezucker bzw. abgeriebene Zitronenschale

In einem Topf den Zucker und die Stärke vermischen; nach und nach die kalte
Milch unter Rühren zugießen. Diese Mischung auf den Herd stellen, bis sie
sich verfestigt hat, ohne daß sie kocht. Zuerst Vanillezucker und drei Eigelbe,
dann die steif geschlagenen Eiweiße untermischen.
Die Masse auf ein Metalltablett geben, abdecken und im Ofen backen, bis sie
aufgeht und leicht braun wird. Mit Puderzucker bestäuben und sofort servieren. Diese Süßspeise ist sehr delikat und sollte etwas davon übrigbleiben, wird
sie auch kalt gut schmecken. Diese Zutaten reichen für fünf Personen.

SO KOCHT DER MEISTER

Die Vanilleschote längs aufschlitzen. Das Mark herausschaben und in die Milch geben.
Die Vanilleschote mit dem Zucker in die Milch geben, das Ganze aufkochen und unter
gelegentlichem Rühren auf schwachem Feuer einige Minuten kochen.
In einem Topf die Butter zerlassen und das Mehl zugeben. Die Vanilleschote entfernen
und die warme Milch unter Rühren langsam zugießen. Alles gut vermengen, wieder

Zutaten für vier Personen:

1 Vanilleschote
250 ml Milch, 50 g Zucker
50 g Butter
50 g Mehl, 4 Eier

aufs Feuer geben und 2 Minuten bei schwacher Hitze kochen lassen. Den Topf vom Herd nehmen und die Masse etwas abkühlen lassen. Die Eier trennen und die Eigelbe nacheinander ini die Vanillecreme rühren. Die Eiweiße zu steifem Schnee schlagen und unter die Soufflémasse heben.

Eine runde, feuerfeste Form mit Butter einfetten und mit Zucker bestäuben. Die Form bis zu drei Vierteln mit der Soufflémasse füllen und bei 180 °C etwa 35 bis 40 Minuten backen. Die Form aus dem Ofen nehmen, das Soufflé mit Puderzucker bestäuben und sofort mit einer warmen Vanille- bzw. Schokoladensauce servieren.

Variation

Das obige Soufflet-Rezept zusammen mit 1 Rezept vom Schokoladensoufflé zubereiten. Eine feuerfeste Form zur Hälfte mit der hellen Soufflet-Creme, zur anderen Hälfte mit der Schokoladencreme füllen. Wie bei den Soufflet-Rezepten zubereiten und backen. Mit warmer Vanillesauce servieren.

Variation

Das Vanillesoufflé zubereiten. Bevor der Eischnee untergehoben wird, ein Gläschen Grand Marnier in die Masse gießen. Mit warmer Vanillesauce servieren.

Variation

Das Vanille-Soufflet wie beschrieben zubereiten. Die Schale einer halben unbehandelten Orange in die Milch geben und mitkochen. Die Orangenschale nach dem Kochen entfernen. Bevor der Eischnee untergehoben wird, etwas abgeriebene Orangenschale in die Masse mischen. Eine warme Vanillesauce zubereiten, mit Cointreau abschmecken und zum Soufflet servieren.

GELATINA DI ARANCIO IN GELO
Orangengelee

150 g Zucker, Saft einer Zitrone, Saft einer großen Orange, 20 g Blattgelatine, 400 ml Wasser, 4 Eßlöffel Alkermes, 2 Eßlöffel Rum,

Die Blattgelatine 2 bis 3 Stunden einweichen. In dieser Zeit das Wasser einmal wechseln. Den Zucker in der Hälfte des Wasser 10 Minuten lang kochen und durch Filterpapier abgießen. Den Zitronen- und Orangensaft durch Filterpapier sieben und zum Zuckersirup geben.
Die eingeweichte Blattgelatine in 200 ml Wasser zum Kochen bringen und zum Zuckersirup geben. Alkermes und Rum hinzufügen. Wenn es zu erkalten beginnt, in die Form gießen. Die Formen für solche Desserts sind aus Kupfer und spitzförmig. Manche haben in der Mitte ein Loch. Die Nachspeise läßt sich gut stürzen, indem man die Formen leicht einfettet, bevor sie mit der Masse gefüllt werden, dann kurz in warmes Wasser taucht und mit einem heißen Tuch reibt. Die Blattgelatine ist nicht schädlich; sie liegt allerdings schwer im Magen.

SO KOCHT DER MEISTER

Die Blattgelatine einige Minuten in kaltem Wasser einweichen. Den Orangensaft mit $1/4$ l Wasser, dem Zucker, dem Zitronensaft, dem Likör und der abgeriebenen Orangenschale aufkochen.

Zutaten für vier Personen:

8 Blatt Gelatine
$1/4$ l frisch gepreßter Orangensaft
120 g Zucker
Saft von 1 Zitrone
2 cl Cointreau
abgeriebene Schale von
1 unbehandeltenOrange
1 Orange

Die Gelatineblätter gut ausdrücken, in die heiße, aber nicht kochende Flüssigkeit geben und mit einem Schneebesen rühren, bis sie sich vollständig gelöst hat. Die Flüssigkeit beiseite stellen.
Inzwischen die Orange mit einem sehr scharfen Messer filetieren. Dazu die Orangenschale einschließlich der weißen Haut abschneiden. Die Filets durch Schnitte entlang den Trennhäuten auslösen.
Die Orangenfilets auf vier Glasschalen verteilen, das Gelee darübergießen und im Kühlschrank bis zum Servieren mehrere Stunden festwerden lassen.

ZABAIONE

3 Eigelbe, 30 g Zucker, ca. 9 Eßlöffel Madeira bzw. Marsalawein

Werden die Zutaten verdoppelt, so reichen sie für acht Personen. Wenn man
den Zabaione mit mehr Alkohol wünscht, einen Eßlöffel Rum hinzufügen;
auch etwas Zimt in Pulver würde dazu passen.Die Eigelbe und den Zucker mit
einem Holzlöffel rühren, bis die Masse hell wird; den Madeira zugießen; den
Topf auf den Herd stellen und ständig rühren; darauf achten, daß die Creme
nicht kocht. Wenn die Creme im Topf aufsteigt, den Topf vom Herd nehmen.

SO KOCHT DER MEISTER

Zutaten für vier Personen:

8 Eigelbe
160 g Zucker
10 ml Marsala bzw. Madeira
10 ml trockener Weißwein

*Die Zubereitung dieser herrlichen Weinschaumcreme
erfordert Geschick und einige Erfahrung. Wichtig ist,
daß die Eigelbe mit dem Zucker zu einer sehr feinen
Schaummasse verarbeitet werden,ehe man die Creme
mit dem Wein im Wasserbad oder auf kleinstem Feuer
aufschlägt. Wegen der Salmonellengefahr nur Eigelbe
von ganz frischen Eiern verwenden.*

LATTERUOLO

Milchkuchen

Dies ist eine köstliche Zuspeise. An manchen Orten der Romagna (vielleicht
auch anderswo in Italien) bringen die Bauern sie ihrem Padrone als Geschenk
zum Fest »Corpus Domini«.

1 l Milch, 100 g Zucker, 8 Eidotter, 2 Eiweiß, Vanille oder Koriander

Die Milch wird mit dem Zucker 1 Stunde lang gekocht, auch eine Viertelstunde länger, wenn ihr der Qualität nicht ganz sicher seid. Nehmt ihr Koriander dazu, so zerstoßt ihn im Mörser und gebt ihn als Pulver zur Milch. Bei
der Milch muß von Zeit zu Zeit die sich bildende Haut durchgestoßen werden. Sie wird dann durchgeschlagen, und wenn sie abgekühlt ist, mischt man
die gequirlten Eier hinein.

Man nimmt eine Pfanne, die man mit einem einfachen Teig aus Wasser und Mehl auslegt, und füllt die Milch-Eier-Masse ein. Man bäckt mit mäßiger Ober- und Unterhitze. Um das Bräunen zu verhindern, legt man eine mit Butter eingefettete Folie darüber. Wenn der Kuchen abgekühlt ist, zerschneidet man ihn mit dem untergelegten Teig in Mandelgröße.

SO KOCHT DER MEISTER

Die Vanilleschote der Länge nach aufschlitzen und das Mark herausschaben. Das Vanillemark mit der Schote und 100 g Zucker in die Milch geben, alles aufkochen lassen und auf kleiner Flamme köcheln, bis die Milch auf etwa die Hälfte eingekocht ist. Dabei immer wieder umrühren, damit die Milch nicht anbrennt. Die Vanille-schote entfernen und die Milch etwas abkühlen lassen. Inzwischen die Eigelbe schaumig rühren. Die Milch vor-sichtig in die Eigelbmasse rühren. Die Eiweiße mit dem Salz zu sehr festem Eischnee schlagen und unter die Ei-Milch-Masse heben.

Eine Puddingform oder 4 Portionsförmchen mit der Butter ausfetten. Die Milchmasse hineingeben. Die Form schließen bzw. die Portionsförmchen mit Alufolie abdecken und den Milchkuchen im Ofen etwa 40 Minuten eindicken lassen.

Den Milchkuchen auskühlen lassen und aus der Form stürzen. Den restlichen Zucker in einer beschichteten Pfanne anbräunen lassen. Den Zitronensaft und den Marsala zugeben und alles gut verrühren. Den Latteruolo mit der Sauce begießen.

Zutaten für vier Personen:

1 Vanilleschote, 150 g Zucker
1 l Milch, 8 Eigelb
2 Eiweiß, 1 Prise Salz
20 g Butter, Saft von 1/2 Zitrone
5 cl Marsala

Alkoholfreie Getränke

Sirup von säurehaltigen Früchten ist, in Wasser gelöst oder gefroren, eine Erfrischung, die besonders in der warmen Jahreszeit willkommen ist. Man sollte ihn aber erst genießen, wenn die Verdauung beendet ist. Denn des vielen Zuckers wegen liegt er schwer im Magen und sollte auf keinen Fall kurz nach der Mahlzeit genommen werden.

Sirup von Johannisbeeren

Diese stark glutinhaltige Frucht erfordert eine lange Fermentation. Wenn man Zucker in dem frisch ausgepreßten Johannisbeersaft auflöst, bekommt man keinen Sirup, sondern ein Gelee.

Man zerdrückt die Johannisbeeren an den Stielen, so wie man es beim Mosten von Trauben macht, und stellt sie in einem Ton- oder Holzgefäß an einen kühlen Platz. Wenn sie angefangen haben zu fermentieren (was erst nach 3 oder 4 Tagen sein kann), drückt man die oberste Schicht herunter und rührt von da ab zweimal täglich um, solange die Flüssigkeit arbeitet. Sie wird dann in kleinen Mengen durch ein Tuch geschlagen und gut mit den Händen ausgepreßt, anschließend muß sie gefiltert werden, wenn nötig 3- bis 4mal oder auch öfter, bis sich eine vollkommen klare Flüssigkeit ergibt. Diesen Saft setzt man auf das Feuer, und wenn er gerade anfangen will zu kochen, setzt man Zucker und Zitronensäure im folgenden Mengenverhältnis zu:

3 kg Saft, 4 kg weißer Zucker, 30 g Zitronensäure

Es muß pausenlos umgerührt werden, damit der Zucker nicht ansetzt. Wenn der Sirup 2 oder 3 Minuten lang stark gekocht hat, probiert man ihn, um bei Bedarf noch Zitronensäure nachgeben zu können, nimmt ihn dann ab, läßt ihn kalt werden, füllt ihn in Flaschen und bewahrt ihn im Keller auf.

Himbeersirup

Der Wohlgeruch dieser Beere macht den daraus gewonnenen Saft zum König unter den Fruchtsäften. Nachdem man die Himbeeren gut mit den Händen zerdrückt hat, geht man weiter vor wie oben beschrieben, auch mit den gleichen Mengen an Zucker und Zitronensäure. Allerdings ist die Gärungsperiode kürzer, weil diese Beerenfrucht weniger Glutin enthält als Johannisbeeren. Diese Säfte brauchen soviel Zucker, weil er der Konservierung dient. Die übermäßige Süße wird durch die Zitronensäure ausgeglichen.

Himbeersaft sauer

Man macht ihn mit Zitronensäure und Weinessig bester Qualität. Beides gießt man in den Himbeersirup, wenn er vom Feuer genommen wird. Die nötige Essigmenge probiert man aus, indem man ein bißchen Sirup in Wasser löst und abschmeckt. Dieses Getränk löscht besser den Durst als das vorige, ist aber gleichfalls angenehm trinkbar.

ZITRONENSIRUP

3 Zitronen, 600 g weißer Zucker, 1 Glas Wasser (etwa 3 dl)

Man schält die Zitronen sorgfältig (auch das weiße Häutchen etc.), zerlegt sie und entnimmt ihnen die Kerne, ohne sie auszupressen. Eine der Schalen zerteilt man mit dem Federmesser in dünne Streifchen, wirft sie in das Wasser, und wenn dieses zu kochen beginnt, gießt man den Zucker hinein. Man läßt noch etwas kochen, nimmt dann die Zitronenschalen heraus und gibt statt dessen die zerlegten Zitronen hinein. Der Sirup wird eingekocht. Wenn er fertig ist, erkennt man es daran, daß er beim Kochen perlt und die Farbe von Weißwein annimmt
Er wird in einem Glasgefäß konserviert, bei Bedarf nimmt man 1 Eßlöffel voll heraus und verdünnt ihn nach Geschmack mit Wasser. Damit hat man ein ausgezeichnetes, erfrischendes Getränk. Man wundert sich, daß es in Italien noch Gegenden gibt, wo es in den Kaffeehäusern nicht angeboten wird.

MARENA

Man nimmt echte Weichselkirschen, die auch in reifem Zustand noch sauer sind. Man entfernt die Stengel und preßt die Kirschen wie Trauben beim Keltern. Man legt eine Handvoll Kerne beiseite, deren Verwendung ich später erläutern werde. Die gepreßten Kirschen werden in einem irdenen Gefäß mit einem ordentlichen Stück Zimt (Stangenzimt) an einen kühlen Ort gestellt, wo sie nach frühestens 48 Stunden zu gären anfangen. Man drückt sie zusammmem und rührt von Zeit zu Zeit um. Jetzt bräuchte man eine Presse, um den Saft herauszudrücken. Wenn man aber keine hat, nimmt man jeweils kleine Mengen in ein dünnes Tuch und preßt sie mit den Händen aus.
Ich betonte schon, daß diese Säfte völlig klar sein sollen; wenn die Flüssigkeit also geruht und sich gesetzt hat, gießt man den klaren Teil ab und passiert den Rest mehrmals durch einen Wollfilter. Die gereinigte Flüssigkeit setzt man mit dem empfohlenen Stück Zimt in folgendem Mengenverhältnis ans Feuer:

6 kg klarer Saft, 8 kg weißer Zucker, 50 g Zitronensäure

Zucker und Zitronensäure werden erst zugegeben, wenn der Saft gut warm ist. Von da an wird öfter umgerührt, damit sich der Zucker nicht am Boden ansetzt und braun wird. Die Kochdauer ist kurz: 4 bis 5 Minuten genügen, um den Zucker fest mit der Flüssigkeit zu verbinden. Längeres Kochen würde dem Fruchtsaft das Aroma nehmen, bei ungenügender Kochzeit würde der Zucker mit der Zeit wieder ausfallen.

Die Marena wird dann in ein tönernes Gefäß gegossen und kalt in Flaschen abgefüllt. Man verschließt die Flaschen mit einfachen Korkstöpseln und bewahrt sie im Keller auf, wo sich die Marena wie die anderen Konserven aus Fruchtsaft jahrelang unverändert aufbewahren läßt.

Nun zu den vorher erwähnten Kernen: Man trocknet sie und versetzt sie mit 30 g geschälten Mandeln, zerkleinert alles im Mörser sehr fein und mischt es unter die Kirschen, ehe sie zu fermentieren begonnen haben. Der leicht bittere Geschmack verfeinert das Aroma des Sirups.

SAPA

Die Sapa ist weiter nichts als ein Traubensirup, der in der Küche vielfache Verwendung findet, weil sein besonderer Geschmack sich für viele Gerichte eignet. Besonders willkommen ist sie im Winter den Kindern, die daraus mit frisch gefallenem Schnee eine Art Speiseeis improvisieren.

Man preßt gut reife, weiße Trauben bester Qualität, und wenn sie etwa 24 Stunden fermentiert haben, zieht man den Most ab und schlägt ihn durch ein Tuch. Dieser Most muß viele Stunden auf dem Feuer kochen, bis er zu Sirup geworden ist, den man in Flaschen aufbewahrt.

SO KOCHT DER MEISTER

Es gibt nur noch wenige Privathäuser, in denen Sirup hergestellt wird. Wenn aus dem eigenen Garten Obstmengen anfallen, die eine solche Verwertung nahelegen, wird man dem Obstsaft, dem nur wenig oder kein Zucker zugesetzt wird, heute in jedem Fall den Vorzug geben, da die gewaltigen Zuckermengen, die bei der Herstellung von Sirup verbraucht werden, mit den Erkenntnissen der modernen Ernährungswissenschaft nicht zu vereinbaren sind.

Auch für den Privathaushalt stehen heute moderne und gut zu handhabende Entsaftungsgeräte zur Verfügung, und durch sachgerechtes Sterilisieren erreicht man auch bei Frischsäften eine ausreichende Haltbarkeit, wenn auch diese nicht mit der außerordentlichen Haltbarkeit von Sirup zu vergleichen ist. Allgemein gilt, daß frisch gepreßte Obstsäfte der Gesundheit des Menschen am förderlichsten sind. Sie sollten allerdings unmittelbar nach dem Pressen getrunken werden. Säfte, die zu Hause oder in den Mostabfüllanlagen, wie sie auf dem Land vielfach von den Gemeinden betrieben werden, sterilisiert wurden, lassen sich meist den ganzen Winter über konsumieren.

Echte Sirupe werden heute fast nur noch im Barbetrieb verwendet . Sie dienen beim Mixen von Cocktails zum Süßen, zur Geschmacksveredelung und zum Färben verwendet. Diese Sirupe sind als Fertigfabrikate erhältlich. Der zum Mixen meistverwendete Sirup ist der Grenadine. Er wird meist aus natürlichen Fruchtsäften hergestellt und geschmacklich auf das Aroma von Granatapfelsirup abgestimmt. Wegen seines intensiven Aromas und der schönen Farbe hat er in der Bar den bis vor wenigen Jahrzehnten vielverwendeten Himbeersirup weitgehend abgelöst.

Daneben werden auch Zitronen-, Limonen und Cassissirup (schwarze Johannisbeere) angeboten und verwendet. Eine Sonderrolle spielen exotische Sirupe, die aus Maracujas, Mandeln (Orgeat oder Orzata) oder Kokosmark gewonnen werden. Besonders die in diesem Zusammenhang den Sirupen zuzuordnende »Cream of Coconut« spielt beim Mixen exotischer Drinks eine wichtige Rolle.

Daneben werden in Supermärkten verschiedene Sirupe zur Herstellung von Erfrischungsgetränken in guter Qualität angeboten, so daß auch unter diesem Aspekt die Herstellung zum Eigenverbrauch kaum lohnt.

KAFFEE

Ob man sich nun der Meinung anschließt, der Kaffee stamme aus Persien, Äthiopien oder Kleinasien, auf jeden Fall ist er eine orientalische Pflanze, ein kleiner, immergrüner Baum, der 4 bis 5 Meter hoch werden kann und nicht dicker als 5 bis 8 Zentimeter. Der beste Kaffee kommt aus Mokka (Mocha, Jemen), und das könnte die These stützen, daß dies wirklich seine Heimat ist. Ein muselmanischer Priester in Jemen soll beobachtet haben, daß Ziegen, die Beeren einer in dieser Gegend wildwachsenden Pflanze gefressen hatten, heiterer und lebhafter waren als die anderen. Er sammelte die Samenkörner, zerkleinerte sie, machte einen Aufguß daraus und erfand so das Kaffeegetränk, wie wir es heute kennen.

Dieses wertvolle Getränk, das den ganzen Körper anregt, ist auch der Trank der Intellektuellen, der Freund der Literaten, Wissenschaftler und Poeten genannt worden, weil es die Nerven wachrüttelt, die Gedanken klärt, die Vorstellungskraft fördert und das Denken beschleunigt.

Die Güte des Kaffees ist, ohne zu probieren, schwer festzustellen, und die betont grüne Farbe, die manche am Rohkaffee so schätzen, ist häufig künstlich erzeugt. Dem Rösten ist besondere Sorgfalt zu widmen, denn abgesehen von der Qualität der Kaffeebohnen hängt davon die Güte des Getränks ab. Das Beste ist, er bekommt seine Farbe nach und nach. Wenn er zu knistern und zu dampfen beginnt, unterbricht man das Rösten sofort, um es nach kurzer Zeit fortzusetzen, wobei man darauf achtet, daß er nur kastanienbraun wird und kein Öl absondert. Beim Rösten verliert der Kaffee 20 Prozent seines Gewichts. Wie mehrere Fischsorten zusammen eine bessere Fischbrühe ergeben, so erhält man aus der Mischung verschiedener getrennt gerösteter Kaffeesorten ein besseres Aroma. Mir scheint, daß 250 g Puertorico, 100 g San Domingo und 150 g Mokka eine dankbare Mischung sind. Auch 300 g Puertorico mit 200 g Mokka ergeben ein schönes Resultat.

15 g dieses Kaffeepulvers ergeben eine gute Tasse Kaffee, wenn man aber für mehrere Personen aufgießt, genügen 10 g pro Kopf für eine der üblichen kleinen Tassen. Man bewahrt den gerösteten Kaffee in einer gut verschließbaren Metalldose auf und mahlt immer nur soviel, wie man im Augenblick braucht, weil der gemahlene Kaffee noch leichter sein Aroma verliert.

Wen der Kaffee zu sehr erregt oder wem er den Schlaf raubt, der sollte natürlich nur geringe Mengen genießen. Man kann seine Wirkung auch durch Zusatz von Zichorie oder gerösteter Gerste herabmindern. Ständiger Kaffeegenuß setzt seine Wirkung herab und kann sogar schädlich sein. Ein Arzt erzählte mir von einem Landbewohner, der in den seltenen Fällen, in denen er Kaffee zu trinken bekam, jedesmal krank wurde und eindeutig Symptome einer Vergiftung zeigte. Kindern sollte deshalb der Kaffeegenuß nicht erlaubt werden.

In feuchten oder sumpfigen Landstrichen erzeugt der Kaffee nicht dieselbe Erregung wie in trockenen; vielleicht sind es deshalb in Europa die Länder Belgien und Holland, wo man am meisten Kaffee trinkt. Im Orient, wo man ihn äußerst fein mahlt, so daß sich der Kaffeegrund nicht absetzt, sondern als trübe Flüssigkeit mitgetrunken wird, steht die Kanne ständig auf dem Feuer. Professor Mantegazza sagt: »Der Kaffee fördert die Verdauung in keiner Weise.« Das mag gelten für Menschen, die von ihm nicht angeregt werden. Es ist aber eine unleugbare Tatsache, daß Menschen, deren pneumogastrisches Nervensystem er anregt, mit Kaffee besser verdauen, und der Brauch, nach einer üppigen Mahlzeit eine gute Tasse Kaffee zu trinken, bestätigt es. Trinkt man ihn morgens, so scheint er den Magen von unverdauten Rückständen zu befreien und macht ihn erst für weitere Nahrungsaufnahme bereit.

Venedig war infolge seiner Handelsbeziehungen zum Orient die erste italienische Stadt, in der Kaffee getrunken wurde, vielleicht schon Ende des 16. Jahrhunderts. Das erste Kaffeehaus wurde dort aber erst 1645 eröffnet, darauf in London und wenig später auch in Paris, wo ein Pfund Kaffee bis zu 40 Scudi (italienischer Silbertaler) kostete. Das Kaffeetrinken wurde dann allgemein üblich, und der Konsum stieg schnell an bis zu den ungeheuren Mengen, die heute verbraucht werden.

SO KOCHT DER MEISTER

Italien ist ein Land der Kaffeetrinker, und seine Kaffeespezialitäten sind weltberühmt. Anders als nördlich der Alpen, wo man ihn in großen Mengen, aber geringer Stärke trinkt, liebt der Italiener seinen Kaffee heiß und stark. Dafür begnügt er sich mit winzigen Mengen, die, wie der Mokka im Orient, aus kleinen Tassen getrunken werden.

Italienischer Kaffee ist dunkler geröstet als sonst in Europa üblich, und auch die Zubereitung ist anders. Denn aus dem Wunsch, den Kaffee auf ausdrückliche Bestellung – »espresso« – sofort serviert zu bekommen, entwickelte man ein Zubereitungsverfahren, das die Herstellungszeit auf wenige Minuten verkürzt. Den auf diese Weise hergestellten Kaffee nannte man wie die Bestellung »Espresso«. Zu Artusis Zeiten noch unbekannt, hat der Espresso in den vergangenen Jahrzehnten einen Siegeszug auch außerhalb Italiens angetreten und ist zu einer Art Kultgetränk geworden.

Anders als beim gebrühten oder gefilterten Kaffee wird beim Espresso eine kleine Menge kochenden Wassers unter Druck durch das Kaffeepulver geleitet. Auf Grund der daraus resultierenden kurzen Brühzeit werden viele schädliche Substanzen nicht aus dem Kaffeepulver gelöst. Das macht den Espresso so bekömmlich.

Zur Herstellung von Espresso braucht man nicht nur das spezielle, besonders fein gemahlene Kaffeepulver aus Italien – mittlerweile in jedem Supermarkt erhältlich –, sondern auch die richtigen Geräte. Am billigsten geht es mit den berühmten zweigeteilten Aluminiumkannen: Man füllt den Wassertank, gibt Kaffeepulver in den Filter, schraubt den Kannenaufsatz auf den Tank und stellt das Ganze so lange auf das Feuer, bis der im Wasserreservoir entstehende Überdruck das Wasser durch das Kaffeepulver in den Kannenaufsatz gedrückt hat.

Echte Espressoliebhaber sind mit dem Ergebnis aber selten zufrieden. Denn der so gewonnene Kaffee schmeckt zwar nicht schlecht, was ihm aber fehlt, ist die appetitliche hellbraune »Crema«, der würzige Schaum, der den maschinell gebrühten Espresso im Restaurant bedeckt. Diese Crema erhält man ausschließlich bei Verwendung einer hochwertigen elektrischen Espressomaschine. Denn sie bildet sich nur, wenn das kochende Wasser mit sehr hohem Druck durch das Kaffeepulver geführt wird. Die meisten der hochwertigen Espressomaschinen weisen zu diesem Zweck eine elektrische Hochdruckpumpe auf. Daneben gibt es aber auch noch eine italienische Traditionsmarke, die ohne Motor auskommt und mit Dampfdruck arbeitet. Den für die Erzeu-

gung der Crema notwendigen Druck erzielt man bei diesem Prinzip mittels einer Handpumpe, die mit einem langen Hebel betätigt wird. Eine Dampfdüse zum Aufschäumen von Milch ist bei guten Espressomaschinen selbstverständlich,
Die Zubereitung ist bei beiden Funktionsprinzipien gleich: Man heizt die Maschine vor und gibt einen Meßbecher voll Kaffeepulver in einen Metallfilter, legt ihn in die Batterie – einen mit einem Handgriff versehenen, Metallbehälter, und befestigt diesen mit einem Bajonettverschluß an der Espressomaschine. Man stellt eine oder zwei Tassen unter den Ausfluß und schaltet die Maschine ein, bis die Tassen gefüllt sind.
Für einen Cappuccino verfährt man in der gleichen Weise, nur nimmt man entsprechend größere Tassen. Man füllt die Tassen zu einem Viertel mit Espresso. Dann gibt man eine entsprechende Menge an Milch in ein Gefäß und schaltet die Dampfdüse ein. Man hält die Dampfdüse dicht über der Milchoberfläche, bis die Milch aufgeschäumt ist. Die aufgeschäumte Milch gibt man mit einem Löffel über den Kaffee und bestreut das Ganze mit Kakaopulver oder Schokoladensplittern.

Tee

Der Anbau von Tee wird fast ausschließlich in China und Japan betrieben, und er ist für diese Länder eine wichtige Exportware. Javatee, indischer Tee und Tee aus Brasilien sind nach allgemeiner Auffassung von weit geringerer Qualität (obwohl sich die Verhältnisse heute verschoben haben, verliert Artusis Urteil nicht ganz seine Gültigkeit).
Die eingerollten und für den Handel getrockneten Teeblättchen stammen von einem buschigen, immergrünen Strauch, der nicht höher als zwei Meter wird. Dreimal im Jahr werden die Blätter geerntet: im April, im Frühsommer und Mitte Herbst. Die Blätter der ersten Ernte, die klein und sehr zart sind, weil sie erst ein paar Tage vor den Ernte gesprossen sind, ergeben den sogenannten »Kaisertee«, der für den Gebrauch der Großen des Reiches im Land bleibt. Die dritte Ernte, bei der die Blätter voll entwickelt sind, ist die mindere Qualität.
Aller im Handel befindliche Tee läßt sich in zwei große Kategorien aufteilen: grüner und schwarzer Tee. Beide Kategorien lassen sich wieder in viele Sorten unterteilen. Der grüne Tee, der seine Farbe behält, weil er schneller getrocknet wird und nicht fermentieren kann, ist reicher an ätherischen Ölen und hat eine stärkere anregende Wirkung, weshalb man ihn am besten meidet oder mit schwarzem gemischt trinkt.
In China war der Teegenuß schon viele Jahrhunderte vor der christlichen Zeitrechnung üblich. In Europa wurde er Anfang des 16. Jahrh. von der

holländischen »Ostindischen Kompanie« eingeführt. Dumas d. Ältere berichtet, daß der Tee 1666 unter Ludwig XIV. gegen eine starke Opposition (wie beim Kaffee) in Frankreich eingeführt wurde.

Tee wird durch Aufgießen zubereitet. 1 Teelöffel reicht für eine der üblichen Tassen aus. Man wirft ihn in die mit kochendem Wasser vorgewärmte Teekanne, gießt zuerst nur soviel kochendes Wasser nach, daß er bedeckt ist, und nach 5 oder 6 Minuten, die ausreichen, damit die Blättchen sich aufrollen, schüttet man das andere Wasser gleichfalls kochend nach. Wenn der Tee nach 2 oder 3 Minuten gezogen hat, ist er fertig. Läßt man die Blätter zu lange darin, so wird der Tee schwarz und bitter, weil dann die in den Blättern enthaltene Gerbsäure frei wird, die stringierende Wirkung hat.

In manchen Provinzen Italiens, in kleineren Orten besonders, wird heute kaum Tee getrunken. Es ist erst ein paar Jahre her, da schickte ich einen jungen Diener von mir nach Bad Poretta, damit er sich dort etwas von der Meisterschaft der Bologneser Köche aneignen sollte. Es gab dort einige Gäste, die Tee verlangten, und da es am Ort keinen gab, wurde er sofort in Bologna bestellt. Der Tee kam, aber die Fremden beschwerten sich, weil der Aufguß nach nichts schmeckte. Und ahnt ihr weshalb? Man hatte die Teeblätter in ein Sieb getan und einfach kochendes Wasser hindurch gegossen. Der junge Mann, der in meinem Haus schon oft Tee bereitet hatte, korrigierte den Fehler. Daraufhin wurde der Tee für gut befunden.

Auch Tee erregt die Nerven und erzeugt Schlaflosigkeit. In den meisten Fällen ist er aber weniger wirksam als Kaffee, und, wie mir scheint, auch weniger »poetisch«, weil der Tee eher deprimiert, der Kaffee aber anregt. Immerhin hat der Chinatee vor dem aus Aleppo einen Vorzug: Er entspannt die Haut und läßt im Winter die Kälte leichter ertragen. Wer zu gewissen Mahlzeiten keinen Wein trinken will, findet jedenfalls im Tee – mit oder ohne Zusatz von Milch – ein wohlschmeckendes Getränk als Ersatz. Die Milch vermindert übrigens die Wirkung der Gerbsäure.

SO KOCHT DER MEISTER

Heute findet man in Supermärkten ein reiches Angebot an Teesorten. Unüberschaubar wird dieses Angebot in Spezialgeschäften, die für jeden Geschmack eine passende Teemischung anbieten. Der Verbraucher hält sich am besten an bewährte Standardmischungen wie Orange Pekoe oder Earl Grey von renommierten Herstellern. Zur Zubereitung gibt man pro Tasse 1 Teelöffel Tee in ein Teenetz, setzt das Netz auf eine vorgewärmte Kanne und gießt mit kochendem Wasser auf und läßt nach Belieben wenige Minuten ziehen. Läßt man den Tee weniger als 5 Minuten ziehen, wirkt er anregend, bei längeren Ziehzeiten wegen der frei werdenden Gerbsäure beruhigend.

Die heute auch in der Gastronomie weit verbreiteten Teebeutel sind für den Teekenner in den meisten Fällen nicht akzeptabel. Zu Hause und in der ambitionierten Gastronomie sollte man sich die Mühe machen, den Tee auf die traditionelle Weise zu brühen. Ein eigenes Kapitel bilden die Kräuter- und Früchtetees. Im Rahmen einer gesundheitsbewußten Ernährung erfreuen sich diese einst eher als Hausmittel eingesetzten Getränke großer Beliebtheit. Die Zubereitung entspricht der von schwarzem oder grünem Tee. Die angebotenen Qualitäten sind sehr unterschiedlich. Der anspruchsvolle Teetrinker wird im Spezialgeschäft sicher am besten bedient.

SCHOKOLADE

Ein Leser sagte zu mir: »Wie ist es möglich, soviel Worte auf das Lob des Kaffees und des Tees zu verwenden, und die ›Speise der Götter‹, die Schokolade, die meine Leidenschaft und mein liebstes Getränk ist, nicht einmal zu erwähnen«. Ich antwortete diesem Herrn, erstens wäre ich zu langatmig geworden, wenn ich die Geschichte der Schokolade, der Fälschungen und Manipulationen durch die Fabrikanten berichtet hätte, und zweitens könne jeder mehr oder weniger gut ohne Anleitung eine Trinkschokolade zubereiten.

Der Kakaobaum (Theobroma caccao) wächst wild im Süden Amerikas, besonders in Mexiko, wo seine Frucht seit urdenklichen Zeiten als Nahrungsmittel dient. Die Spanier entdeckten ihn bei ihrer ersten Landung

Die beiden bevorzugten Sorten sind der Caracas und der Maringa, die entsprechend gemischt den besten Kakao ergeben. Will man der Qualität in etwa sicher sein, so darf man nicht den billigsten kaufen und nur die Produkte bekannter und bewährter Hersteller. Für eine Tasse Kakao braucht man etwas weniger als 60 g, die man in 2 dl Wasser löst. Liebt man ein leichtes Getränk, so kann man 50 g nehmen, je nach Geschmack kann man aber auf 80 g erhöhen.

Man wirft die zerkleinerte Schokolade in das Wasser (Artusi scheint noch kein Kakaopulver gekannt zu haben; d. Ü.). Wenn es warm wird, rührt man gut um, damit sie nicht ansetzt und sich gut löst. Sobald die Schokolade aufkocht, nimmt man sie ab und quirlt sie 5 Minuten lang, dann läßt man sie noch einmal aufkochen und serviert.

Auch die Schokolade wirkt auf die Nerven und erhöht die Sensibilität. Sie ist aber reich an Eiweiß und Fett (Kakaobutter), soll aphrodisiakische Wirkung haben und ist nicht leicht verdaulich, weshalb man sie mit Zimt oder Vanille aromatisiert. Wenn einer geistig arbeiten muß und nicht schon am frühen Morgen den Magen mit einer ausgiebigen Mahlzeit belasten will, ist die Schokolade das ideale Morgengetränk.

Liköre

Liköre sind aus der italienischen Küche nicht wegzudenken. Man genießt sie zum Espresso, zum Dessert oder einfach so. Die als Aperitifs so beliebten Bitter – Campari oder Cincano Bitter – gehören zu den Likören. Auch zur Herstellung von Dolci finden sie oft und vielfach Verwendung. Was wäre das auch nördlich der Alpen so beliebte Tiramisu ohne das Aroma des Amaretto? Die Herstellung von Likören in der häuslichen Küche hat in Italien eine lange Tradition. Auch heute noch werden in vielen Privathäusern nach überlieferten Rezepten erlesene Liköre hergestellt.

ROSOLIO DI PORTOGALLO
Orangenlikör

1 Orange, 1 Prise Safran, 250 g Weingeist 36%, 360 g Wasser, 650 g feinster Zucker

Man schält mit dem Federmesser die Schale der Orange ab und gibt sie mit dem Safran zu dem Weingeist in ein Gefäß, das man dann mit einem perforierten Papier zudeckt und 3 Tage lang stehen läßt. In ein anderes Gefäß mit dem Wasser schüttet man den Zucker und rührt manchmal um, damit er sich gut löst. Am vierten Tag gießt man dann beide Flüssigkeiten zusammen und läßt sie weitere 8 Tage stehen. Nach dieser Zeit wird der Likör durch ein Tuch passiert, mit Papier oder durch ein Wolltuch gefiltert und in Flaschen gefüllt.

SO KOCHT DER MEISTER

Die äußere Orangenschale entfernen. Die geschälte Orange und eine Prise Safran in einem Gefäß mit Alkohol drei Tage lang ziehen lassen. Das Gefäß mit einem Blatt perforiertem Papier abdecken.
In einem anderen Gefäß den Zucker im Mineralwasser auflösen und ab und zu das Gefäß schütteln. Am vierten Tag Alkohol und Zuckersirup zusammenmischen und weitere 8 Tage stehen lassen. Nach Ablauf dieser Zeit den Likör durch Filterpapier filtern und in eine Flasche füllen.

Zutaten:

1 Orange
1 Prise Safran
250 g Alkohol 70%
650 g Zucker
36 ml stilles Mineralwasser, warm

ROSOLIO DI CEDRO
Zitronenlikör

800 g feiner weißer Zucker, 1 l Wasser (möglichst Quellwasser), 3 noch etwas grüne Zitronen, 8 dl starker Weingeist,

Man gießt den Zucker in das Wasser und bewegt ihn jeden Tag, bis er sich aufgelöst hat.
Zugleich reibt man die Zitronenschalen und läßt sie 8 Tage lang in 2 dl Weingeist stehen. An 3 oder 4 Tagen rührt man sie öfter um, im Winter stellt man sie an einen vor Kälte geschützten Platz. Nach 8 Tagen schlägt man den Zitronen-Aufguß durch ein nasses Tuch und preßt ihn gut aus. Diesen Extrakt

vermischt man mit den restlichen 6 dl Weingeist und läßt ihn 24 Stunden ruhen. Am Tag darauf mischt man alles zusammen und füllt die Flüssigkeit in eine Flasche, die man 14 Tage lang stehen läßt. Während dieser Zeit muß die Flasche öfter geschüttelt werden. Dann gibt man alles durch ein Papierfilter oder auch mehrmals durch einen Wollfilter.

SO KOCHT DER MEISTER

Zutaten:

3 unbehandelte grüne Zitronen
80 ml Alkohol
Zucker
1 l stilles Mineralwasser, warm

Die Zitronenschalen abreiben und 8 Tage lang in einem Gefäß mit 20 ml Alkohol stehen lassen. Ab und zu mischen, und sollte dieser Likör im Winter hergestellt werden, das Gefäß an einer vor Kälte geschützten Stelle aufbewahren. Nach Ablauf der angegebenen Zeit den Likör abseihen und mit dem restlichen Alkohol verdünnen. Die Flüssigkeit 24 Stunden ruhen lassen.
In einem anderen Gefäß den Zucker im Mineralwasser auflösen, dabei das Gefäß gut schütteln. Alkohol und Zuckersirup zusammenmischen und 15 Tage lang stehen lassen. Ab und zu das Gefäß schütteln. Den Likör durch Filterpapier filtern und in eine Flasche füllen.

ROSOLIO TEDESCO

Vanillelikör

Die seltsame Zusammensetzung dieses Likörs sollte kein Grund zur Bestürzung sein; er ist nicht kompliziert zuzubereiten, klar wie Wasser und sehr angenehm im Geschmack.

1 Zitrone, 1 Vanillestange, 500 g Weingeist, 500 g Puderzucker, $1/2$ l Milch

Das ganze Zitronenfleisch kleinhacken, die Kerne entfernen und die zuvor abgeriebene Schale dazugeben. Die Vanillestange in kleine Stücke schneiden. Alle Zutaten zusammenmischen und in ein Glasgefäß geben. Wie man feststellen kann, wird sich die Milch sofort zersetzen. Das Gefäß einmal am Tag schütteln und nach acht Tagen den Inhalt mit einem Baumwoll- bzw. Papierfilter durchseihen.

SO KOCHT DER MEISTER

Die Zitronenschale abreiben, das Zitronenfleisch in kleine Stücke schneiden und die Kerne entfernen. Die Vanillestange ebenfalls in Stücke schneiden und mit der Zitrone mischen. Diese Mischung mit dem Zucker, dem Alkohol und der Milch in einem geeigneten Gefäß ansetzen. Der bei der Milch sofort einsetzende Gerinnungsprozeß ist normal. Das Gefäß 8 Tage lang täglich schütteln. Nach Ablauf dieser Zeit den Likör durch einen Kaffeefilter gießen und in eine Flasche füllen. Der Likör wird klar und durchsichtig sein.

Zutaten:

1 unbehandelte Zitrone
1 Vanillestange
500 g Zucker, 500 g Alkohol
50 ml Milch

ROSOLIO D'ANACI

Anislikör

Er wird auf dieselbe Weise bereitet wie der vorige, aber den Aufguß macht man nicht aus geriebener Zitronenschale, sondern mit 50 g Anis aus der Romagna – ich betone Romagna, denn der Anis, der bei uns wächst, ist nach Duft und Geschmack ohne Übertreibung der beste auf der Welt. Bevor man ihn aber verwendet, wirft man ihn ins Wasser und säubert ihn von der Erde, die er wahrscheinlich enthält und mit der diese Ware verfälscht wird. Ich habe den Wicht gekannt, der dieses Geschäft erfunden hat, das ist jetzt schon 60 Jahre her. Seine Nachahmer, und deren gibt es viele, bedienen sich einer tonhaltigen Erde von der Farbe des Anis, trocknen sie und sieben sie, bis sie wie Aniskörnchen aussieht. Sie mischen 20 Prozent dieser Erde unter die Ware.

Solche Betrüger aus niedriger Gewinnsucht, welche die Produkte ihres eigenen Landes verfälschen, sollte man wirklich einmal bei den Ohren packen. Sie bedenken nicht, daß sie die Ware in Mißkredit bringen, daß sie Mißtrauen säen und die Kundschaft sich schließlich von ihnen abwendet. Ich habe gehört, daß Ehrlichkeit die Seele des Geschäfts sei, und Benjamin Franklin sagte, wenn die Spitzbuben wüßten, welche Vorteile die Ehrlichkeit mit sich bringt, würden sie schon aus spekulativen Gründen Ehrenmänner.

Meine lange Lebenserfahrung hat mir gezeigt, daß Ehrlichkeit in Handel und Gewerbe der beste Weg ist, es in dieser Welt zu etwas zu bringen.

Ein Soldat des ersten Imperiums teilte mir mit, er habe in Moskau die Aufschrift gefunden, »Anis aus Forli«. Ich weiß nicht, ob er im Ausland unter diesem Namen bekannt ist. Aber die Gegend, wo diese Pflanze aus der Familie der Bibernellen angepflanzt wird, ist ausschließlich das Gebiet um Medola, Bertinoro und Faenza bis nach Brisighella.

Nocino
Nusslikör

Der Nocino ist ein feiner Likör, den man bereits Mitte Juni ansetzt, wenn die Nüsse noch nicht ganz reif sind. Er ist sehr würzig und gilt außerdem als recht bekömmlich.

30 Walnüsse (mit Schale), 1 ½ l Weingeist, 750 g Zucker, 2 g Zimt, 10 Gewürznelken 4 dl Wasser, 1 Zitronenschale (zerstückelt)

Die Nüsse werden in 4 Teile zerlegt und mit allen übrigen Zutaten zusammen in eine 4 bis 5 l fassende Flasche (evtl. Glasballon) gefüllt. Sie wird gut verschlossen und muß dann 40 Tage an einem warmen Platz stehen, während deren man sie manchmal schüttelt.
Man seiht die Flüssigkeit erst durch ein Tuch, und dann, damit sie klarer wird, durch einen Papier- oder Wollfilter – aber vorher muß man sie probieren, denn wenn der Likör zu stark alkoholisch ist, kann man noch 1 Glas Wasser zugießen.

SO KOCHT DER MEISTER

Zutaten:

30 Walnüsse mit grüner Schale
750 g Zucker
1½ l Alkohol 95%, 2 g Zimtpulver
10 Gewürznelken, 40 ml Mineralwasser

Dieser Nußlikör wird Mitte Juni zubereitet, wenn die Nüsse noch nicht trocken sind.
Die Nüsse mit einem Messer vierteln und in ein großes Gefäß mit dem Zucker, dem Alkohol, dem Zimt, den Nelken und dem Mineralwasser geben. Die Zitrone waschen, die Schale in Stücken abschneiden und zum Likör geben. Das Gefäß dicht abschließen und 40 Tage lang an einem warmen Ort aufbewahren. Ab und zu schütteln. Nach Ablauf dieser Zeit den Likör filtern. Den Likör nach Wunsch mit Mineralwasser verdünnen.

Elisir di China
Chinaelixir

Nicht alle Rezepte, die ich ausprobiere, sind es wert, beschrieben zu werden. Viele davon werden weggeworfen, weil sie sich nicht lohnen. Mit diesem Elixier war ich sehr zufrieden und deshalb beschreibe ich es.

700 g Weingeist, 700 g Wasser, 50 g Chinarinde aus Peru in Stücken, 5 g getrocknete Orangenschale, in Stücke geschnitten, 300 g weißer Zucker

Zuerst 250 g Weingeist mit 150 g Wasser zusammen mischen. Die Chinarinde und die Orangenschale zu der Alkoholmischung geben und 10 Tage lang an einem lauwarmen Ort ziehen lassen. Einmal am Tag das Gefäß schütteln. Nach Ablauf dieser Zeit die Flüssigkeit durchseihen und mit Papier filtrieren. Das übrige Wasser (550 g) kochen und den Zucker darin auflösen. Diesen Sirup durchsieben. Den übrigen Weingeist (450 g) dazugeben und alles zusammenmischen. Bevor das Elixier filtriert wird, sollte man es probieren und gegebenenfalls mit Wasser verdünnen.

SO KOCHT DER MEISTER

30 ml Alkohol mit 15 ml Wasser, der Chinarinde und Orangenschale in ein Gefäß geben und zehn Tage lang an einem mäßig warmen Ort stehen lassen. Das Gefäß täglich schütteln. Nach Ablauf dieser Zeit den Likör abseihen; dabei die Zutaten mit einem Löffel ausdrücken. Den Zucker in das restliche Wasser (55 ml) geben und das Ganze erhitzen, aber nicht kochen. Diesen Sirup mit dem restlichen Alkohol und dem Likör zusammenmischen. Die Flüssigkeit durch einen Kaffeefilter filtern. Das Elixier hat einen Alkoholgehalt von immerhin 50 Prozent.

Zutaten:

90 ml Alkohol, 50 g Chinarinde
50 g getrocknete Orangenschale, bitter
300 g Zucker, 70 ml Mineralwasser

PONCE DI ARANCIO

Orangenpunsch

1 Zitrone, 1 l Wasser, 1 kg Zucker, 1/2 l Rum, 1 l Weingeist, Saft von 3 Orangen

Man nimmt die geriebene Schale einer Zitrone und läßt sie 3 Tage lang in 1 dl des angegebenen Weingeistes liegen.
Das Wasser wird mit dem Zucker 5 oder 6 Minuten lang gekocht. Wenn es abgekühlt ist, gießt man den Rum, den Orangensaft und den Weingeist dazu – einschließlich des Weingeistes, in dem die Zitronenschale angesetzt war und der durch ein Tuch passiert wurde.
Man filtert die Flüssigkeit wie die anderen Liköre und füllt sie in Flaschen. Es ist üblich, das Getränk anzuzünden, wenn es in Likörgläsern ausgeschenkt wird.

SO KOCHT DER MEISTER

Zutaten:

abgeriebene Schale von
1 unbehandelter Zitrone
10 ml Alkohol
1 kg Zucker
1 ½ l Rum
Saft von 3 Orangen

Die abgeriebene Zitronenschale mit dem Alkohol in ein Gefäß geben und 4 Tage lang stehen lassen. Danach das Ganze abseihen.

Den Zucker mit 1 l Wasser zu einem Sirup verkochen. Den Rum, den Orangensaft und den Zitronenauszug zufügen.

Den Punsch durch einen Kaffeefilter filtrieren und in Flaschen abfüllen. Der Punsch kann auch heiß serviert und dabei flambiert werden.

Marmeladen und Gelees

Konserven und Fruchtgelatine sind für die Familienküche sehr bequem, weil sie oft zu den Süßspeisen des Nachtischs verwendet werden können, außerdem sind sie als gesunder, nahrhafter und wohlschmeckender Brotaufstrich besonders bei Kindern beliebt.

Conserva di pomodore senza sale
Tomatenketchup ohne Salz

Wenn diese wertvolle südamerikanische Frucht aus der Familie der Solana-
zeen (Solanum lycopersicum) seltener wäre, würde sie so teuer oder sogar
teurer als Trüffel sein. Ihr Saft verbindet sich auf so glückliche Weise mit den
verschiedensten Lebensmitteln, daß es sehr lohnend ist, stets eine gute Konserve in Bereitschaft zu haben und darauf einige Mühe zu verwenden. Es gibt
viele Methoden, Tomaten einzumachen, und jeder hält die seinige für die beste. Ich beschreibe euch hier die Methode, die mir am geeignetsten erscheint,
und mit der ich viele Jahre gut gefahren bin.

Man nimmt Tomaten vom Acker, denn die aus dem Garten enthalten mehr
Wasser. Man nimmt auch lieber die kleineren als die dicken. Sie werden grob
zerschnitten und in einem Kessel aufgesetzt. Wenn sie zerkocht sind, werden
sie in einem feinmaschigen Beutel aufgehängt, um das überflüssige Wasser
ablaufen zu lassen, dann schlägt man sie mit Nachdruck durch ein Haarsieb,
um sie von Kernen und Schalen zu befreien.

Der Kessel wird ausgewaschen und der durchgeschlagene Saft kommt wieder
hinein, um eingekocht zu werden. Um festzustellen, ob er die richtige Konsistenz hat (und hier liegt die Schwierigkeit), gießt man ein paar Tropfen auf einen Teller. Wenn sie nicht zerfließen und auch keinen molkig-wässerigen
Ring um sich bilden, ist die rechte Dichte erreicht. Es wird in Flaschen abgefüllt, wobei man noch einmal prüfen kann, ob die Konserve ausreichend gekocht hat – dann nämlich, wenn sie sich mühsam durch den Trichter quält.

Will man die Konserve nicht so stark kochen, sie etwas flüssiger, »natural« haben, so nimmt man für je 2 $\frac{1}{3}$ l Saft, 3 g Salizylsäure, eine Menge, die un-
schädlich sein soll, aber ich habe sie bis jetzt noch nicht verwendet, da ihr Verkauf von der Regierung aus Gesundheitsgründen verboten wurde (die Verwendung von Salizylsäure als Konservierungsmittel ist heute bei uns noch
erlaubt, muß bei Fabrikkonserven aber auf der Packung deklariert werden;
d. Ü.). Man nimmt am besten kleine Flaschen, deren Inhalt schnell verbraucht
ist, aber auch eine angebrochene Flasche kann 12 oder 13 Tage stehen, ohne
daß ihr Inhalt verdirbt. Man verschließt sie mit fest sitzenden Korkpfropfen,
die man noch mit Bindfaden sichert, wobei man zwischen dem Korken und
der Tomatenkonserve ein bißchen Luft läßt.

Damit scheint das Verfahren beendet zu sein. Es bedarf jedoch noch eines kurzen, aber notwendigen Nachworts: Man stellt alle Flaschen eng zusammen auf
Heu, Lappen oder ein anderes Isoliermittel in einen Kessel, gießt Wasser in
den Kessel, daß es bis zum Hals der Flaschen reicht und macht Feuer darunter. Wenn man beobachtet, daß die Korken sich heben wollen und heraus-
springen würden, wenn sie nicht durch den Bindfaden gesichert wären, zieht
man den Kessel vom Feuer, und damit ist die Arbeit wirklich abgeschlossen.

Wenn das Wasser abgekühlt ist (oder auch etwas früher), nimmt man die Flaschen heraus, drückt die Korken nach und bewahrt die Flaschen im Keller auf. Wenn die Konserve richtig eingekocht wurde, wird sie nicht gären. Das kann nur geschehen, wenn zuviel Wasser darin geblieben ist.

Ich habe mir sagen lassen, wenn man die Flaschen vor dem Abfüllen im Ofen anwärmt und die Konserve hineingibt, wenn sie gut warm ist, brauche man sie später nicht in einem Kessel mit Wasser zu kochen. Ich selbst habe dieses Verfahren jedoch nicht ausprobiert. Ich empfehle diese Tomatenkonserve sehr, denn sie kann die Arbeit in der Küche sehr erleichtern.

SO KOCHT DER MEISTER

Tomaten nach Art des Artusi konservieren zu wollen, wäre heute ein Anachronismus. Erstens stehen dank fortgeschrittener Gartenbaumethoden und schneller Transportmöglichkeiten praktisch das ganze Jahr hindurch frische Tomaten zur Verfügung und zweitens werden Tomatenkonserven in Form von geschälten Tomaten, Pizzatomaten oder Tomatenpüree in guter Qualität billig angeboten. Außerhalb der Tomatensaison, in der vollreife, aromatische Früchte zur Verfügung stehen, ist für Gemüsezubereitungen oder Saucen die Verwendung dieser Konserven sogar gegenüber der Frischware vorzuziehen.

Im Haushalt wird man allenfalls Spezialitäten zubereiten, die im Handel nicht oder schwer erhältlich sind. Dazu gehören z. B. sauer eingelegte grüne Tomaten, die sehr delikat zu Fleischgerichten schmecken. Auch bei getrockneten, in Öl eingelegten Tomaten mag sich der Aufwand mitunter lohnen, obwohl auch diese Spezialität oft und in guter Qualität im Handel ist.

CONSERVA DOLCE DI POMODORO

Süße Tomatenkonserve

Das mag zwar recht seltsam klingen, aber es lohnt sich, diese Konserve einmal auszuprobieren.

»Ch'ogni erba si conosco per lo seme« (»Jedes Kraut erkennt man an seinem Samen«)

So sprach einst Dante, und so sagt auch die Bibel, wenn es heißt: »An ihren Früchten sollt ihr sie erkennen«)

Und wahrhaftig, wenn in dieser Konserve keine Körner zurückbleiben, wird keiner erraten, woraus sie gemacht ist.

247

1 kg Tomaten, 300 g weißer Zucker, Saft 1 Zitrone, etwas Vanille und geriebene Zitronenschale

Für dieses Rezept müssen die Tomaten sehr reif, fleischig und möglichst rund sein. Man setzt sie zum Einweichen in gut warmes Wasser, um sie leicht schälen zu können. Wenn sie gehäutet sind, schneidet man sie in der Mitte durch, um mit dem Stiel eines Teelöffels die Kerne herauszuholen. Der Zucker wird mit etwas Wasser (2 Fingerbreit eines Trinkglases) über dem Feuer aufgelöst, dann gibt man die Tomaten, den Zitronensaft und ein wenig von der geriebenen Zitronenschale hinein. Während es bei kleinem Feuer, ohne Deckel kocht, rührt man ein wenig. Wenn noch einige Samenkörner darin geblieben sind, nimmt man sie heraus. Zuletzt setzt man noch etwas Vanillezucker zu und nimmt den Topf ab, wenn die Tomaten die Konsistenz der üblichen Konserven erlangt haben.

Die Menge des Zuckers ist bei dieser Konserve nicht genau anzugeben. Sie hängt davon ab, ob die Tomaten mehr oder weniger Wasser enthalten.

CONSERVA DI ALBICOCCHE

Aprikosenmarmelade

Heißt es, die Pflaumenmarmelade sei von allen die schlechteste, so ist die von Aprikosen eine der feinsten und wohl auch die beliebteste.

Man nimmt reife Aprikosen von guter Qualität, denn es ist ein Irrtum zu glauben, mit billigem Obst (Fallobst) lasse sich derselbe Effekt erzielen. Man nimmt die Kerne heraus und setzt die Früchte ohne Wasser auf das Feuer. Während sie kochen, zerdrückt man sie mit dem Rührlöffel zu Brei. Nach halbstündigem Kochen passiert man sie durch ein Haarsieb, auf dem Stengelansatz, Blüte und Fruchtfasern zurückbleiben.

Darauf werden sie mit weißem Puderzucker aufgesetzt im Verhältnis 8 zu 10, also 800 g Zucker für 1 kg durchgeschlagene Aprikosenmasse. Man rührt häufig um, bis die Marmelade die richtige Festigkeit hat, was man erkennt, wenn man von Zeit zu Zeit einen Löffel voll auf einen Teller gibt, wo er sich (wenn er richtig gekocht ist) nur langsam ausbreitet. Man gießt sie warm in die Gefäße; wenn sie abgekühlt ist, deckt man unmittelbar auf die Konserve ein Stück Ölpapier, wie es die Metzger verwenden, oben werden die Gefäße dann mit starkem Papier geschlossen, das man mit einer Schnur rundherum festbindet.

Pfirsichmarmelade macht man auf die gleiche Art aus Butterpfirsichen.

SO KOCHT DER MEISTER

Selbstgemachte Marmeladen sind ein Genuß – heute wie zu Artusis Zeiten. Frische Früchte von erstklassiger Qualität in kleine Stücke schneiden und mit dem Mixstab pürieren. Im Verhältnis 1 zu 1 Gelierzucker dazugeben, aufkochen und nach Herstellervorschrift des Gelierzuckers kochen lassen. Die Marmelade in Gläser abfüllen, mit Einmachcellophan verschließen und zubinden. Wer es mag, gibt vor dem Verschließen auf jedes Glas eine kleine Menge eines passenden Obstbrandes. Das schmeckt und verhindert, daß die Marmelade schimmelt. Trotzdem sollte man selbstgemachte Marmeladen und Gelees innerhalb einiger Wochen verbrauchen.

CONSERVA DI SUSINE

Pflaumenmus

Wenn Pflaumenkonserven auch nicht so beliebt sind, werden sie trotzdem sehr oft gemacht, und es ist gut, hier mitzuteilen, wie es geschieht.
Auf die Sorte kommt es weniger an. Am besten geeignet sind aber Reineclaude-Pflaumen, die gut reif sein sollten. Man nimmt die Kerne heraus, läßt sie einige Minuten kochen und schlägt sie durch das Haarsieb. Dann werden sie zusammen mit dem Zucker wieder aufgesetzt, und zwar 60 g Zucker pro 100 g Pflaumen natural – also mit Kern, wie sie vom Baum kommen.
Wenn die Konserve nach einiger Zeit Schimmel ansetzt oder danach riecht, ist das ein sicheres Zeichen, daß sie zu wenig gekocht hat. Das läßt sich korrigieren, indem man sie noch einmal aufsetzt. Bei mir werden diese Konserven manchmal 4 bis 5 Jahre alt, ohne daß sie schlecht werden oder an Geschmack verlieren.

SO KOCHT DER MEISTER

Die Pflaumen entsteinen und in einen großen Topf geben. Pro Kilo Pflaumen 1 Teelöffel Zimt und 2 Gewürznelken dazugeben. Die Pflaumen erhitzen und auf kleiner Flamme mehrere Stunden einkochen, bis ein festes und fast schwarzes Mus entstanden ist. Während des Kochens muß ständig umgerührt werden, um zu verhindern, daß das Pflaumenmus anbrennt.

CONSERVA DI RIBES E DI LAMPONE

Gelee von Johannisbeeren und Himbeeren

Für Johannisbeer-Konserven richtet man sich nach dem Rezept für Quittengelee. Die Himbeeren setzt man natural auf das Feuer, ohne sie fermentieren zu lassen, und wenn sie etwa 20 Minuten gekocht haben, passiert man sie durch, wiegt die jetzt kernlose Masse ab und setzt sie mit demselben Gewicht an weißem Zucker wieder auf. Dann läßt man sie einkochen. Ob sie genügend eingekocht sind, erkennt man auf die schon mehrmals beschriebene Art. Für meinen Geschmack eignet sich Himbeergelee in geringer Menge mehr als jede andere Konserve als Füllung für Feingebäck und Blätterteig.

GELATINA DI COTOGNE

Quittengelee

Man nimmt Quitten mit gelber Schale, die reifer sind als die grünen, schneidet sie in halb fingerdicke Scheiben und entfernt das Gehäuse. Man legt sie in soviel Wasser, daß sie gerade bedeckt sind, und setzt sie auf. Sie kochen unterm Deckel, ohne daß sie mit dem Löffel auch nur angerührt werden, bis sie gar sind. Man legt das feinste Haarsieb über eine Schüssel und gießt alles hinein, so daß die Kochflüssigkeit aufgefangen wird – die Quitten werden aber nicht ausgepreßt. Das Wasser wird gewogen, mit derselben Gewichtmenge Zucker wieder aufgesetzt und im offenen Topf zum Kochen gebracht, wobei man den sich bildenden Schaum abschöpft. Wann die Flüssigkeit ausreichend kondensiert ist, erkennt man an den Perlen, die der Zucker zu bilden beginnt. Aus den verbliebenen Quitten kann man eine Marmelade machen, das heiß also, man passiert sie, wiegt sie und kocht sie zusammen mit ihrem Eigengewicht an Zucker. Diese Marmelade ist aber nicht mehr so aromatisch. Fruchtgelees und -marmeladen bewahrt man gerne in Glasgefäßen auf, wo ihre Farbe schön zur Geltung kommt.

GELATINA DI RIBES.

Johannisbeergelee

Wie schon beim Sirup aus den gleichen Früchten festgestellt, enthält dieses Beerenobst viel Glutin. Preßt man den Saft durch ein Tuch und setzt ihn ohne

Fermentation mit 8 Teilen Zucker für 10 Teile Saft (Gewichtsteile) auf das Feuer. Er geliert ohne langes Kochen zu einem Gelee, das man wie eine Marmelade aufbewahren kann. Man garniert Süßspeisen damit, sie ist leicht und gut für Genesende geeignet.

SO KOCHT DER MEISTER

Johannisbeergelee gehört zu den wenigen Konserven, deren Zubereitung für den privaten Haushalt wirklich lohnt, da es im Lebensmittelhandel in guter Qualität selten zu bekommen ist. Als Brotaufstrich erreicht es zwar nicht die Qualität anderer Marmeladen, aber man braucht es in der feinen Küche für viele Rezepte: Johannisbeergelee bildet den Grundstock für die zu Pasteten und Terrinen unentbehrliche Sauce Cumberland, man füllt damit die Linzer Torte und den Frankfurter Kranz.
Die Johannisbeeren putzen und waschen und in einem Entsafter entsaften. Den Johannisbeersaft mit der gleichen Gewichtsmenge an Gelierzucker aufkochen, nach Herstelleranweisung des Gelierzuckers kochen lassen. Dann in Gläser abfüllen, mit Einmachcellophan verschließen und zubinden.
Dieses Gelee hält sich jahrelang, ohne zu schimmeln.

CONSERVA SODA DI COTOGNE

Festes Quittengelee

Fürsorgliche Mütter sollten viel Gebrauch von Fruchtkonserven machen, und sei es auch nur, um die Naschhaftigkeit der Kinder nicht mit Zuckerzeug, sondern mit einem schmackhaften Brotaufstrich zu befriedigen.
Manche schlagen vor, die Quitten mit der Schale zu kochen, weil sie dann aromatischer sein sollen. Das scheint mir jedoch überflüssig, denn Aroma hat diese Frucht im Übermaß, und man kann sich das Passieren sparen.

800 g Quitten ohne Schale und Gehäuse, 500 g feiner Zucker

Man löst den Zucker über dem Feuer in $1/2$ Glas Wasser, läßt ihn etwas kochen und stellt ihn beiseite.
Die Quitten werden in sehr dünne Scheiben geschnitten und mit 1 Glas Wasser in einer Kasserolle aufgesetzt. Der Deckel kommt darauf, es wird aber öfter umgerührt, wobei man die dünnen Scheiben nach Möglichkeit mit dem Rührlöffel zerkleinert. Wenn sie weichgekocht sind, gießt man den gelösten

Zucker darüber, rührt häufig um und läßt nun ohne Deckel weiterkochen, bis die Masse ausreichend eingekocht ist, was man daran erkennt, daß sie wie eine Art Schleier vom Rührlöffel abfließt.

Variation

Auf folgende Art bleibt die Konserve so flüssig, daß sie als Brotaufstrich dient. Die Quitten werden in Stücke geschnitten, die harten Teile des Gehäuses entfernt, die Schale aber daran gelassen. Sie kommen eben mit Wasser bedeckt auf das Feuer. Wenn sie gar sind, werden sie passiert und mit dem Wasser, in dem sie gekocht wurden und soviel Zucker, wie ihr Gewicht in rohem Zustand betrug, wieder auf das Feuer gesetzt. Man rührt häufig um, und wenn ein paar Tropfen auf einem Teller nicht mehr zu sehr verlaufen, nimmt man sie ab.

SO KOCHT DER MEISTER

Die Quitten zerkleinern und in einem Entsafter entsaften. Den Quittensaft mit der gleichen Gewichtsmenge an Gelierzucker kochen. Das Gelee in eine flache Metallform gießen und erkalten lassen. Sobald das Gelee fest ist, an der Oberfläche mit Backoblaten belegen. Die Form in heißes Wasser tauchen und das Gelee auf ein Backbrett stürzen. Nun auch die andere Seite der Geleeplatte mit Backoblaten belegen. Das Quittengelee in mundgerechte Stücke schneiden und mit feinem Zucker bestreuen.

CONSERVA DI ARRANCI

Orangenmarmelade

12 unbehandelte Orangen, 1 Zitrone; weißer Zucker nach Gewicht der Orangen, Wasser vom halben Gewicht der Orangen, 4 EL echter Rum

Mit der Gabelspitze sticht man die ungeschälten Orangen an, weicht sie dann 3 Tage lang ein, wobei man das Wasser morgens und abends wechselt. Am vierten Tag schneidet man sie in der Mitte durch und dann jede Hälfte wieder in $1/2$ cm dicke Scheibchen – die Kerne werden entfernt. Jetzt wiegt man sie, und erst nach diesem Gewicht wird die Menge des Zuckers und des Wassers bestimmt.

Zunächst kommen sie nur mit dem Wasser auf das Feuer. Wenn sie zehn Minuten gekocht haben, kommt die Zitrone dazu, die genauso aufgeschnitten ist wie die Orangen. Sogleich darauf gießt man den Zucker hinein und rührt ununterbrochen, bis die Flüssigkeit wieder stark kocht, denn sonst würde der Zucker auf den Boden sinken und dort ansetzen.

Um den Gelierzeitpunkt zu treffen, tropft man von Zeit zu Zeit etwas von der Marmelade auf einen Teller und bläst darauf. Wenn der Tropfen kaum noch verläuft, nimmt man den Topf sofort vom Feuer. Man wartet, bis die Masse lauwarm ist, setzt dann den Rum zu, füllt die Konserve in entsprechende Gefäße und verwahrt sie im Keller wie alle Konserven, wobei zu bemerken ist, daß diese besonders magenstärkend ist.

Zitrone kann man nach Geschmack auch weniger nehmen.

Conserva di rose

Rosensirup

Von der Rose, der Königin aller Blumen, die ihr glänzendes Reich im Orient hat, wußte ich nicht, daß sie neben ihren anderen Vorzügen auch die Tugend hat, sich in ein duftiges Gelee verwandeln zu lassen.

Unter den vielen Sorten bewundere ich besonders die Borraccina, wenn ich zusehe, wie sie ihre kleinen Knospen schließt, erscheint sie mir als Symbol jungfräulicher Schamhaftigkeit. Vielleicht war sie es, die Ariost zu seiner wunderschönen Oktave anregte, die ich hier nicht zitieren kann, aber zur Lektüre empfehle.

Eine liebe alte Dame, deren Andenken in mein Herz gegraben ist, züchtete besonders diese Rosen in ihrem Garten, und da sie meine Vorliebe kannte, schenkte sie mir jedes Jahr im Mai einen Strauß.

Die günstigste Zeit für diese Konserve ist vom 5. Mai bis zum 10. Juli, wenn die Rosen in voller Blüte stehen. In Frage kommen die sogenannten Mairosen, die rosafarben sind und schön duften. Sie werden entblättert, dabei muß von jedem Blatt die untere gelbe Spitze beseitigt werden, was mit dem geringsten Zeitverlust geschieht, wenn man das mit der linken Hand abgezupfte Büschel Blütenblätter gleich mit einer Schere rund abschneidet. Folgende Mengen werden benötigt:

200 g Rosenblätter (Nettogewicht), 600 g feiner weißer Zucker, 6 dl Wasser, 1/2 Zitrone, 1 TL »Breton« (s. unten)

Die Rosenblätter kommen mit 200 g Zucker und dem Zitronensaft in eine Schüssel und werden mit den Händen gerieben und zerkleinert, bis sie fast eine Paste bilden. Der Rest des Zuckers wird in der oben angegebenen Wassermenge auf dem Feuer gelöst, die Rosen kommen hinein und werden zu ei-

nem Sirup eingekocht, der gut ist, wenn ein Tröpfchen zwischen den Finger-spitzen etwas zu kleben beginnt, aber noch keine Fäden zieht. Ehe man die Rosen abnimmt, bekommen sie mit »Breton« Farbe – wovon man natürlich weniger nehmen kann, wenn man auf schöne Färbung nicht soviel Wert legt (»Breton« ist eine rote, unschädliche Flüssigkeit pflanzlicher Herkunft wie man sie z. B. manchmal – statt roter Früchte – der »Roten Grütze« zusetzt. Ähnliches ist auch heute unter anderen Markenbezeichnungen käuflich; d. Ü.). Das ist die von mir bevorzugte einfache Methode, eine Rosenkonserve zu machen. Die Blättchen – noch so fein zerkleinert und gekocht – bleiben da-bei etwas zäh. Will man sie zarter, so muß man sie zuvor 5 Minuten lang in der angegebenen Menge Wasser kochen, auspressen und dann mit 200 g des Zuckers und dem Zitronensaft im Mörser so fein wie möglich zerkleinern. Dann wird der Rest des Zuckers in besagtem Wasser gelöst wie oben, die zer-stoßene Masse wird zugesetzt, und im übrigen geht alles wie vorher.
Wenn die Konserve fertig ist, wird sie in kleine Gläser gefüllt und gelagert wie andere Konserven.

Gefrorenes

Man las unlängst in einer italienischen Zeitung, die Kunst, Speiseeis zu bereiten, sei vorwiegend italienisch, sie sei antiker Herkunft, und in Frankreich sei Speiseeis zum erstenmal im Jahre 1533 im Paris der Caterina dei Medici serviert worden. Es hieß weiter, diese Kunst sei dem Louvre weiterhin verborgen geblieben, da die Florentiner Konditoren und Köche des königlichen Palastes ihre Kenntnisse nicht weitergegeben hätten, so daß die Pariser weitere einhundert Jahre und länger auf den Genuß von Speiseeis hätten warten müssen.

Obwohl ich öfter versuchte, diesen Notizen auf den Grund zu gehen, ist es mir nicht gelungen. Was ich tatsächlich herausfand, ist folgendes: Die Kunst, mit Hilfe von Schnee oder eingekellertem Eis Flüssigkeiten einzufrieren, ist orientalischer Herkunft und geht auf die früheste Antike zurück. In Frankreich wurde sie etwa um 1660 von einem gewissen Procopio Coltelli aus Palermo eingeführt, der unter seinem Namen – Café Procope – in Paris gegenüber der Comédie Française eine Gastwirtschaft eröffnete, die zum Treffpunkt der Pariser wurde. Der ungeheure Erfolg dieses Unternehmens, in dem das Eis in Eierform in einem Glas serviert wurde, spornte die Verkäufer von Limonade und anderen Getränken zur Nachahmung an, und unter diesen tat sich Tortoni besonders hervor, dessen delikate Eissorten seinem Etablissement europäischen Ruf einbrachten – und erheblichen Reichtum.

Athenäus und Seneca bestätigen, daß die Alten Eiskeller bauten, um Schnee und Eis zu lagern, ähnlich wie wir es noch tun: Sie gruben tiefe Löcher, packten Eis und Schnee dicht gelagert hinein und deckten die Gruben mit Eichenzweigen und Stroh ab. Sie kannten aber noch nicht die Eigenschaft des Salzes, die Kältewirkung wunderbar zu verstärken, so daß jede Art von Flüssigkeit dadurch zum Gefrieren gebracht wird.

Ihr könnt des Beifalls all eurer Gäste sicher sein, wenn ihr am Ende einer Mahlzeit Gefrorenes oder Speiseeis anbietet, besonders in der heißen Jahreszeit. Es schmeckt nicht nur gut, sondern hat auch die Eigenschaft, Wärme in den Magen zu ziehen und die Verdauung zu fördern.

PEZZO IN GELO
Eis am Stück

Man rührt eine Creme aus:

140 g Wasser, 50 g Zucker, 4 Eidotter, Vanillewürze

Man setzt das Gemisch auf das Feuer, rührt ständig um, und wenn die Creme anfängt, am Rührlöffel zu haften, nimmt man sie ab und schlägt sie mit dem Schaumschläger. Damit das besser gelingt, kann man die Schüssel auf Eis stellen. Wenn die Masse geschlagen ist, setzt man langsam 150 g geschlagene Sahne hinzu und füllt sie in eine eigens zu diesem Zweck hergestellte Form, kann aber auch eine kleine Kasserolle oder ein anderes Gefäß mit einem fest schließenden Deckel nehmen, das man dann zum Gefrieren in eine dicke Packung aus Eis und Salz stellt. Die Menge kann auch für 7 oder 8 Personen reichen. Auch dieses einfache Speiseeis ist bekömmlich und erfrischend.

SO KOCHT DER MEISTER

In einem kleinen Topf den Zucker mit ganz wenig Wasser zum Kochen bringen. Den Topf vom Herd nehmen. In einer Schüssel mit halbrundem Boden die Eigelbe mit dem Vanillezucker schlagen. Den warmen Zuckersirup zu der Eigelbmasse geben und weiter schlagen, bis die Masse kalt und schaumig wird. Die Sahne steif schlagen und unterheben.

Die Masse in eine viereckige Form geben. Die Form bis zum Rand füllen und mit Butterpapier abdecken. Die Form 3 bis 4 Stunden in den Gefrierschrank stellen.

Nach dem Gefrieren die Form aus dem Gefrierschrank nehmen und die Ränder leicht erwärmen, damit sich die Eismasse besser stürzen läßt. Das Eis in Scheiben schneiden, mit kandierten Früchten und Schlagsahne verzieren.

Das Eis kann auch zweifarbig zubereitet werden.

Die Masse halbieren und in eine Hälfte 50 g Zartbitterschokolade geben, die zuvor im Wasserbad geschmolzen wurde. Man kann auch vor Zugabe der geschlagenen Sahne ein Gläschen Grand Marnier, Curaçao, Strega, etc. zu der Eismasse geben. Ein besonders cremiges Eis erhält man, wenn man es in der Eismaschine zubereitet, in der es während des Gefriervorgangs ständig gerührt wird.

Zutaten für vier Personen:

100 g Zucker
5 Eigelbe
1 Prise Vanillezucker

GELATO AL LIMONE
Zitronensorbet

300 g Zucker, ¹/₂ l Wasser, 3 Zitronen

Der Zucker wird mit ein paar Stückchen Zitronenschale 10 Minuten lang in einem offenen Topf gekocht. Wenn dieser Sirup abgekühlt ist, preßt man die Zitrone darüber aus, aber behutsam und zwischendurch abschmecken, damit das Eis nicht zu sauer wird. Die Flüssigkeit wird passiert und eingefroren wie vorher. Die Menge reicht für 6 Personen.

SO KOCHT DER MEISTER

Zutaten für sechs Personen:

500 ml Wasser
300 g Zucker
250 ml Zitronensaft
1 Eiweiß

Alle Zutaten zusammenmischen, bis der Zucker sich aufgelöst hat. Die Masse abseihen und in eine Sorbetform geben. Im Gefrierfach gefrieren lassen. Vor dem Servieren etwas antauen lassen.
Sorbets sollten am Tag der Zubereitung verzehrt werden. Zu ihrer Zubereitung leistet die Eismaschine gute Dienste, weil man nur mit ihrer Hilfe ein wirklich cremiges Sorbet erhält.

GELATO ALLE FRAGOLE
Erdbeereis und andere Fruchteissorten

Nachdem das Prinzip der Bereitung von Speiseeis klar ist, werden die gute Köchin und der tüchtige Koch sich einige Geschmacksnuancen selbst zusammenstellen können. An Früchten nimmt man zum Eis mit Vorliebe Erdbeeren, Himbeeren, Pfirsiche und Aprikosen. Gesüßt wird entsprechend dem Säuregehalt der jeweiligen Frucht. Bei Erdbeeren nimmt man zum Beispiel 300 g Früchte und 300 g Zucker auf ¹/₂ l Wasser mit Zusatz, 1 Zitrone und 1 Orange (nur den Saft), für Himbeeren gilt das gleiche.
Zu 400 g Pfirsichen (mit Kernen gewogen) nimmt man 250 g Zucker und ¹/₂ l Wasser, 1 Zitrone und 3 Pfirsichkerne (ohne die harte Schale, zerstoßen oder passiert), zu Aprikosen 300 g Früchte (mit Kernen gewogen), 200 g Zucker, ¹/₂ l Wasser und 1 Zitrone etc.

SO KOCHT DER MEISTER

Den Zucker mit 350 ml Wasser 1 Minute kochen lassen. Den Sirup beiseite stellen und abkühlen lassen. Die Erdbeeren putzen, waschen und mit dem Mixstab pürieren. Die Zitrone auspressen und den Saft dazu geben. Den abgekühlten Sirup unter das Erdbeermus rühren. Die Masse in der Eismaschine gefrieren lassen.

Zutaten für sechs Personen:

300 g Zucker
600 g reife Erdbeeren
1 Zitrone

Variation: gelato di pesche/Pfirsicheis

Zutaten für sechs Personen:

300 g Zucker
750 g weiße Pfirsiche
2 Zitronen

350 ml Wasser mit dem Zucker 1 Minute kochen. Den Topf vom Herd nehmen und den Sirup abkühlen lassen. Die Pfirsiche entkernen und mit dem Mixstab pürieren. Die Zitronen auspressen und den Saft zum Pfirsichpüree geben. Den kalten Zuckersirup zufügen. Alles gut mischen, in eine Sorbetform geben und im Gefriergerät einige Stunden gefrieren, besser noch in der Eismaschine gefrieren. Am selben Tag servieren.

Variation: gelato di albicocche/Aprikosensorbet

350 ml Wasser mit dem Zucker 1 Minute kochen. Den Topf vom Herd nehmen und den Sirup abkühlen lassen. Die Aprikosen entkernen und mit dem Mixstab pürieren. Die Zitrone auspressen und den Saft zum Aprikosenpüree geben. Den kalten Zuckersirup zufügen.
Alles gut mischen, in eine Sorbetform geben und im Gefriergerät einige Stunden gefrieren. Am selben Tag servieren.

Variation: Meloneneis

Zutaten für sechs Personen:

250 g Zucker
500 g Melonensaft
1 Zitrone

300 ml Wasser mit dem Zucker eine Minute kochen. Wenn der Sirup abgekühlt ist, den Melonensaft zugeben und alles gut vermischen. Das Ganze durchseihen, in eine Sorbetform füllen und in den Gefrierschrank stellen. Am selben Tag verzehren.

GELATO DI CREMA
Schokoladen- und Vanilleeis

200 g feine Schokolade, 100 g Zucker, 1l Milch

Die Schokolade wird gerieben, dann mit dem Zucker und 4 dl Milch zum Feuer gesetzt, wo sie einige Minuten kocht – dabei wird die beständig gequirlt, damit die Flüssigkeit »glatt« wird. Man nimmt sie ab und gibt sie in die »Eismaschine« (Kasten oder Behälter mit der Packung aus Eis und Salz).
Die Menge reicht etwa für 10 Personen.
Will man diesem Eis etwas mehr Substanz geben, so erhöht man die Menge des Zuckers auf 120 g. Wenn die Schokolade vom Feuer genommen und nicht mehr heiß ist, rührt man 2 Eidotter hinein. Dann setzt man sie noch einmal ein paar Minuten auf das Feuer und gibt dann erst den Rest der Milch hinzu.

SO KOCHT DER MEISTER

Zutaten für vier Personen:

3 Eigelb
100 g Zucker
³/₄ l Milch
75 g Zartbitterschokolade
10 g Kakao
10 g Kartoffelmehl

Die Eigelbe mit dem Zucker zu einer sehr feinen Schaummasse verrühren. Die übrigen Zutaten zur Eigelbmasse geben und das Ganze unter Rühren im Wasserbad erhitzen, bis die Masse andickt.
Die Eismasse erkalten lassen und dabei immer wieder mit dem Schneebesen umrühren. In eine Eisschale füllen und im Gefriergerät gefrieren lassen oder in der Eismaschine zubereiten.

Variation: Vanilleeis

Ein feines Vanilleeis wird auf die gleiche Weise zubereitet wie das Schokoladeneis. Man läßt die Schokolade und den Kakao weg und kocht statt dessen eine aufgeschnittene Vanilleschote und das ausgekratzte Vanillemark in der Milch.
Das Kartoffelmehl wird mit etwas kalter Milch oder Vanillelikör angerührt und zur nicht mehr kochenden Milch gegeben. Noch einmal aufkochen, andicken lassen. Die Vanilleschote entfernen und die leicht abgekühlte Milch in die Schaummasse rühren. Fortfahren wie beim Schokoladeneis beschrieben.
Ein feines Vanilleeis bildet eine gute Grundlage für Dessert mit Obst. Wir schlagen zwei Varianten vor: eine mit Pfirsich- und eine mit Birnenkompott.

Zutaten für vier Personen:

300 g Vanilleeis
50 g Mandelstifte
50 g Himbeergelee
1 EL Himbeergeist
100 g Schlagsahne

Kurz vor dem Servieren die Mandelstifte in einer beschichteten Pfanne ohne Fett leicht anrösten. Die Schlagsahne steif schlagen. Das Himbeergelee mit dem Himbeergeist glattrühren.
Je eine Kugel Vanilleeis in 4 Eisbecher legen. Die Pfirsichhälften darauf legen und mit etwas Himbeersauce bedecken. Mit der Schlagsahne und den Mandelstiften garnieren. Sofort servieren.
Bei der Variante mit Birnen Früchte im Eisbecher mit etwas Rum begießen und mit Schokoladensauce überziehen.

Variation: Gelato di amaretti / Amaretti-Eis

Zutaten für acht Personen:

100 g Amaretti
250 g Zucker, 8 Eigelbe
Vanillezucker
1 l Milch

Die Amaretti im Mörser zerdrücken. Den Zucker, die Eigelbe und den Vanillezucker mit den zerdrückten Amaretti in einen Topf geben. Alles gut vermischen und die Milch nach und nach zugießen.
Den Topf auf den Herd stellen und die Masse andicken lassen wie für die Zubereitung einer Creme. Die Creme in die Eisform gießen und im Gefriergerät einfrieren.

GELATO TUTTI FRUTTI

Früchteeis

Tuttifrutti sagt man so, aber wie ihr sehen werdet, genügen zu diesem Rezept für 4 Personen schon 3 oder 4 Fruchtsorten.

200 g Zucker, 100 g reife Aprikosen (mit Kern gewogen), 100 g Himbeeren, 100 g Johannisbeeren, 20 g Zitronat, 1/2 l Wasser

Der Zucker wird 10 Minuten lang in Wasser gekocht, dann kommen die zerquetschten und durch ein Sieb passierten Früchte dazu und schließlich das zerkleinerte Zitronat. Statt der Aprikosen kann man Butterbirnen, statt der Johannisbeeren auch Erdbeeren nehmen.

SO KOCHT DER MEISTER

Den Zucker in 350 ml Wasser einrühren und unter Rühren 1 Minute kochen. Die verschiedenen Säfte und die Zitronatwürfel zum Zuckerwasser geben und alles gut verrühren.
Die Eismasse in der Eismaschine gefrieren.

Zutaten für sechs Personen:

300 g Zucker, 200 g Aprikosensaft
200 g Himbeersaft
100 g Johannisbeersaft
50 g Zitronat

BANANENEIS

Die Banane, Linnés »musa paradisiaca«, wird in ihrem Heimatland gewöhnlich Adamsfeige oder auch Baum des irdischen Paradieses genannt. Denn die Menschen glauben, dies sei die berühmte verbotene Frucht gewesen, und ihre großen Blätter hätten Adam und Eva dazu gedient, ihre Nacktheit zu bedecken, nachdem sie durch Ungehorsam gesündigt hatten.
Sie wächst in beiden Indien (heute in allen tropischen und subtropischen Gebieten der Erde), hat die Form einer Schote und die Farbe einer reifen Gurke, schält sich allerdings etwas leichter. Ihr Mark schmeckt delikat, wenn sie allerdings nicht ganz reif ist, hat sie eine etwas stringierende Wirkung. Zum Eis nimmt man gelbe, also reife Bananen, für 6 Personen folgende Mengen:

4 Bananen (wiegen geschält 240 g), 200 g Zucker, 1 Zitrone, $^1/_2$ l Wasser

Man schlägt die geschälten Bananen durch das Haarsieb und preßt den Zitronensaft hinein. Der Zucker wird in dem Wasser 5 Minuten lang ohne Deckel gekocht. Dann mischt man alles zusammen und stellt, es in die »Eismaschine«. Es soll nicht an Eis und Salz gespart werden.

RÖMISCHER PUNSCH

Dieses Eis ist erst kürzlich in Gebrauch gekommen, man reicht es bei größeren Mahlzeiten vor dem Braten, weil es die Verdauung fördert und den Magen wieder aufnahmefähig macht, ohne daß sich ein Völlegefühl einstellt.

450 g Zucker, 2 Zitronen, 2 Orangen, 5 dl Wasser, 2 Eiklar, 1 Gläschen Rum, etwas Vanillearoma

250 g Zucker werden 5 oder 6 Minuten lang mit etwas Zitronen- und Orangenschale in 4 dl Wasser gekocht. Man nimmt diesen Sirup vom Feuer, preßt den Saft der Orangen und der Zitronen hinein und stellt ihn in die »Eismaschine« zum Gefrieren.
Den restlichen Zucker setzt man mit dem verbliebenen Wasser auf das Feuer, gibt den Vanillegeschmack zu und läßt ihn kochen, bis ein Tröpfchen auf einem Teller rund stehen bleibt oder zwischen zwei Fingern Fäden zieht. Über die zuvor zu einem festen Schaum geschlagenen Eiweiß gießt man die kochende Zuckerlösung, schlägt die Mischung, bis sie eine einheitliche Paste bildet. Wenn diese abgekühlt ist, gibt man sie zu dem schon fertigen Eis und mischt gut durch. Vor dem Auftragen kommt der Rum dazu, serviert wird in kleinen Gläschen.

GEFRORENES AUS MANDELMILCH

Für euch, meine verehrten Damen mit dem feinen Geschmackssinn beschreibe ich dieses Eis, und bin sicher, daß es euren Beifall findet. Da ich bei der Zusammenstellung dieser Gerichte immer wieder an euch gedacht und versucht habe, auch euren Geschmack zu treffen, kann ich mich nicht verabschieden ohne den Wunsch, daß ihr die beneidenswerten Gaben einer blühenden Gesundheit und Schönheit noch lange bewahren möget.

200 g Zucker, als Würze Koriander, 8 dl Wasser, 150 g süße Mandeln mit 4 oder 5 bitteren, 2 dl Sahne

Zucker und Koriander werden 10 Minuten lang im Wasser gekocht. Die Mandeln werden geschält, fein im Mörser zerstoßen, zuerst mit ein paar Teelöffeln des eben gekochten Sirups verrührt und dann diesem zugesetzt. Das Ganze wird durch ein dünnes Tuch geschlagen, das man kräftig auspreßt, um den Mandeln soviel Flüssigkeit wie möglich zu entziehen. Darauf gießt man die Sahne zu, läßt alles zusammen in der Eismaschine gefrieren, und wenn es gut fest ist, serviert man es in kleinen Gläschen.

SPUMONE DI THE
Tee-Eis

200 g Wasser, 15 g Tee, 3 Eigelbe, 100 g Zucker, 3 Blätter Gelatine, 250 g geschlagene Sahne

Das heiße Wasser auf den Tee gießen und 40 Minuten kochen lassen. Den pechschwarzen Tee filtrieren und gut ausdrücken. Mit dem Tee, den Eigelben und dem Zucker eine Creme wie beim Gelato di crema, Seite 260, zubereiten. Die Blattgelatine zugeben und die geschlagene Sahne langsam unterheben. Die Masse in eine Eisform gießen und zwischen Eis und Salz (wie beim Biskuit) stellen.
Diese Zutaten reichen für acht Personen.

SO KOCHT DER MEISTER

Zutaten für sechs Personen:

30 g Tee, 6 Eigelbe
200 g Zucker
500 g Sahne

Den Tee mit heißem Wasser aufgießen, 40 Minuten ziehen lassen und zum Schluß abseihen.
In einem Topf mit halbrundem Boden die Eigelbe mit dem Zucker schlagen und den Tee hinzugeben. Den Topf in ein Wasserbad stellen und die Eimasse unter ständigem Rühren eindicken, bis eine glatte Creme entsteht.
Den Topf aus dem Wasserbad nehmen und die Masse weiter schlagen, bis sie kalt und schaumig ist. Die Sahne schlagen und vorsichtig unterheben.
Die Masse in eine Form gießen und 3 bis 4 Stunden im Gefrierschrank gefrieren. Mit Teegebäck servieren.

Verschiedenes

Ich habe mir erlaubt, euch in diesem kurzen Kapitel noch einige feine Dinge vorzustellen, die im Kontext der übrigen nicht oder nur schwer unterzubringen war. Ihr findet hier solche Leckereien wie eingelegte Früchte, eingelegte Oliven, geröstete Mandeln oder das eine und andere Kompott. Unterzieht euch also der Mühe, dieses Buch noch bis zum Schluß anzusehen.

PESCHE NELLO SPIRITO

Pfirsiche in Weingeist

1 kg nicht zu reife Quittenpfirsiche (Härtlinge), 440 g Zucker, 1 l Wasser, 1 fingerlanges Stück Zimtstange, einige Gewürznelken, Weingeist nach Bedarf

Härtlinge nennt man die rotgelben oder auch nur gelblichen Pfirsichsorten, deren Fleisch fest am Kern haftet.

Man reibt sie fest mit einem Tuch ab, um die wolligen Haare zu entfernen, und sticht dann an 4 oder 5 Stellen mit einem Zahnstocher Löcher hinein. Den Zucker läßt man ohne Deckel 20 Minuten lang in Wasser kochen und wirft dann die ganzen Pfirsiche hinein. Wenn der Sirup sie nicht ganz bedeckt, rührt man öfter um. Sobald sie – angefangen von dem Moment, in dem das Wasser wieder zu sprudeln beginnt – 5 Minuten gekocht haben, nimmt man sie heraus.

Wenn Pfirsiche und Sirup abgekühlt sind – besser noch am nächsten Tag –, legt man die Früchte in ein Glas- oder ein glasiertes Tongefäß, gießt den Sirup darüber und soviel Weingeist oder Cognac, daß sie gut bedeckt sind. Die Würzstoffe werden zugesetzt und darauf geachtet, daß auch sie stets in der Flüssigkeit bleiben – notfalls würzt man nach.

Das Gefäß wird hermetisch verschlossen, mit dem Verzehr kann man nach frühestens einem Monat beginnen.

PESCHE IN GHIACCIO

Pfirsich in Eis

Dies ist das einzige Rezept der vorliegenden Sammlung, das ich nicht ausprobiert habe, denn als eine englische Dame spontan zu mir kam, um es mir zu schenken, war die Zeit der Pfirsiche vorüber, und außerdem stand eine Neuausgabe unmittelbar vor dem Druck. Die Dame empfahl es mir mit der Versicherung, es sei in ihrer Heimat sehr geschätzt. Deshalb wage ich es zu veröffentlichen.

Man nimmt kleine, aber schöne und reife Pfirsiche und wirft deren immer zwei zur gleichen Zeit für eine Minute in kochendes Wasser, wonach sie sich schälen lassen, ohne daß man das Fleisch verletzt. Sie werden ausgiebig in Zucker gerollt und in ein tiefes, hübsches Gefäß gelegt. Man nimmt soviele Zuckerstückchen, wie man Pfirsiche hat, tränkt sie mit dem Saft 1 reifen Zitrone und verteilt sie unter die Pfirsiche. So läßt man das Gefäß dann wenigstens 2 Stunden stehen (mehr schadet nicht). Dann verschließt man es und packt es hoch einmal 2 bis 3 Stunden in Eis, bevor man die Früchte als Dessert servieren kann.

Notiz in einer späteren Auflage: Als die Zeit der Pfirsiche wieder gekommen war, habe ich nicht versäumt, dieses Rezept zu erproben und kann euch mitteilen, daß es seine Verdienste hat. Ich habe ein Metallgefäß und Puderzucker genommen, und unter das Eis habe ich eine ordentliche Menge Salz gemischt.

Ciliege visciole in guazzu

Weichselkirschen im eigenen Saft

Diese herben Kirschen brauchen keinen Alkohol. Diesen erzeugen sie vielmehr selbst.

1 kg Weichselkirschen, 300 g Zucker, 1 Stückchen Zimtstange

Man nimmt 200 g von den Kirschen (die am schlechtesten aussehenden), preßt den Saft heraus und passiert ihn. Von den anderen entfernt man die Stengel und legt sie schichtweise in ein Glas, immer eine Schicht Kirschen abwechselnd mit einer Schicht Zucker, dann gießt man den durchgeschlagenen Saft darüber. Man knackt die Kirschkerne der durchgeschlagenen Früchte zu einem Teil und wirft sie mit dem Zimt in das Gefäß, das man dann gut verschließt und mindestens 2 Monate lang stehen läßt, ohne es noch einmal anzurühren. Ihr werdet beobachten, daß sich der Zucker allmählich auflöst, die Kirschen zuerst an die Oberfläche der Flüssigkeit steigen und dann, wenn sich diese in Alkohol verwandelt hat, wieder absinken. Dann sind sie eßbar und ein Genuß.

Mandorle tostate

Gebrannte Mandeln

200 g süße Mandeln, 200 g Zucker

Die geschälten Mandeln werden mit einem Tuch getrocknet. Dann kommt der Zucker mit 2 Fingerbreit (Trinkglas) Wasser zum Feuer. Wenn er gelöst ist, schüttet man die Mandeln hinein und rührt ständig um. Sobald sie zu »knallen« anfangen, zieht man den Topf an den Rand des Ofens und wird beobachten, daß der Zucker gerinnt und krümelig wird. Man nimmt ihn heraus und trennt die Mandeln vom Zucker, dann kommt die Hälfte des Zuckers wieder mit 2 fingerbreit Wasser auf das Feuer, und wenn er anfängt, nach Karamel zu duften, gießt man die Mandeln dazu, rührt um, und nimmt sie ab, sobald sie den Zucker angenommen haben. Dann kommt die andere Hälfte des Zuckers wieder mit 2 fingerbreit Wasser auf das Feuer und die Prozedur wird ein drittes und letztes Mal durchgeführt. Man schüttet die Mandeln auf einen Teller, wenn einige zusammenkleben, trennt man sie.

Sie sind so ohne Würze sehr gut, man kann aber auch etwas Vanillezucker dazugeben oder 30 g geriebene Schokolade – beides sollte im letzten Moment geschehen.

Olive in Salamoia

Oliven in Salzlake

Vielleicht gibt es neuere und bessere Methoden, Oliven einzulegen, aber diese hier wird in der Romagna mit bestem Erfolg praktiziert. Pro kg Oliven benötigt man folgende Mengen:

1 kg Holzasche, 80 g gelöschter Kalk (in Pulverform), 80 g Salz, 8 dl Wasser für die Lake

Man mischt den Kalk mit der Asche und dem Wasser zu einem nicht zu dichten und nicht zu flüssigen Brei. In diesen wirft man die Oliven und beschwert sie oben, damit sie bedeckt bleiben. So bleiben sie 12 bis 14 Stunden stehen, das heißt, bis sie etwas weich geworden sind, was man feststellt, indem man sie öfter betastet. Einige sagen auch, bis sich das Fleisch leicht vom Kern löst, aber das ist eine Methode, die zu Irrtümern führen kann.

Sie werden aus dem Brei herausgenommen, in sehr viel Wasser gewaschen und bleiben dann 4 oder 5 Tage in frischem Wasser stehen (wobei man das Wasser dreimal täglich wechselt), bis sie keine Bitterstoffe mehr an das Wasser abgeben. Wenn das erreicht ist, setzt man die 8 dl Wasser mit dem Salz auf das Feuer, tut ein paar dicke Stengel wilden Fenchel dazu und läßt es einige Minuten kochen. Die Oliven kommen in ein Glasgefäß oder einen glasierten Tonkrug, und man gießt die kalt gewordene Salzlake darüber.

Mostarda all'uso toscano
Senf nach toskanischer Art

2 kg Trauben (weiße oder $2/3$ weiß, $1/3$ schwarz). Die Trauben werden gepreßt wie für Wein, und wenn sie nach 1 oder 2 Tagen »aufgehen«, preßt man den Most heraus.

1 kg Rosenäpfel oder Renetten, 2 dicke Birnen, 240 g Weißwein (besser »Vin santo«) 120 g Zitronat, 40 g weißes Senfpulver

Die Äpfel und Birnen werden geschält und in dünne Scheiben geschnitten. Sie kommen mit dem Wein auf das Feuer; sobald sie ihn aufgenommen haben, gießt man den Most hinein. Man rührt öfter um. Wenn die Mischung etwas fester geworden ist, als die üblichen Fruchtkonserven, läßt man sie abkühlen und rührt dann das vorher in etwas gut angewärmtem Wein aufgelöste Senfpulver hinein, zugleich das in kleinste Stückchen zerschnittene Zitronat. Man füllt den Mostrich in kleine Gefäße, deren Boden mit einem feinen Schleier aus gemahlenem Zimt bestreut ist.

Senf regt den Appetit an und fördert die Verdauung.

Crosta e modo di crostare
Crosta und crostieren

Ich habe mir erlaubt, die bei uns üblichen Gallizismen Glassa (Glasur) und glassare (glasieren) in dieser Form zu übersetzen (Irrtum, verehrter Meister, das Wort Glas stammt aus dem Althochdeutschen und bedeutete ursprünglich Bernstein; d. Ü.) und überlasse es anderen, besser geeignete italienische Worte dafür zu suchen. Ich meine jedenfalls jenen weißen, schwarzen oder anders gefärbten Überguß, den man auf einigen der zuvor beschriebenen Süßspeisen anbringt, zum Beispiel der »englischen Wurst«, den deutschen Torten und ähnlichem, um sie ansehnlicher zu machen.

Für einen schwarzen Zuckerguß nimmt man 50 g Schokolade und 100 g Zucker. Die geriebene Schokolade setzt man in einer kleinen Kasserolle mit 3 Eßlöffeln Wasser auf. Ist sie gelöst, so schüttet man den Zucker hinein, läßt sie auf kleinem Feuer kochen und rührt öfter um. Das Wichtigste ist dabei die Feststellung, wann die Schokolade ausreichend

269

gekocht hat, was man daran erkennt, daß ein zwischen Daumen und Zeige-
finger genommener Tropfen Fäden zieht. Dieser Faden darf aber nicht länger
als 1 cm werden, sonst hat man schon zu lange kochen lassen. Die Kasserolle
wird abgenommen, in kaltes Wasser gestellt; dabei wird ständig umgerührt.
Wenn die Flüssigkeit an der Oberfläche sozusagen undurchsichtig wird, etwas
grau, als wolle sie einen Schleier bilden, verteilt man sie über die Süßspeise.
Diese kommt dann wieder ans Feuer, oder auch unter einen Metalldeckel mit
Oberhitze, und nach 2 bis 3 Minuten ist die Glasur glatt, leuchtend und fest.
Der weiße Zuckerguß wird aus Eiweiß, Puderzucker, Zitronensaft und Likör
hergestellt; will man ihn rötlich haben, so nimmt man statt des Zitronensafts
Alkermes. Hier folgt die Menge für fast alle beschriebenen Süßspeisen oder
Kuchen:

Eiweiß von 1 Ei, 130 g Zucker, $^1/_2$ Zitrone, 1 EL Likör oder soviel Alkermes, wie zur Erreichung
der oben angedeuteten Farbe notwendig ist.

Man rührt alles ein und schlägt es, und wenn die Mischung etwas dickflüssig
ist, verteilt man sie über die Süßspeise. Sie trocknet von selbst, ohne daß sie
noch einmal in den Ofen muß. Will man keinen einheitlichen Überzug machen, sondern etwa auf einer Torte Muster anbringen, so kann man sich verschiedener Methoden bedienen (gewöhnliche Papiertüte, Spritzbeutel etc.),
und es gibt Blechplättchen als Vorsätze zu kaufen, die in der Mitte eine
hübsch geformte Öffnung haben. Notfalls nimmt man auch nur ein in Tü-
tenform zusammengedrehtes Stück Papier. Die Öffnung soll in jedem Falle
klein gehalten werden. Wenn die Masse für weiße Glasur zu dünnflüssig ist,
dickt man sie mit Zucker ein.

Fünf italienische Meisterköche stellen sich vor

GIANFRANCO BOLOGNESI

»La Frasca«, Castrocaro Terme
Vorspeisen, Suppen, Brühen, Gelatinen, Saucen

Vielfältig sind die Gründe, die mich mit Artusi und seinem Handbuch »Von der Wissenschaft des Kochens und der Kunst des Genießens« verbinden. Zum einen stellt das Buch den weitgehend gelungenen Versuch dar, der italienischen Küche ein Kompendium zu geben, einen Schlüssel zu den einfachsten und unverfälschsten Rezepten. Einst schrieb Olindo Guerrini:

»… um ein praktisches und familiengerechtes Rezept zu finden, muß man ausprobieren, raten und auch Fehler machen. Damit ist Artusis Werk ein wahrer Segen!«

Zum anderen stellt es die Grundlage für neue Kreationen dar. Vor allem aber ist es ein durchaus anregendes Stück Literatur, mehr denn je zeitgemäß, aktuell und unnachahmlich, eine Art Philosophie des Genusses, deren historische und kulturelle Wurzeln in den Werken von Stefani, Vialardi, Luraschi, Cavalcanti und verschiedenen anderen weniger bekannten Köchen aus dem Piemont zu suchen sind.

Im Sinne dieser Kunst des Genießens fühle ich mich Artusi verbunden, inbesondere wegen der einfachen Küche, also der ländlichen, die sich allerdings inzwischen zu einer gehobenen und stilvollen Küche entwickelt hat.

Ich bin mit Artusi einig bei dem Versuch, die Ansprüche von Genuß und Gesundheit zu verbinden, und in dem Grundsatz, dem Überfluß abzuschwören, die Natur zu schonen und ihre besten Erzeugnisse zu verwenden.

Schließlich fühle ich mich auch räumlich Artusi nahe; denn ich bin nicht weit von Forlimpopoli zu Hause, dem Geburtsort des gastronomischen Bankiers.

Ich persönlich stehe aber eher in Einklang mit dem Literaten Artusi, einem gebildeten und vermögenden Feinschmecker, der einer einfachen und natürlichen Welt verbunden geblieben ist, als mit dem Gastronomen Artusi.

Ich habe das Angebot, die in der Überschrift erwähnten Speisen zu überarbeiten, mit großer Freude angenommen. Ich liebe zwar alle Gerichte der guten Küche in jeglicher Variation und Zusammenstellung; meine provinzielle Herkunft verleitet mich indes, mich besonders mit diesen elementaren Speisen auseinanderzusetzen. Ich bin davon überzeugt, daß diese Neigung nicht nur von meinen Landsleuten in dieser Provinz, sondern auch von den meisten Europäern geteilt wird. Mit wenigen Ausnahmen sind die von Pellegrino Artusi gesammelten Rezepte heutzutage gar nicht so einfach nachzukochen. Ganz im Gegenteil: viele sind aufgrund der exzessiven Verwendung tierischer Fette den heutigen Lebensgewohnheiten und medizinischen Erkenntnissen nicht mehr angemessen. Zu Artusis Zeiten waren Saucen auf der Basis von Bauchspeck, Schweineschmalz und Schweinespeck sehr beliebt. Außerdem konnte Artusi seine Herkunft nicht verleugnen: In der Romagna, in der Olivenöl beinahe unbekannt bzw. ein Luxus war, wurden sogar Radicchio-Salate mit in Essig ausgebratenen Speckwürfeln angemacht – eine Tradition, die dort auch heute noch weit verbreitet ist.

Unzeitgemäß sind auch die langen Garzeiten, die üppigen Mengenangaben, die immer gleichen Zutaten, die schweren Saucen, die vielen Brühen, die mehr als die Hälfte dieser Gerichte prägten, und die erst mit der Zeit den Nudelgerichten Platz gemacht haben. Diese Rezepte entstammen einer anderen Welt. Sie sind Spiegel ihrer Zeit und entsprechen den kulturellen und wirtschaftlichen Ansprüchen und Möglichkeiten Italiens am Ende des 19. Jahrhunderts.

Doch im Artusi fehlen auch einige »historische« Rezepte, die auch heute noch die Säulen der regionalen Küche Italiens bilden: (echte) Pizza napoletana, Suppenfleisch, Fritto misto nach Piemonteser Art, Finanziera oder – aus meinem Spezialgebiet – die Minestre, Orecchiette aus Apulien, Trenette aus Ligurien, Bigoli aus Venetien, Risotti aus dem Süden Piemonts, Sartù aus Neapel, Canederli aus dem Trentino, Casumsei aus Valtellina, Tajarin aus dem Piemont, dazu aus der Romagna Lasagne, Garganelli, Strozzapreti und Tortelli di zucca. Dabei muß man einräumen, daß manche Rezepte wie Vorläufer der Nouvelle cuisine erscheinen: Man denke an Rotbarben mit Schinken, Meeräsche mit Granatapfel, Krabbensuppe, an den Schweinsbratenfisch, um nur einige zu nennen.

Insgesamt gesehen glaube ich jedoch, daß »der Artusi« im Rahmen des italienischen Geschmacks die ideale Küche unserer Zeit widerspiegelt – eine Küche, die auf Inhalt und Qualität basiert, ohne dabei auf traditionsreiche, alte Rezepte zu verzichten (die selbstverständlich den veränderten Lebensansprüchen angepaßt werden müssen), frei von überkommenen Klischees. Es ist eine Kochkunst der sanften Methoden, die dank moderner und fortschrittlicher Arbeitstechniken den Geschmack der Zutaten in vorbildlicher Weise erhält und hervorhebt.

Auf wissenschaftlichem und technischem Gebiet trennen uns heute von Artusi über hundert Jahre. In dieser Zeit hat Italien den Sprung vom Hunger zur Diät, von der Not zum Überfluß, vom Provinzlertum zur Weltoffenheit, von der reinen Freude am Essen zur Angst vor zu üppiger und falscher Ernährung geschafft. Damit ist eine radikale Änderung der gesellschaftlichen, kulturellen und wirtschaftlichen Ordnung einhergegangen.

Kultur, Sprache, Gesellschaft, Lebensstil, Wirtschaft, individuelle und kollektive Phantasie haben sich ebenso geändert wie die Vielfalt des Lebensmittelangebotes. Artusi wendet sich mit seinen Rezepten an Familien und Hausfrauen – die Küche, von der ich rede, wendet sich an eine immer feinere, elitäre und anspruchsvolle Kundschaft. Das Wachstum des gastronomischen Angebots, der verfeinerte Geschmack, die Möglichkeit, sich die besten Produkte und Restaurants zu leisten, haben zu einem anderen Konsumdenken beigetragen. Die Ernährung ist äußerst vielseitig und reichhaltig geworden und hat sich auf Funktion und Anlaß spezialisiert. Dies kann als Zeichen gesteigerten Wohlstands, höherer Bildung und größerem Interesse an gutem Essen gewertet werden.

Die großen Restaurants – groß nicht im Sinne der Platzzahl, sondern der Qualität, des Ambiente, des Service und jener vielen anderen Details, die ein Restaurant groß machen – werden zu Geschmackstempeln, zu Inseln und Zentren einer elitären Kultur, die nichts mit dem bürgerlichen Geschmack Artusis zu tun haben. Die Küche des verfeinerten Genusses steht hier im Gegensatz zur notwendigen Nahrungsaufnahme.

Professor Piero Caporesi charakterisiert den Geschmack Artusis im Vorwort zu einer der zahlreichen Auflagen sehr treffend, wenn er schreibt:

»Aus der Romagna, also aus der Poebene stammend, jedoch seit langem in der Florentiner Welt zu Hause, verschmelzen bei ihm zwei Kochstile, der aus der Romagna und der aus der Toskana.«

Auch ich stamme aus der Romagna, und man sollte sich folglich nicht wundern, wenn bei der Überarbeitung des Artusi viele Gerichte aus der großen kulinarischen Tradition meiner Heimat stammen, deren Schwerpunkt auf den »hausgemachten« und »handgemachten« Nudeln liegt, auf die man mit Recht stolz ist.

Es scheint mir logisch und natürlich, daß diese Rezepte, bei deren Zubereitung ich noch meiner Großmutter und später meiner Mutter zusah, die ich in den Häusern von Freunden probiert, vielleicht auch den Erinnerungen meiner Kindheit entnommen oder ganz einfach in alten Kochbüchern gelesen habe, in entsprechender Abänderung im Vergleich zu anderen Gerichten zu »etwas ganz Besonderem« werden. Sie gehören zu meiner Kultur,

meinem Leben, meiner Kochschule, kurz, zu meiner Persönlichkeit.

Täglich in die Küche zu gehen, um die selben Gerichte bzw. das zuzubereiten, was andere vor uns gekocht haben, ist eine Aufgabe für einen guten Handwerker. Ein wahrer Koch hat, wie jeder andere Künstler – ist Kochen etwa nicht eine edle und uralte Kunst? – die Aufgabe, jedem Rezept eine eigene Note zu geben. Sicherlich gibt es Gerichte, die mit der Zeit Glanzpunkt eines gastronomischen Repertoires werden, aber Intuition und Kreativität dürfen nicht unter Traditionen ersticken.

Bereits im 18. Jahrhundert stellte Vincenzo Corrado, allgemein bekannt als der »galante Koch«, fest:

»Kochen ist eine Kunst, die Kunst eines Genies, und derjenige, der weder Talent noch Geschmack hat, darf nicht vom Kochen sprechen. Nur jener wird ein exzellenter Koch werden, der kreativ ist und die prächtigste Tafel decken kann. Wer diese anspruchsvolle Kunst pflegen will, sollte über Erfindungsgabe und Geist verfügen.«

Artusi selbst, der »seine« Küche als »Erfindung, Inspiration und Phantasie« bezeichnet, hat der traditionellen italienischen Küche viele Rezepte hinzugefügt. Ein gutes Beispiel stellt die Geschichte der Zuppa alla Stefani dar. Dieses Rezept stammt aus dem Buch »Kunst des guten Kochens« von Bartolomeo Stefani, der Mitte des 17. Jahrhunderts als Koch in Diensten des Herzoges von Mantua stand, einer Zeit, in der Kräuter und Gewürze im Überfluß verwendet wurden, Zucker und Zimt in die Brühe, ins Suppenfleisch und in den Braten kamen. Artusi bekennt freimütig:

»Ich werde von den Regeln dieses Gerichtes abweichen«, bekennt Artusi, »mich statt dessen auf etwas Petersilie und Basilikum beschränken, und sollte ich den Bologneser Autor im Jenseits treffen und er mir etwas vorwerfen, werde ich zu meiner Verteidigung sagen, daß die Geschmäcker sich zum Besseren gewandelt haben, daß man aber – wie bei so vielen Dingen – von einem Extrem ins andere übergeht und übertreibt bis hin zu dem Punkt, an dem man Kräuter und Gewürze auch da vergißt, wo sie hingehören.«

Die kompromißlosen Anhänger der kulinarischen Tradition, die verbissenen konservativen Apologeten der »alten« Küche, die überzeugten Jünger Artusis im Glauben, es existiere nur diese eine Küche, mögen es mir verzeihen, wenn ich an dieser Stelle behaupte: Eine gute Küche ist in jedem Fall das Resultat einer ausgewogenen Mischung aus Intuition und Tradition. Artusis Rezepte bieten eine wunderbare Gelegenheit für neue Interpretationen und Kreativität. Sie erlauben es dem ambitionierten Koch, sie durch seinen persönlichen Stil zu prägen und zu gestalten.

ARRIGO CIPRIANI

»Harry's Bar«, Venedig
Süßspeisen, Gelees, Eis

Artusi war kein Koch, sondern Gastronom und von Beruf Bankier. Die Tatsache, daß sich seine »Kochkunst« niemals im Küchenalltag bewähren mußte, hat dazu geführt, daß er seine Rezepte in stark vereinfachter Form niedergeschrieben hat. Als wichtigste Zutaten empfiehlt er Leidenschaft, ständiges Experimentieren und die Auswahl feinster Rohstoffe. In einer Zeit, in der alles ständig im Wandel begriffen ist, sind es eben diese simplen Ratschläge, die auf einen Fortbestand der Kochkunst in dieser Welt hoffen lassen. Liest man den Text des Vorwortes im Original, erkennt man freilich den Fachmann unter den Laien. Artusis Text liest sich leicht und flüssig, seine Feststellungen sind zumeist zeitlos und allgemein gültig. Artusi stellt fest, daß das menschliche Leben in der Hauptsache von zwei Faktoren bestimmt wird: der Ernährung und der Fortpflanzung. Deshalb fragt er, warum diese beiden so wesentlichen Elemente in der Werteskala seiner Epoche so niedrig eingestuft werden, und er fährt fort: *»Weshalb wird derjenige, der sich für ein schönes Bild oder eine hinreißende Symphonie begeistern kann, höher eingeschätzt als jemand, der mit Freude ein exzellentes Gericht genießt?« Diese Worte enthalten eigentlich die Kernaussage des gesamten Werkes. Artusi betrachtet die Gastronomie, das heißt die Kunst des Kochens, als etwas äußerst Kostbares und Nützliches für Körper und Geist.*

Die mir hier übertragene Aufgabe erinnert mich an die Antwort, die der Karosserieschneider Pininfarina schon 1946 der Geschäftsleitung des Volkswagenwerkes gab, als diese ihn um eine »Überarbeitung« des Käfers gebeten hatte: »Eine einteilige anstelle einer geteilten Heckscheibe.«
Ist das alles?«, fragten die VW-Manager verwundert. »Das ist alles, und ihr werdet Millionen verkaufen.« Pininfarina hat Recht behalten.

Die Rezepte von Süßspeisen, Gelees und Eis sind von Giuseppe Appezzato, unserem Chefkonditor, überarbeitet worden, einem ruhigen Mann aus den Abruzzen, den sowohl seine Natürlichkeit als auch sein Kenntnisreichtum auszeichnen.
Ich bin sicher, daß sein Rezeptbeitrag zu diesem Teil des Artusi aktuell bleiben wird, weil sich – was die gesunden Zutaten anbelangt – nichts Grundlegendes geändert hat. Dagegen hat auf dem Gebiet der Verarbeitungsmethoden dank des zunehmenden Einsatzes von Kühlanlagen und Geräten ein grundlegender Wandel stattgefunden. Selbst im täglichen Hausgebrauch werden heute kleine und hilfreiche Küchengeräte benutzt.
Einige der im Artusi erwähnten Begriffe (z. B. für Mehl) sind inzwischen überholt. Im Gegensatz zu früher muß man es vor der Verwendung nicht mehr behandeln. Das in der Konditorei üblicherweise verwendete Weizen-

mehl kauft man als Type 405 gebrauchsfertig im Handel. Auch wird in unserer Zeit fast kein Schweinespeck mehr in der Konditorei verwendet. Er findet sich nur noch gelegentlich bei der Zubereitung einiger regionaler Spezialitäten.

Mit der Überarbeitung der Rezepte soll dieser Klassiker der italienischen Küchen der heutigen Geschmacksorientierung angepaßt werden. Das überarbeitete Buch soll außerdem weiterhin ein Leitfaden für alle begeisterten Köchinnen und Köche sein.

GUALTIERO MARCHESI

»Gualtiero Marchesi«, Mailand
Fleischgerichte, Getränke

Die Rezepte des Pellegrino Artusi müssen sowohl aus dem Geist ihrer Zeit heraus als auch unter Berücksichtigung des Personenkreises gelesen werden, an den sie sich wenden. Wir befinden uns am Ende des 19. Jahrhunderts, als es noch kein Handbuch für die italienische Küche gab. Wir befinden uns auch nicht in Frankreich, wo Ende der zwanziger Jahre unseres Jahrhunderts der Guide Culinaire von Auguste Escoffier vorlag. Dieser Leitfaden galt nicht nur für die französische Küche, sondern auch für die internationale, und in Escoffiers stringenter Auslegung blieb nichts dem Zufall überlassen.

Artusi hingegen gibt dem Koch die totale Freiheit und wird damit zum Vorläufer des aktuellen Trends – im Rahmen der klassischen Küche allerdings ohne Absicht. Außerdem hat Artusi nicht einmal selbst gekocht, sondern zwei Köche für sich arbeiten lassen. Der wesentliche Unterschied zwischen dem Artusi und dem Guide Culinaire besteht jedoch darin, daß letzterer ein Handbuch ist, das sich an professionelle Köche richtet, während es sich bei dem Artusi um ein unterhaltsames Lesebuch handelt, das neben den Rezepten auch eine Vielzahl an Erläuterungen zu Sitten und Gebräuchen enthält. Denn für Adel und Bourgeoisie war Kochen ohnedies kein Handwerk, sondern allenfalls ein Hobby. Unter diesem Aspekt werden auch einige Anleitungen zur Fleischzubereitung verständlicher, die sonst eher verwundern.

Mit Ausnahme der Rezepte, bei denen ich nur die Mengenangaben vorgegeben habe, gelten meine Hinweise vor allem den Kochmethoden, die meines Erachtens im Artusi oft nicht richtig dargestellt sind. Ein gutes Beispiel ist die Verwendung von Wein. Wenn man ihn verwendet – in der Regel zum Ablöschen –, sollte man ihn soweit einkochen, daß der Alkohol verdunstet und der Wassergehalt weitgehend reduziert wird. Dies gilt nicht weniger für Schnäpse und Liköre. Außerdem darf man beim Einköcheln von Alkoholika das Kochgeschirr nicht zudecken, da sonst die Verdunstung verhindert würde. Diese Grundregeln finden im Artusi keine Berücksichtung. Er verwendet des öfteren Wein, manchmal sogar Schnaps, zusammen mit Brühe oder Wasser und läßt dabei – in einem Fall – nicht einmal den Topf offen.

Es gibt Fleischsorten, wie Leber, Nieren, Rinderfilet, Kalbsmedaillons, die nicht zu lange gegart werden dürfen, sondern nur kurz gebraten werden, damit sie saftig und rosa bleiben und ihr typischer Geschmack nicht verloren geht. Wenn man eine schmackhafte und dickflüssige Sauce bereiten will, darf das nicht durch eine längere Garzeit geschehen. Das Fleisch muß nach angemessener Garzeit beiseite gelegt werden, bevor man mit der Saucenzubereitung beginnt. Man löscht dazu den Bratensatz mit Wein ab, läßt ihn einköcheln, fügt etwas Brühe und Sahne hinzu, zieht etwas Butter darunter oder verlängert bei Bedarf mit etwas Wasser. Die so gewonnene Sauce wird durchgeseiht und extra serviert bzw. über das Gericht gegossen.

Im Artusi wird das Fleisch oft länger als notwendig gegart, damit sich Sauce bildet. Auch die Garzeiten sind oft nicht zutreffend. Innereien z. B. haben verschiedene Garzeiten, und wenn wir eine Taube zubereiten wollen, muß sie zuerst angebraten, dann in Teile zerlegt werden, damit man die unterschiedlichen Garzeiten für Brüstchen und Schenkel berücksichtigen kann. Für manche Rezepte verwendet er Mehl. Man darf jedoch das Bindemittel – etwa bei Huhn oder Kalbshaxe – nicht während des Kochvorgangs hinzufügen, sondern muß das Fleisch vor dem Anbraten damit bestäuben.

Überhaupt muß Fleisch zunächst angebraten werden, damit der Saft nicht austreten kann. Erst danach kann es fertig gegart werden. Will man es zusammen mit Gemüse kochen, so muß es vorher und separat angebraten werden. Bei Wild schließlich ist es ratsam, kein abgehangenes Fleisch zu verwenden, da der entstehende Hautgout, der strenge Wildgeruch, heute nicht mehr besonders geschätzt wird. Wenn man sich an diese Grundregeln hält,

»funktionieren« die meisten Rezepte von Artusi. Viele habe ich nicht abgeändert, weil, wie bereits eingangs erwähnt, der Verfasser dem Koch weitgehend freie Hand läßt und sich damit als aktuell erweist.

Zum Überarbeiten des Kapitels über Liköre habe ich mir Unterstützung technischer Art gesucht. Deshalb habe ich mich an Angelo Sulci gewandt, einen guten Freund, Enologen und Experten in Sachen Schnaps und Liköre, dem ich an dieser Stelle für seine Hilfe danken möchte.

Artusi schlägt in seinem Buch sehr einfache Hausrezepte vor, die mit Hilfe primitiver Mittel wie »Tüchlein«, »Watte« oder »dünnen Besenzweigen« zubereitet werden können. Ich habe es jedoch vorgezogen, diese Utensilien durch praktischere zu ersetzen: feine Siebe und Filterpapier. Hinsichtlich der Zutaten konnte ich es mir erlauben, Alkohol besserer Qualität zu verwenden. Was das Wasser betrifft, sollte man immer natürliches Mineralwasser ohne Kohlensäure verwenden, da es bakteriologisch reiner ist, und nicht, wie bei der Zubereitung von Zitronatlikör empfohlen, Quell- oder Regenwasser.

FULVIO PIERANGELINI

»Gambero rosso«, San Vincenzo
Fischgerichte, Gemüse und Hülsenfrüchte

Pellegrino Artusi lebte sowohl in der Romagna als auch in der Toskana, und beide Regionen haben deutliche Spuren bei seinen Fischrezepten hinterlassen. In der Toskana war man ihm nicht besonders wohlgesinnt, weil seine Bankgeschäfte zwischenmenschlichen Beziehungen nicht eben förderlich waren. In jedem Fall ist beachtenswert, wie er es neben einer so trockenen Tätigkeit geschafft hat, sich einem so kreativen Hobby wie dem Kochen zu widmen. Auch zum Fisch hatte Artusi keine besonders glückliche Beziehung. Vielleicht wußte das damalige Bürgertum, die von Artusi angesprochene Zielgruppe, noch zu wenig von den gesundheitsfördernden Eigenschaften der Fischgerichte oder hatte mit der Konservierung Probleme.

Eingehend behandelt der Autor die Qualität der Fische je nach Saison. Auffallend ist aber, daß ausgerechnet jene Rezepte fehlen, die heute sowohl in der Restaurantküche als auch im Hausgebrauch sehr beliebt sind und häufig verwendet werden. Nicht einmal sein Aufenthalt in Livorno konnte Artusi dazu anregen, sich mit der wunderbaren Fischvielfalt im toskanischen Meer auseinanderzusetzen. Man findet bei ihm nur die klassische »Cacciucco« (eine Art Fischsuppe) und die »Triglie alla livornese« (Rotbarben nach Livorneser Art). Zum Glück gibt es für diesen wunderschönen, farbenfrohen Fisch viele Rezepte. In der Restaurantküche sind die Rotbarben unbeliebt, weil sie nach rund 24 Stunden deutlich an Geschmack verlieren, und unbeliebt sind sie auch bei denen, die sich nicht gern mit den kleinen Gräten auseinandersetzen. Artusi schlägt vor, »die Hauptgräte im Rohzustand zu entfernen, indem man die Rotbarbe vorne öffnet und danach wieder schließt«. Diese von vielen Köchen auch heute gern praktizierte Art der Zubereitung hat dazu geführt, daß dieser Fisch sich inzwischen auch bei einem empfindlicheren Publikum größerer Beliebtheit erfreut.

Die Puristen unter den Köchen haben dieses Verfahren sofort abgelehnt, da es angeblich den Geschmack des Fisches beeinträchtigt und dem Gast die Freude am Abnagen der Hauptgräte vorenthält.

Als Artusi begann, sein Werk zu schreiben, gab es in den einst weitgehend sauberen Gewässern im Norden Italiens noch zahlreiche Störe; doch er behandelt diese eher als eine Besonderheit der Fauna und erkennt nicht ihre vielfältige Verwendbarkeit in der Küche. Er wußte offensichtlich nicht einmal um deren positivste Eigenschaft: die lange Haltbarkeit, dank derer der Stör schon damals in ferne Länder ausgeführt werden konnte, die selbst keinen Fischfang betreiben. In Zeiten begrenzter Gefrier- und Konservierungsmöglichkeiten war dies ein entscheidender Faktor. Einige bevorzugte Zubereitungsarten, wie das Panieren, und die Vorliebe für Muscheln, die in der Adria recht häufig vorkommen, verraten die Herkunft Artusis aus der Romagna. Gleiches gilt für den Aal, wenngleich Artusi diesen wegen seiner schweren Verdaulichkeit weniger schätzt. Bis heute ist es nicht gelungen, für diesen fettreichen Fisch Rezepte zu finden, die ihn bekömmlicher machen. Beim Klippfisch ist Artusi skeptisch oder vielleicht auch nur voreingenommen, weil er wohl der Meinung war, dieser passe als typisches Armeleuteessen nicht auf einen bürgerlichen Tisch. Artusi konnte diesem Produkt der Mangelwirtschaft keinen höheren Wert beimessen und versuchte zum Glück auch nicht, es zur Modedelikatesse umzuinterpretieren, wie dies heute manchmal geschieht.

Es ist klar, daß in den letzten Jahrzehnten das industrielle Wachstum den Lebensstandard stark verändert hat. Um so wichtiger ist es, sich wieder auf die gastronomischen Werte zu besinnen, die sich nicht verändert haben und die nach wie vor Voraussetzung für eine gute Küche sind: fundiertes Wissen um die geeigneten Zutaten und Rücksicht auf die Art der Tischgäste. Und wenn sich auch der Lebensstandard ebenso wie der Kalorienbedarf geändert haben und die einstigen Tagelöhner jetzt zumeist als Industriearbeiter ihr Brot verdienen, so glaube ich doch nicht, daß sich die heutige Mittelschicht der Angestellten von einer Gogolschen Figur, etwa einem Monsieur Travet aus dem 19. Jahrhundert, wesentlich unterscheidet.

Bei Fischgerichten wird besonders deutlich, wie wenig Bedeutung Artusi den unterschiedlichen Garzeiten beimißt. Für ihn beginnt und endet die Zubereitung eines Fisches in einer und derselben Pfanne ohne Rücksicht auf die unterschiedlichen Fette, Saucen usw. So sehr dies der Gaumenfreude zuträglich sein mag – es liegt ganz einfach schwer im Magen. Heute bevorzugt man fettärmere Garmethoden wie Dämpfen, Grillen und Braten in beschichteten Pfannen. Saucen bereitet man separat aus Resten des bereits angerichteten Fisches. Dabei legt man großen Wert darauf, daß das bereits vorhandene Fett restlos abgeschöpft und gegebenenfalls durch frisches ersetzt wird.

Im Kapitel über das Gemüse gibt es eine Vielfalt von Rezepten, die zum Teil sehr interessant und zeitgemäß sind, wenngleich sich der Begriff »Beilage« in den letzten Jahren stark gewandelt hat. Heute neigt man auch in Italien eher dazu, die Gemüsebeilage mit dem Hauptgericht zu reichen; die Beilage ist somit fester Bestandteil des Gerichtes geworden. Das verbessert den optischen und ästhetischen Eindruck und vervollständigt das eigentliche Gericht. Das sogenannte »russische Service« – dabei werden die Gerichte auf einzelnen Tellern gereicht – kannte Artusi offensichtlich noch nicht. Die italienische Bourgeoisie übte sich noch in der französischen Variante, wobei die optisch kunstvoll angerichteten Beilagen jeweils auf einzelnen Vorlegeplatten serviert wurden. Diese waren oft wegen ihrer üppigen Aufmachung weniger bekömmlich als die Hauptgerichte und entsprachen damit dem Zeitgeist der bürgerlichen Küche. Besonders verschwenderisch ging man dabei mit der Bechamelsauce um, während man heute eher alternative Lösungen vorzieht. Auch werden die Saucen kaum mehr mit Mehl gebunden. Die Tendenz geht zu eingeköchelten und leichteren Saucen, die sich mit Hilfe moderner Küchengeräte wie Mixer, Handrührgerät usw. sehr einfach herstellen lassen.

Ganz und gar »out« sind schließlich Frikassees und tierische Fette wie Schmalz. Sie werden durch Olivenöl »extra vergine« ersetzt, das zwar weniger geschmacksintensivierend, aber auf jeden Fall gesünder ist.

In jüngster Zeit sind auch die fritierten Gerichte in Verruf geraten, obgleich man aber auch deren Vorzüge erkannt hat. Ein perfekt fritiertes Gericht wird nie zu mächtig sein. Um ein solches Gericht zu erhalten, bedarf es aber der Beherrschung einiger Kunstgriffe. Hier ist Olivenöl »extra vergine« allen anderen Fetten vorzuziehen. Zu Artusis Zeiten waren die chemischen Vorgänge in Fetten unter Hitzeeinwirkung noch nicht genau erforscht. Heute ist nachgewiesen, daß im Olivenöl all jene Stoffe vorhanden sind (Phenolsäure, etc.), die eine natürliche Barriere für die Oxidation darstellen und auch bei hohen Temperaturen dafür sorgen, daß keine gesundheitsschädigenden Substanzen freigesetzt werden. Früher war das Garen im schwimmenden Fett sehr beliebt, weil Schmalz in den Haushalten reichlich vorhanden war und sich aus Resten und Ausbackteig leckere Gerichte zaubern ließen.

In vornehmen Haushalten, in denen man sich Küchenpersonal leisten konnte, wurden manche Speisen zunächst fritiert und in einem späteren Arbeitsgang zu Ende gegart. Fische z. B. wurden fritiert und dann geschmort, vorfritiertes Gemüse im Ofen fertiggegart (melanzane alla parmigiana).

Artusi spricht oft von fritierten Speisen, denen Tomaten zugefügt werden. Solche Methoden stehen in deutlichem Widerspruch zu den Regeln der modernen Küche, die separate Garvorgänge vorsieht und rät, das Ausback- oder Bratfett abzugießen bzw. die Pfanne mit Likör, Wein oder Brühe zu entfetten, um danach die Sauce herzustellen, gibt es doch nichts Schädlicheres als wiederholt erhitztes oder überhitztes Fett.

Die neuen Trends zeigen sowohl im Hinblick auf die Bekömmlichkeit als auch auf den Wohlgeschmack eine Abwendung von Mehlteigen, Bechamelsaucen und vorfritierten, panierten oder angebratenen Zutaten. Man sollte sich anstelle einer Panade allerhöchstens eine leichte Creme aus gekühltem Wasser und Mehl nach japanischer Art gestatten, um gebackenen Fisch und Gemüse besser verträglich zu machen. Die heute zur Verfügung stehenden beschichteten Pfannen ermöglichen ein Braten nur mit einem Schuß Öl, so daß die Speisen nicht zu viel Fett aufnehmen können.

Ich habe diese allgemeinen Feststellungen getroffen, um mich nicht bei jedem einzelnen Rezept wiederholen zu müssen. Wie sich bei der Überarbeitung des Artusi herausgestellt hat, enthält das Werk keine technischen Fehler bei der Ausführung der Rezepte, sondern lediglich Anachronismen, die sich mit moderneren Zubereitungsmethoden ohne weiteres vermeiden lassen.

GIANFRANCO VISSANI

»Vissani«, Baschi
Saucen, Teigwaren, Eierspeisen

icherlich ist es für einen Koch eine große Ehre, kurz vor der Jahrtausendwende und zum hundertsten Geburtstag des Werkes eine der Säulen der italienischen Kochkunst, nämlich »den Artusi«, überarbeiten zu dürfen. Noch heute ruft die Lektüre dieses Buches bewegende Erinnerungen in mir wach – Erinnerungen an die Küche längst vergangener Zeiten.

Gegenwärtig sind in der Gastronomie viele Dinge im Umbruch begriffen, z. B. habe ich stets versucht, die Saucen durch Verwendung frischer Zutaten und kürzerer Garzeiten leichter zu machen. Es ist dabei sicherlich nicht nötig, jede Einzelheit, die ich geändert habe, detailliert zu schildern. Ebenso halte ich es nicht für notwendig, genau zu beschreiben, wie man eine Sauce herstellt und weshalb ich Zwiebeln statt Schalotten verwende bzw. frische Tomaten denen in Dosen vorziehe.

Das Kapitel über die Saucen ist gewiß eines der aufregendsten, denn während ich es überarbeite, fühle ich mich wie ein König in seinem Reich. Es ist faszinierend, während der Herstellung von Saucen deren schillernde Farbenvielfalt zu beobachten. Was sonst wäre in der Lage, die menschlichen Sinne so anzuregen?

Wenn die Sauce die Königin der Küche ist, so ist der »Arrosto«, der Braten, ganz sicher der König. Koch kann man werden, aber zum Bratenkoch, zum Rotisseur, muß man geboren sein. Der Braten verbindet auf höchster Ebene die Hitze des Feuers mit dem Kochgut. Spricht man von Braten, dann bewegt man sich in einem weitläufigen Bereich, in dem sich Zutaten und Garzeiten je nach Landstrich ändern. Wenn von einer italienischen oder chinesischen Ente die Rede ist, weiß man, daß sie gut durchgebraten zu sein hat. Ist dagegen eine französische Ente gemeint, dann ist klar, daß der Koch ihr Fleisch rosa halten muß.

Diese Unterschiede sind keineswegs allgemein bekannt. So warf mir in meinem Restaurant eine Dame Inkompetenz vor, weil das Fleisch der Ente, die ich ihr auf französische Art zubereitet hatte, noch rosa war. Das gleiche gilt für den Unterschied zwischen dem italienischen Milchlämmchen und dem französischen Lamm. Zwar sind die Garzeiten unterschiedliche, aber das bedeutet keineswegs, daß das italienische Fleisch minderwertiger wäre als das französische.

Gerade diese feinen Unterschiede machen für mich die Freude am Kochen aus. Meine Küche basiert in der Hauptsache auf diesen kleinen Nuancen und ganz wesentlich auf Kreativität. Ich gelte als Befürworter einer neuen Kochrichtung, und ich bin davon überzeugt, daß sie dazu beigetragen hat, der Gastronomie in Italien und der ganzen Welt zu neuem Ansehen zu verhelfen. Da das Kochen als eine Kunst gilt, kann man den Köchen auch nicht das Recht, ja die Pflicht absprechen, sich frei zu entfalten.

Dennoch gehen die Impulse für die moderne Küche immer wieder von der traditionellen Kochkunst aus, und ist es nicht zu leugnen, daß hinter allen neuen Errungenschaften die Erfahrung vieler Generationen steckt. Wer dieses Geheimnis zu nutzen und es dem Zeitgeist und Geschmack anzupassen weiß, hat das Erfolgsrezept schon in der Hand. Und so ist der »Artusi« trotz seiner hundert Jahre wie ein Brunnen, aus dem man stetig schöpfen kann – wenn auch das Wasser nicht immer das frischeste ist.

Im Kapitel über Eier und Eierspeisen habe ich manches Rezept überarbeitet. Ich halte z. B nichts davon, Zutaten für ein Omelette, wie Zwiebeln oder Artischocken zu blanchieren und danach mit den Eiern zu vermengen. Ich glaube, es ist vorteilhafter, sie direkt in die Pfanne zu geben.
Auch die Teigwaren habe ich in verschiedenen

Punkten abgeändert. Artusi meint dazu, daß die Franzosen Teigwaren nur als Beilage betrachten bzw. sie völlig übergehen. Für die Italiener sind sie aber ganz besonders wichtig.
Ich habe mir erlaubt, Rezepte mit Sahne und Butter ganz zu streichen, aber das ist eine persönliche Entscheidung. Je nach Rezept wird man sich für Olivenöl oder Butter (oder ein sonstiges Fett) entscheiden; es gibt auch in der feinen Küche keine Fette, deren Verwendung unzulässig wäre. Bei manchen Rezepten ist es sogar angebracht, Gänse- bzw. Schweineschmalz zu verwenden.
Abschließend möchte ich betonen, daß es für mich eine große Ehre war, diese äußerst interessante Erfahrung zusammen mit meinen illustren Kollegen gemacht zu haben. Das Werk Pellegrino Artusis ist ein wichtiger Teil unseres Kulturgutes, und er kann in neuem Gewande einem immer größeren Personenkreis vermittelt werden.

Pellegrino Artusi: seht, wie oft der Mensch sich irrt!

Ich hatte meinem Buch »Von der Wissenschaft des Kochens und der Kunst des Genießens« gerade den letzten Schliff gegeben, als mein Freund Francesco Trevisan, der am Gymnasium Scipione Maffei in Verona Literatur unterrichtet, nach Florenz kam. Er befaßte sich voller Leidenschaft mit dem Dichter Ugo Foscolo; aus diesem Grunde wurde er in ein Komitee berufen, das es sich zum Ziel gesetzt hatte, dem Dichter der »Gräber« in Santa Croce (A. d. Ü: Stadtteil von Florenz) ein Denkmal zu errichten. Da ich die Freude hatte, ihn in meinem Hause aufzunehmen, habe ich ihn um seinen geschätzten Rat zu meinem kulinarischen Werk gebeten. Nachdem er sich mit meiner mühevollen Arbeit auseinandergesetzt hatte, gab er ein vernichtendes Urteil ab: Diesem Buch wird wenig Erfolg beschieden sein.

Entsetzlich! Ich konnte mich allerdings seiner Meinung nicht ganz anschließen und wollte mich unbedingt dem Urteil des Lesers stellen. Ich beschloß also, das Buch von einem bekannten Verlagshaus in Florenz drucken zu lassen. Da ich mit den Inhabern des Verlages aufgrund früherer geschäftlicher Beziehungen eng befreundet war, hoffte ich auf ihr Wohlwollen. Um sie zu ermutigen, schlug ich diesen Herren als Kostprobe ein gemeinsames Mittagessen vor, nachdem ich ihnen mein Manuskript gezeigt hatte. Dieses Essen verlief auch für die anderen geladenen Gäste zur vollen Zufriedenheit.

Vergebliche Liebesmühe! Nach langem Überlegen und Zögern sagte einer der Herren: »Wenn ein bekannter Koch wie Doney das Buch geschrieben hätte, dann könnte man ernsthaft darüber sprechen«.

Wenn Doney es verfaßt hätte, würde wahrscheinlich kein Normalbürger etwas verstehen«, gab ich zurück. »Mit meinem Handbuch hingegen kann jeder, der einen Kochlöffel zu halten vermag, etwas zustande bringen.« An dieser Stelle soll angemerkt werden, daß sich Verleger im allgemeinen weniger Sorge darum machen, ob ein Buch gut oder schlecht, nützlich oder unnütz ist. Ihnen kommt es ausschließlich darauf an, daß auf dem Titelblatt der Name eines bekannten bis sehr bekannten Autors steht, damit es sich gut verkauft. Also mußte ich wieder von vorne anfangen und mir einen geeigneten Verlag suchen. Ich kannte ein weiteres bekanntes Verlagshaus in Mailand, an das ich mich nun wandte. Da dieser Verlag so anspruchsvolle Titel wie das Werk »D'omnia generis musicorum« veröffentlichte, dachte ich mir, daß auch für mein eher bescheidenes Buch eine Nische frei sein könnte. Die Antwort des Verlages war trocken und für mich enttäuschend: »Wir beschäftigen uns nicht mit Kochbüchern«.

Ich sagte mir schließlich: »Jetzt ist endgültig Schluß mit den Bittgängen. Ich werde mein Buch auf eigene Rechnung und Gefahr veröffentlichen«. Daher beauftragte ich Salvatore

Landi mit dem Druck. Während ich noch über die Bedingungen verhandelte, fiel mir ein weiterer bekannter und geeigneter Verleger ein. Er war eigentlich derjenige, der mir am ehesten geneigt schien. Aber zu welchen Bedingungen! 200 Lire für die Arbeit und die Überlassung der Autorenrechte. Dieses schäbige Angebot und das abfällige Verhalten der anderen Verleger ist symptomatisch für den niedrigen Stellenwert eines Kochbuchs in Italien. Auf diesen arroganten Vorschlag reagierte ich mit einem Wutausbruch, den ich hier nicht wiederholen möchte. Jedenfalls fühlte ich mich in meinem Vorhaben bestätigt, doch alles auf eigene Rechnung zu produzieren. Durch die Skepsis der Verleger entmutigt und aus Angst vor einem Fiasko, ließ ich aber lediglich tausend Exemplare drucken. Kurz darauf fand in Forlimpopoli, wo ich geboren bin, eine Wohltätigkeitsveranstaltung statt, und ein Freund schrieb mir, ich möge mich doch mit zwei Exemplaren vom »Leben des Foscolo« beteiligen. Da ich diese zwei Exemplare nicht mehr auftreiben konnte, sah ich mich gezwungen, sie durch zwei Exemplare der »Wissenschaft des Kochens« zu ersetzen. Hätte ich das nur nicht getan! Später wurde mir mitgeteilt, daß diese Bücher so wenig Anklang gefunden hätten, daß sie umgehend beim nächsten Tabakhändler zum Verkauf angeboten worden seien.

Nicht genug der Qualen, schickte ich ein Exemplar an eine Zeitschrift in Rom, deren Abonnent ich war. Die Redaktion hatte per Inserat zugesichert, alle ihr kostenlos überlassenen Bücher zu besprechen. In meinem Fall jedoch beschränkte man sich lediglich auf die Nennung des Titels – und der war auch noch falsch.

Nach all diesen Hürdenläufen besuchte mich eines schönen Tages ein genialer Mensch,

der sich meiner Sache annehmen wollte: Professor Paolo Mantegazza, ein Mann von schnellem und sicherem Urteilsvermögen, erkannte sofort den Wert meiner Arbeit für die Familie. Hocherfreut erklärte er: »Ihr Werk ist wirklich eine gute Leistung, und ich wünsche Ihnen hundert Auflagen«.

Das ist zu viel«, wehrte ich ab. »Ich wäre schon mit zwei zufrieden«. Zu meiner großen Verwunderung und Überraschung lobte er das Buch und empfahl es in zweien seiner Vorlesungen.

Das machte mir Mut. Da ich sah, daß sich langsam, aber stetig der Erfolg einstellte, schrieb ich dem Freund in Forlimpopoli und beschwerte mich über die mir zugefügte Schmach.

Nach der ersten Auflage machte ich mich, obwohl ich immer noch mißtrauisch war, an die zweite. Allerdings verlegte ich auch diese nur in tausend Exemplaren. Da sich diese Auflage schon etwas leichter verkaufte, machte ich mich sogleich an die dritte mit zweitausend Exemplaren und dann an die vierte und fünfte mit jeweils dreitausend Exemplaren. In relativ kurzen Abständen folgten sechs weitere Auflagen mit jeweils viertausend Exemplaren. Als ich schließlich sah, daß das Buch mit jeder Auflage mehr Anklang fand und die Nachfrage immer lebhafter wurde, beschloß ich die folgenden Auflagen auf sechs-, zehn- und fünfzehntausend je Neuausgabe zu erhöhen.

Schließlich betrug die Zahl der verkauften Exemplare 283 000, und das bei der 35. Auflage. Jede Neuauflage wurde auch um neue Rezepte erweitert, weil die Kochkunst schließlich unerschöpflich ist. Dies alles gibt mir Mut, vor allem weil ich feststellen kann, daß das Buch nicht nur von »Lieschen Müller«, sondern auch von hohen Persönlichkeiten und Leuten von Rang gekauft wird.*

Angestachelt von diesen Erfolgserlebnissen wollte ich mich unbedingt bei meinen Lesern durch eine aufwendigere und edlere Ausstattung bedanken. Da ich bei den hohen Herren der Presse kein besonderes Echo erkennen konnte, bemerkte ich eines Tages vor Pressevertretern in scherzhaftem Ton:

»Ihnen scheint ja meine Arbeit, die Sie offensichtlich für angebrannt halten, nicht zu schmecken! Sie sollten jedoch wissen, und das sage ich nur ungern, daß mit der Tendenz dieses Jahrhunderts zum Materialismus und zu den Genüssen des Lebens der Tag kommen wird, und das in nicht zu ferner Zukunft, an dem Bücher dieser Art zunehmend gesucht und gelesen werden, Bücher nämlich, die Geist und Körper erquicken, anstelle der Werke von bedeutenden Wissenschaftlern, die für die Menschheit viel nutzbringender wären. Blind der, der nicht sieht!
Die Zeit der Illusionen ist vorbei. Die Welt ist sehr genußsüchtig geworden, und der, der diesen Verführungen mit gesunder Moral entgegenzutreten weiß, wird am Ende der Gewinner sein.«

Ich möchte hier meine langatmigen Ausführungen beenden, nicht ohne dem Verlag Bemporad in Florenz zu danken, der sich größte Mühe gegeben hat, mein Werk bekannt zu machen.

* *Diese Zahlen beziehen sich auf die letzte Ausgabe der »Wissenschaft des Kochens«, die noch zu Lebzeiten Pellegrino Artusis veröffentlicht wurden. Heute ist es kaum noch möglich, präzise zu sagen, wieviele Exemplare verkauft wurden: mit Sicherheit aber über eine Million (A.d.Ü.).*

Briefe und Anekdoten

Brief des Dichters Lorenzo Stecchetti (Olindo Guerrini), dem ich ein Exemplar der dritten Auflage meines Buches für die Küche geschickt hatte:

Mein ehrenwerter Herr,
Ihr könnt Euch nicht vorstellen, welch freudige Überraschung Euer Buch für mich war, das Ihr mir aufmerksam verehrt habt!

Ich war und bin einer der ältesten und eifrigsten Apostel Eures Werkes, das ich als das beste, praktischste und schönste, nicht nur der italienischen, die abgeschrieben sind, sondern auch der ausländischen Küche befunden habe.

Erinnert Ihr Euch des Vialardi, den man in Piemont zubereitet? Es ist nicht im Buch, aber probat.

Was die anderen Könige der Köche, Königinnen der Köchinnen und weitere kulinarischen Majestäten angeht, so gibt es anders nichts als Übersetzungen aus dem Französischen oder schlechte Sammlungen. Um ein praktisches oder für die Familie geeignetes Rezept zu finden, muß man selbst probieren, raten und wohl auch Fehler machen. Darum sei Artusi gepriesen!

Ein ganzer Chor singt in der Romagna Euer Lob, denn ich habe begeistert für Euer Buch geworben, und überall gab es nur hob. Ein lieber Verwandter schrieb mir: »Endlich haben wir ein Buch der Kochkunst und nicht des Kannibalismus, denn die anderen sagen immer nur, nehmt eure Lunge und schneidet sie in Scheiben« etc., und er dankte mir.

Auch ich hatte die Absicht, für die Handbücherei von Hoepli ein Kochbuch zu schreiben. Ich hätte gerne – wie sagt man? – ein volkstümliches Buch gemacht. Aber ein wenig fehlte mir die Zeit, und dann erschwerten mir finanzielle (das ist eine Lüge, sagt Artusi) Gründe den experimentellen Teil. Schließlich hat Euer Buch mich vollends entmutigt. Das ist vorbei, aber ich habe noch eine beachtliche Sammlung von Kochbüchern, die sich auf einem Regal im Speisesaal sehr gut ausmachen. Die Erstausgabe Eures Werkes hat dort, schön eingebunden und um einige Rezepte bereichert, den Ehrenplatz. Die zweite Ausgabe dient dem täglichen Nachschlagen, und die dritte wird jetzt der ersten den Ehrenplatz rauben, weil sie durch das Autogramm des Autors kostbar geworden ist.

Ihr seht also, wie ich Euer Werk ein wenig kenne, schätze und fördere, und Ihr könnt verstehen, mit welch lebhaftem Vergnügen ich das Buch aufgenommen habe, das Ihr mir freundlicherweise zugeschickt habt. Zunächst fühlte sich mein Magen Euch dankbar verpflichtet, jetzt hat sich meine Seele dem Magen angeschlossen. Deshalb, verehrter Herr, habe ich mit lebhaftem Dank für das Geschenk und Eure Freundlichkeit die Ehre, meine schuldige Dankbarkeit und Wertschätzung auszusprechen.

Euer sehr ergebener O. Guerrini
Bologna, 19-XII-96.

Die Contessa Maria Fantoni, jetzt Witwe des berühmten Professors Paolo Mantegazza, bereitete mir die ebenso unerwartete wie freudige Überraschung, mich durch folgenden Brief zu ehren, den ich als hohe Auszeichnung für meine Bemühungen auffasse:

San Terenzo (Golf von Spezia)
14. November '97

Sehr geehrter Herr Artusi,

Entschuldigt meine Aufdringlichkeit, aber ich habe das
Bedürfnis, Euch mitzuteilen, wie lieb und nützlich
Euer Buch mir ist; ja, lieb, denn nicht eines der Gerichte ist mißlungen, einige waren so vollkommen, daß
sie mir Lobsprüche einbrachten, und da dies Euer Ver-
dienst ist, muß ich es Euch mitteilen und aufrichtig
danken. Ich habe Euer Quittengelee bereitet, das nach
Amerika geht. Ich habe es meinem Stiefsohn nach Bu-
enos Aires geschickt und bin sicher, daß sein Wert richtig eingeschätzt wird. Und dann beschreibt Ihr alles so
klar, daß die Ausführung Eurer Rezepte ein wahres
Vergnügen ist, das ich sehr genieße.
Das alles wollte ich Euch sagen, und deshalb habe ich
mir erlaubt, Euch einen Brief zu schreiben.
Mein Gatte läßt sich Euch herzlich empfehlen.
Und ich drücke Euch dankbar die Hand.

Maria Mantegazza

Eine Küchenkomödie oder die Verzweiflung
der armen Köche, wenn ihre Herrschaften
Freunde zum Essen einladen (Die Szene ist
nach der Wirklichkeit, aber mit geänderten
Namen geschildert):

Der Hausherr sagt zu seinem Koch:
»Denke daran, Francesco, daß die Signora Carli
keinen Fisch, kein Gemüse und keinen Salat
ißt. Sie verträgt auch nicht deren Geruch. Daß
der Marchese Gandi einen Widerwillen gegen
Vanille hat, weißt du ja schon. Vorsicht bei
Muskatnuß und Gewürzen, weil Advokat
Cesari einige Duftnoten nicht liebt. Bei den
Süßspeisen vermeide bittere Mandeln, Donna
Matilde d'Alcantara würde sie nicht essen. Daß
mein guter Freund Moscarde in seiner Küche
Schinken, Speck, Rauchfleisch und Fettes nicht
duldet, weil er davon Blähungen bekommt, ist
bekannt. Also verwende bei der heutigen Mahl-
zeit nichts, wovon einer krank werden könnte.«
Francesco, der seinem Herrn offenen Mundes
zugehört hat, fragt schließlich:
»Brauche ich sonst nichts mehr wegzulassen,
Signor Padrone?«
»Um dir die Wahrheit zu sagen, ich kenne den
Geschmack meiner Gäste, und es gibt noch ei-
niges, wovor du dich hüten könntest. Von einem weiß ich, daß er kein Hammelfleisch mag.
Er sagt, daß es nach Talg schmeckt. Andere
meinen, Lammfleisch sei schwer verdaulich.
Wieder andere teilen mir ganz ernsthaft mit,
daß ihnen Kohl und Kartoffeln Wind erzeugt,
die ganze Nacht wäre ihr Leib aufgebläht, und
das fördere schlechte Träume. Aber die wollen
wir nicht allzu ernst nehmen.«
»Dann hab ich kapiert«, erklärte der Koch, und
im Fortgehen brummte er für sich: »Um all
diese Wünsche zu befriedigen, sollte ich zu unserem Marco (der Esel im Stall) gehen, ihn um
einige seiner Produkte bitten (deren Unschäd-
lichkeit schon erwiesen ist) und sie den Herrschaften servieren – ganz ohne Gewürze…«

Ratschläge für ein gesundes Leben

Kaiser Tiberius sagte, daß der Mensch von seinem fünfunddreißigsten Lebensjahr an keinen Arzt mehr brauchen sollte. Wenn dieser Aphorismus in einem erweiterten Sinne wahr ist, so ist nicht weniger wahr, daß der rechtzeitig gerufene Arzt eine Krankheit in ihren Anfängen aufhalten und einen vorzeitigen Tod verhindern kann; und wenn er auch nicht immer heilt, so bringt er doch oft Erleichterung und immer Trost.

Die Maxime des Kaisers Tiberius ist insofern wahr, als ein Mensch, der die Mitte seines Lebens erreicht hat, wissen sollte, was ihm schadet und was ihm bekommt. Mit einer vernünftigen Lebensweise sollte er in der Lage sein, seine Gesundheit im Gleichgewicht zu halten – was auch nicht allzu schwierig ist, falls sie nicht durch organische Fehler bedroht ist. Außerdem sollte sich der Mensch in diesem Alter davon überzeugt haben, daß die vorbeugende Kur die beste, daß von Medizinen wenig zu erhoffen und der beste Arzt jener ist, der nur sehr wenig und nur einfache Arzneien verschreibt.

Nervöse und empfindliche Personen bilden sich, besonders wenn sie unbeschäftigt und furchtsam sind, tausend Leiden ein. Eine solche sagte einmal zu ihrem Arzt über sich selbst: »Ich verstehe nicht, wie ein Mensch mit soviel Gebrechen auf dem Buckel überleben kann.« Dennoch erreichte sie mit einigen Beschwerden, wie wir sie alle haben, ein hohes Alter.

Diese unglücklichen Hypochonder, etwas anderes sind sie nicht, verdienen unser ganzes Mitgefühl insofern, als sie nicht fähig sind, sich von den Fesseln einer übertriebenen und ständigen Angst zu befreien. Es gibt keine Möglichkeit, sie zu überzeugen, denn sie glauben sich vom jenen getäuscht, die sie in ihrer Sorge um sich selbst beruhigen wollen. Oft erlebt man sie, wie sie mit finsterem Blick nach dem Puls tasten, seufzen, sich schaudernd im Spiegel betrachten und ihre Zunge ansehen. Nachts springen sie plötzlich aus dem Bett, weil der Schlag ihres aufgeregten Herzens sie erschreckt hat. Das Essen ist für sie eine Strafe, nicht nur der Auswahl der Lebensmittel wegen; denn einmal glauben sie zuviel gegessen zu haben, und warten auf Beschwerden. Dann wieder kasteien sie sich durch übertriebene Abstinenz, was ihnen schlaflose Nächte und schlechte Träume bringt. Da sie stets nur an ihre Gesundheit denken, gehen sie aus Furcht vor Erkältung eingehüllt wie eine Schweinsleber im Netz nach draußen, und beim geringsten Kältegefühl ziehen sie Schicht über Schicht an, so daß eine Zwiebel neidisch werden könnte. Für solche Menschen gibt es keine Medizin, und ein gewissenhafter Arzt würde ihnen sagen: »Zerstreuen Sie sich, lenken Sie sich ab, gehen sie oft in der freien Luft spazieren, solange Ihre Kräfte reichen, reisen Sie, falls sie Geld haben, in angenehmer Gesellschaft, und Sie werden gesund sein.«

Es versteht sich von selbst, daß ich in dieser Schrift zu besitzenden Klassen spreche, daß die vom Schicksal Enterbten gegen ihren Willen gezwungen sind, aus der Not eine Tugend zu machen und sich mit dem Gedanken zu trösten, daß ein arbeitsames, einfaches Leben zur Kräftigung des Körpers und zur Erhaltung der Gesundheit beiträgt. Um von diesen Präliminarien zu den Grundsätzen einer guten Gesundheitsvorsorge überzuleiten erlaubt mir, euch an einige Regeln zu erinnern, die sich seit langem wissenschaftlicher Billigung erfreuen, aber nicht oft genug wiederholt werden können:

Zunächst wende ich mich der Kleidung wegen an die Mütter unter den Damen und sage ihnen: Beginnt eure Kinder vom Babyalter an leicht zu kleiden, damit sie auf diese Art auch als Erwachsene plötzliche atmosphärische Änderungen weniger spüren und weniger Opfer von Erkältung und Bronchitis werden. Wenn ihr dann den Winter über eure Wohnung nicht über 12 oder 14 Grad erwärmt, bewahrt ihr sie wahrscheinlich vor Lungenentzündungen, wie sie heute so häufig sind.

Wenn es anfängt, kühl zu werden, beschwert euch nicht mit zuviel Tuch. Es genügt ein leichter Überzieher, den man bei den schnellen Wechseln der Übergangszeit bequem anund ablegen kann, bis die ständige Kälte einsetzt.

Strebt nach lichten und luftigen Wohnungen. Wo die Sonne hereinkommt, geht die Krankheit hinaus. Bedauert jene Damen, die fast im Dunkeln ihre Empfänge geben, so daß ihr bei einem Besuch über Möbel stolpert und nicht wißt, wo ihr euren Hut ablegen sollt. Wegen ihrer Gewohnheit, im Halbdunkel zu leben, und weil das weibliche Geschlecht von Natur aus dazu neigt, wenig Wein zu trinken und wenig Fleisch zu essen, da es Pflanzenkost und Süßwaren vorzieht, findet man unter den Damen so selten rote Wangen als Zeichen der Gesundheit und eine schöne Hautfarbe wie Milch und Blut. Auch haben sie kein festes, sondern schlaffes Fleisch und Gesichter wie Wicken, die man im Dunkeln gezüchtet hat, um damit am Gründonnerstag die Gräber zu schmücken. Ist es ein Wunder, daß man unter den Damen so viele hysterische, neurotische und anämische findet?

Gewöhnt euch an, ordentlich zu essen, wenn ihr der Familie nicht unerfreulich werden wollt. Wer Ausnahmen macht, beleidigt die anderen und die Hausherrn, die nun dieses Gericht nicht mehr auf den Tisch bringen können. Macht euch nicht zu Sklaven eures Magens. Dieses launische Organ, das sich so leicht gekränkt gibt, scheint mit Vorliebe jene zu quälen, die mehr als nötig essen – ein verbreitetes Laster bei Menschen, die nicht durch ihre Lebensumstände dazu gezwungen werden, einfach zu essen. Gehorcht ihm, wenn er sich durch ein Gefühl des Ekels, durch Sodbrennen oder Aufstoßen bemerkbar macht, dann seid ihr schon auf dem Weg der Besserung. Habt ihr euch jedoch keine Völlerei vorzuwerfen, so erklärt ihm den Krieg, bekämpft ihn Brust an Brust und versucht, ihn zu besiegen. Wenn aber die Natur bei einem bestimmten Nahrungsmittel absolut rebelliert, dann gebt euch besiegt und streckt die Waffen.

Wer nicht viel mit den Muskeln arbeitet, soll mäßiger leben als die anderen. Zu diesem Thema sagt Angolo Pandolfini in seinem Werk »*Trattato del governo della famiglia*«: *»Ich finde, daß die Diät viel nützt, die Nüchternheit, nicht essen, nicht trinken, wenn ihr nicht Hunger oder Durst verspürt. Ich erprobe es an mir selbst: Auch wenn ich als alter Mann etwas Rohes oder Hartes esse, ist es vom einen zum anderen Tag verdaut. Meine Kinder, befolgt diese*

Regel stets mit Ernst und Gewissenhaftigkeit. Achtet auf das, was Euch schadet und wovor Ihr Euch hüten müßt, und haltet euch an das, was euch nützt.

Fragt euch beim Aufwachen am Morgen, was eurem Magen am besten bekommt; wenn Ihr überhaupt nichts spürt, bescheidet euch mit einer Tasse schwarzem Kaffee, und wenn ihr zuvor ein halbes Glas mit etwas Kaffee vermischten Wassers trinkt, so hilft das, euch von den Rückständen einer unvollkommenen Verdauung zu befreien. Wenn ihr euch dann völlig wohlfühlt, werdet ihr sofort das Bedürfnis nach Nahrung verspüren als sicheres Merkmal guter Gesundheit und Vorzeichen eines langen Lebens. Dann ist es sinnvoll, je nach Belieben zum schwarzen Kaffee eine geröstete Brotscheibe mit Butter zu nehmen oder Milchkaffee zu trinken oder auch Kakao. Etwa nach vier Stunden – denn soviel Zeit braucht eine noch so sparsame und flüssige Mahlzeit zur Verdauung – nimmt man dann nach heutigem Brauch um elf oder zwölf das Mittagessen zu sich. Dies ist als erste solide Mahlzeit des Tages die appetitlichste. Deshalb solltet ihr den Hunger aufsparen, um sie zu genießen. Es ist, falls ihr arbeiten müßt, nicht gut, dabei Wein zu trinken; denn der rote ist nicht leicht verdaulich, und der weiße behindert durch seinen Alkoholgehalt eine unter Umständen erforderliche geistige Tätigkeit.

Es ist besser, morgens ein oder zwei kleine Gläser Flaschenwein zu trinken, besser noch Tee oder Tee mit Milch, was ich sehr angemessen finde. Es belastet den Magen nicht, ist warm, beruhigt die Nerven und fördert die Verdauung.

Während der Hauptmahlzeit, die sozusagen ein Familienfest ist, darf man schlemmen – im Winter mehr als im Sommer, weil in der Hitze leichtere und leichter verdauliche Nahrungsmittel eher zu empfehlen sind. So tragen viele verschiedenartige Nahrungsmittel aus beiden Reichen der Natur, unter denen die Fleischsorten überwiegen, zu einer guten Verdauung bei, besonders wenn sie mit altem, herbem Wein begossen werden. Hütet euch jedoch vor dem Übermaß und überschwemmt euren Magen nicht mit Getränken. In diesem Zusammenhang schlagen einige Mediziner vor, zur Mahlzeit Wasser zu trinken und den Wein am Schluß zu servieren. Tut es, wenn ihr die Kraft habt – mir scheint es etwas zuviel verlangt.

Wenn ihr einen Rat wollt, so hört beim ersten Bissen, der euch nicht schmeckt, sofort mit der Mahlzeit auf und geht zum Dessert über. Eine andere gute Gewohnheit, um Magenbeschwerden und Überfütterung zu verhindern, besteht darin, nach einem Tag mit einer schweren und kräftigen Mahlzeit einen mit einer leichten Mahlzeit einzulegen. Eis zum Ende einer Mahlzeit schadet nicht, nützt sogar, weil es die zur Verdauung nötige Wärme auf den Magen zieht. Hütet euch aber davor, wenn nicht besonderer Durst euch zwingt, etwas zwischen den Mahlzeiten zu trinken, damit nicht die Verdauung unterbrochen wird. Denn deren chemische Vorgänge dürfen nicht gestört werden. Zwischen Mittagessen und Abendbrot laßt einen Abstand von sieben Stunden, die für eine vollkommene Verdauung ausreichen, außer bei Menschen, die langsam verdauen. Diese sollten um elf zu Mittag essen und die Abendmahlzeit auf sieben verlegen. Im übrigen sollte man wirklich erst essen, wenn der Magen es *nachdrücklich verlangt, und dieses Drängen wird um so eher spürbar, wenn ihr es durch einen Spaziergang in frischer Luft oder durch ein paar angenehme Leibesübungen herausfordert.«*

Leibesübung, betont der oben zitierte Agnolo Pandolfini,

»bewahrt das Leben, entzündet Wärme und die natürliche Kraft, schwemmt überflüssige und schädliche Materie und Flüssigkeit hinaus, kräftigt jede Fähigkeit der Muskeln und der Nerven, ist notwendig für die Jungen und nützlich für die Alten. Wer keine Leibesübungen betreibt, will nicht gesund und froh leben. Sokrates, liest man, tanzte und hüpfte daheim zu Übungszwecken. Ein bescheidenes, geruhsames und friedliches Leben war schon immer die beste Medizin für die Gesundheit.«

Mäßigkeit und Leibesübungen sind also die beiden Angelpunkte, um die sich die Gesundheit dreht. Bedenkt aber, »im Übermaß betrieben, wird Tugend zum Laster«. Der ständige Kraftaufwand des Organismus verlangt nach Ersatz. Um euch nicht zu schwächen hütet euch davor, aus dem Extrem einer unmäßigen Nahrungsaufnahme in jenes einer zu spartanischen Ernährung zu verfallen.

Im Wachstumsalter braucht der Mensch viel Nahrungsmittel. Für den Erwachsenen aber und besonders für den Alten ist Maßhalten beim Essen eine unerläßliche Tugend, um das Leben zu verlängern.

Diejenigen, die noch den glücklichen alten Väterbrauch beibehalten haben, um Mittag oder um ein Uhr die Hauptmahlzeit einzunehmen, erinnere ich an das uralte Sprichwort: »Post prandium stabis et post cenam ambulabis«. Für alle aber beginnt die Verdauung im Mund. Also kann euch die Pflege der Zähne gar nicht warm genug ans Herz gelegt werden, damit ihr in der Lage seid, die Speisen ausreichend zu zerkleinern und zu zerreiben. Mit Hilfe des Speichels zerkleinerte Nahrung ist besser verdaulich als in der Küche gehackte und zermahlene Speisen, die dann wenig gekaut werden und Beschwerden verursachen, so als wolle der Magen seinen Unwillen ausdrücken, daß man ihm die Arbeit erschwert. Auch viele als schwerverdaulich geltende Lebensmittel können durch Kauen verdaulich und bekömmlich gemacht werden.

Wenn ihr euren Magen nach diesen Normen zu regulieren versteht, werdet ihr ihn aus einem schwachen in einen kräftigen Magen verwandeln, und wenn er zuvor schon stark war, so könnt ihr ihn ohne Anwendung von Medikamenten gesund erhalten. Meidet Abführmittel, die bei häufigem Gebrauch verderblich sind. Wendet sie nur an, wenn es unvermeidlich ist. Manchmal lehren uns die Tiere mit ihrem natürlichen Instinkt und vielleicht auch Verstand, wie man sich hilft. Als mein Freund, der Kater Sibillone, Magenbeschwerden hatte, fraß er ein paar Tage nichts und kletterte auf die Dächer, um seine Krankheit auszuschlafen.

Zu beklagen sind jene überängstlichen Mamas, die aus einem Übermaß mütterlicher Gefühle heraus ständig in Angst um die Gesundheit ihrer Kleinen leben. Sind diese etwas kleinlaut oder nicht pünktlich auf dem Töpfchen, so lassen sie in ihren Wahnvorstellungen ihren Lauf und nicht der Natur, die diesem Alter eine übersprudelnde Vitalität schenkt und Wunder wirkt, wenn man sie nur sich selbst überläßt. So aber suchen sie Hilfe in der Medizin, dem Klistier.

Alkoholische Getränke, die leicht mißbraucht werden können, werden von den meisten Medizinern wegen der irreparablen Schäden, die sie im menschlichen Körper anrichten, abgelehnt. Als Ausnahme könnte an kalten Winterabenden höchstens ein leichter Cognacpunsch gestattet sein (es schadet auch nicht, wenn er nach Rum riecht), weil er über Nacht die Verdauung fördert und man morgens mit unbelastetem Magen und einem guten Geschmack im Mund aufwacht.

Schlecht steht es um jene, die sich vom Wein betören lassen. Sie bekommen mit der Zeit einen Widerwillen gegen das Essen und ernähren sich fast nur noch vom Wein. Damit erniedrigen sie sich in den Augen der Welt, werden lächerlich, gefährlich und tierisch. Auch wenn solche Säufer die Grenzen zur Unmäßigkeit überschritten haben – was sich bald auch in ihrem Gesicht ausprägt – und manchmal den Eindruck von Heiterkeit machen, so verspürt ihr doch beim Anblick dieser Säufer mit den starren Augen, wie sich das Herz zusammenkrampft aus Furcht, es könnte Streit geben, und im Streit könnte dann einer zum Messer greifen, wie es so häufig der Fall ist. Wer in diesem Laster verharrt, das immer gebieterischer wird, der wird alsbald ein unheilbarer Trunkenbold und findet meist kein gutes Ende.

Zu loben sind auch jene nicht, die ihren Appetit mit Reizmitteln anstacheln, denn wenn ihr euren Magen an Mittelchen gewöhnt, um ihm bei der Verdauung zu helfen, schwächt ihr seine natürlichen Reaktionen, und die Arbeit der Magensäfte wird gestört. Was nun Schlaf und Ruhe angeht, so sind diese unbedingt den Bedürfnissen des einzelnen anzupassen; denn wir sind nicht alle gleich beschaffen, und mancher kann sich auf eine unbestimmte Weise unwohl fühlen, ohne einen Grund dafür angeben zu können, was einfach daher kommt, daß ihm die stärkende Ruhe fehlt.

Küche für den schwachen Magen

M an hört heute so oft von einer Küche für schwache Mägen, daß man schon Methode dahinter vermuten könnte. Ich muß trotzdem einige Worte dazu sagen, wobei ich nicht den Anspruch erhebe, mit meinen Vorschriften so einen rechten Papiermagen stärken oder heilen zu können. Es ist nicht leicht, mit wissenschaftlicher Genauigkeit die Speisen zu nennen, die einem durch Alter, Krankheit, Strapazen oder von Natur schwachem Individuum am bekömmlichsten sind. Denn der Magen ist ein launisches Wesen, und für die einen kann besonders bekömmlich sein, was den anderen Beschwerden macht. Dennoch werde ich mich bemühen, die Nahrungsmittel zu benennen, die einem trägen, langsam verdauenden Magen am besten bekommen, und ich beginne mit der Nahrung, die von der Natur allen neugeborenen Säugetieren zugeteilt wurde – der Milch, deren man sich in beliebiger Menge bedienen kann, obwohl es auch hier Menschen gibt, denen sie Widerwillen erregt.

Kommen wir zur Fleischbrühe, die gut entfettet sein soll. Die bekömmlichste ist die von Huhn, Hammel und Kalb. Ehe wir nun zu den festen Nahrungsmitteln kommen, erinnert euch, was ich vorhin über das Kauen gesagt habe. Wenn man gut kaut, bildet sich mehr Speichel, die Nahrung wird besser verdaut und vom Körper aufgenommen. Wer seine Mahlzeiten kaum gekaut verschlingt, zwingt den Magen zu einem Vielfachen an Arbeit, und das kann zu Ermüdungserscheinungen führen.

Nützlich sind auch feste Zeiten für die Mahlzeiten, besonders für die Hauptmahlzeit, die man am Mittag oder frühen Abend einnehmen sollte, weil man danach Gelegenheit für einen Spaziergang hat oder im Sommer auch für ein Schläfchen. Denn in dieser Zeit sollte man nur leichte Nahrung essen, während man im Winter etwas üppiger sein darf. Man sollte auch nicht zwischendurch »etwas knabbern« oder den Magen mit Süßigkeiten schwächen, die ihm fast keine Aufgaben stellen. Natürlich soll man etwas essen, wenn der Magen es dringend verlangt, im übrigen aber sollte man ihn an feste Zeiten gewöhnen, was man durch Ausdauer und Mäßigkeit, die Angelpunkte eines gesunden Lebens, erreichen kann.

MINESTRA

Was die Minestre betrifft, so kauft man von den Cappelini bis zu den Pastine niemals künstlich gelb gefärbte Ware, sondern nur aus hartem Korn gemachte, die von sich aus schon wachsfarben ist, beim Kochen nicht leicht zerfällt und beim Kauen einen angenehmen Widerstand bietet.

Auch Teig mit Eiern ist gut, für dünne Nudeln zum Beispiel oder Malfattini aus Semmelbröseln. Suppen sollten leicht und mit verschiedenen Gemüsen zubereitet werden. Zu empfehlen sind noch Sago (den ich nicht mag, weil er so moosig ist), mit Eigelb gebundener Reis und Parmesan.

Weiter die spanische Suppe, Suppe vom gelbem Kürbis, Sauerampfersuppe, Suppe aus Eierbrot, Zuppa Regina, Zuppa ripiena, Grießnudeln, Grießsuppen, Grießnockerln, Minestra di mille fanti, Grieß-Passatelli.

An dicken Minestre könnte ich nur Fadennudeln

mit Käse, Butter und Fleischsauce, in Milch gekochten Reis, vielleicht auch Fischsuppen angeben. Zugleich müßten starke Gewürze aus der Küche verbannt oder nur spurenweise benützt werden.

VORSPEISEN

Zu empfehlen sind Sandwiches, deren Beschreibung wohl nicht erforderlich ist, und Crostini mit Butter und Sardelle, Crostini mit Hühnerleber und Sardelle, gekochter Schinken oder Sardinen aus Nantes mit Butter.

SAUCEN

Salsa Mayonnaise, pikante Salsa, gelbe Salsa für gekochten Fisch, Holländische Salsa und Salsa für gegrillten Fisch gelten als magenfreudlich, obwohl dies von verschiedenen Experten wegen des vielfach hohen Fettgehalts – etwa bei der Mayonnaise – bestritten wird.

EIER

Frische Eier sind ein gutes Nahrungsmittel und auch leicht verdaulich, wenn man sie weder roh noch zu hart gekocht ißt. Zu Eierkuchen sollte man ein passendes Gemüse verwenden, sie sehr dünn halten und nicht wenden, damit sie zart bleiben. Gut ist auch Eierkuchen mit Spargel.

GEBACKENES

Manche finden, daß Gebackenes und Gebratenes schwer im Magen liegen, weil die Gerichte in der Pfanne viel Fett aufnehmen. Am verträglichsten sind solche aus Hirn, Gekröse und Mark, aus Grieß, aus Kalbsleber und Lammgeschlinge und aus Leber allein. Empfehlenswert auch Pollo dorato, Hühnerbrust, gebackener Reis, Spritzgebäck, Koteletts, Kalbskarbonade, Nieren, Reisklößchen, Fritto alla bolognese, Saltimbocca und noch einige andere, deren Eignung dem Rezept zu entnehmen ist.

GEKOCHTES

Gekochtes kann man ungestraft mit fein zerkleinertem Spinat in Butter zu sich nehmen. Zucchini, Rübenschößlinge und Spargel sind die gesündesten Gemüsesorten. Auch grüne Bohnen können zur Kost eines Genesenden gehören. Gekochtes Huhn mit Reis und gekochtes Hammelfleisch sind ebenfalls sehr bekömmlich.

GEMÜSE

Außer den bereits erwähnten Gemüsesorten sind geeignet: Artischocken, Pasteten aus Cardoni, Melanzane gebacken und als Pastete, wobei Artischocken in Salsa besonders beliebt sind.

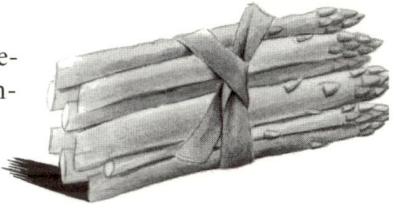

ZWISCHENGERICHTE

Quarkklößchen, Gnocchi alla romana und Artischocken in der Pfanne sind aus dieser Gruppe als Schonkost besonders zu empfehlen.

KALTE SPEISEN

Schweinerücken und Zunge mögen angehen, doch sind kalte Fleischgerichte dem empfindlichen Magen weniger zuträglich, schön gar nicht, wenn sie viel fettes Fleisch enthalten.

GESCHMORTES

Am gesündesten und delikatesten unter den Schmorge-
richten sind nach meiner Ansicht folgendes: Frikassee,
Hühnersoufflé, Rindskarbonade, Huhn in Eiersalsa,
Hühnerbrust, Schnitzel alla livornese, Kalbskotelett in Eiersalsa ,
Kotelett mit Schinken, Quenelles, Filet mit Marsala, Pastete der
Signora Adele und zur Anregung des Appetits Kalbfleisch mit
Thunfisch.

FISCHE

Die am leichtesten verdaulichen Fische sind der Seehecht (besonders gekocht, mit Öl und Zitrone oder gegrillt), die Seezunge, der Steinbutt, der
Stör, der Umberfisch, der Spinnenfisch, die Zahnbrasse, die Goldbrasse,
der Glatthai, dazu gebratene oder gegrillte Seebarben.

GEBRATENES FLEISCH

Wenn Fleisch nicht hart oder faserig ist, sagt es dem menschlichen
Körper zu und wird verhältnismäßig leicht verdaut, besonders
wenn es gegrillt ist. Am besten sind Hühnerfleisch, besonders vom Perlhuhn, und Kalbfleisch. Auch Beefsteak alla fiorentina, besonders vom Fi-
letstück, ist förderlich, desgleichen Rindskarbonade, Roastbeef, Kalbsbra-
ten, Kalb mit Salbei und Hammelkeule.

SALATE

Stark Gesalzenes ist im allgemeinen nicht sehr zu empfehlen, trotzdem kann
man manches – mit Bedacht zubereitet und genossen – empfehlen: gebackene Radicchi, gemischt mit gebackenen Blättern von
roten Rüben (gebacken, wenn sie dick sind, sonst gekocht),
Spargel, Zucchini und feine grüne Bohnen.

SÜSSSPEISEN

Bei Süßem muß natürlich jeder weitgehend selbst bestimmen, was seinem Auge und seiner Zuge am meisten zusagt. Ich muß dazu aber sagen, daß Mürbteig und Blätterteig schwer verdaulich sind, desgleichen Teig ohne irgendeinen Gärstoff (Sauerteig, Hefe, Backpulver etc.). Wer an Verstopfung leidet, dem empfehle ich gebackene Äpfel und Birnen, in Zucker eingemachte Pflaumen, Aprikosen- und Birnenkompott, und wer Milch gut verträgt, dem ist eine Latte brûlé zu empfehlen, nicht aber Latteruolo (Seite 226).

FRÜCHTE

Man sollte der Jahreszeit entsprechend nur gesunde und gut reife Früchte nehmen. Im Winter sollte man trockene Früchte vermeiden, immerhin gibt es dann noch Datteln, Orangen, Mandarinen. Als Trauben empfehle ich Muskateller, als Birnen Bergamotten, als Pflaumen Reineclaude, als Pfirsich Butterpfirsiche, als Kirschen die Herzkirschenarten, dazu die besten Aprikosen- und Apfelsorten.

GEFRORENES

Eis oder gefrorene Früchte sind als Abschluß einer Mahlzeit durchaus bekömmlich.

WEINE UND LIKÖRE

Für den Tischwein, der einem schwachen Magen am besten bekommt, halte ich einen weißen, trockenen, und unter diesen schätze ich am meisten den Orvieto, der wie Vin santo, Asti spumante, Malaga und ähnliche im Handel befindliche Weine auch zum Dessert gereicht werden kann. Liköre sollte man am besten aus der Küche verbannen, vor allem, weil sich aus dem Gebrauch leicht ein Mißbrauch entwickelt, was fatal wäre. Nur beim Cognac kann man vielleicht eine Ausnahme machen.

Register

Übersetzung der historischen Artusi-Texte aus dem Italienischen:
Thomas Münster
Übersetzung der modernisierten Rezeptfassungen aus dem Italienischen:
Claudia Dallatorre

Lizenzausgabe für die Büchergilde Gutenberg
Frankfurt am Main und Wien
mit freundlicher Genehmigung der
F. A. Herbig Verlagsbuchhandlung, München
© 1998 by Mary Hahn
in der F. A. Herbig Verlagsbuchhandlung GmbH, München
Textillustrationen: Steffen Butz
Produktion: VerlagsService Dr. Helmut Neuberger
& Karl Schaumann GmbH, Heimstetten
Druck: Jos. C. Huber, Dießen
Binden: R. Oldenbourg, Kirchheim
Printed in Germany 2000
ISBN 3-7632-4983-4

ARTUSI ARTUSI ARTUSI AR
ARTUSI ARTUSI ARTUSI AR
ARTUSI ARTUSI ARTUSI AR
ARTUSI ARTUSI ARTUSI AR
ARTUSI ARTUSI ARTUSI AR
ARTUSI ARTUSI ARTUSI AR
ARTUSI ARTUSI ARTUSI AR
ARTUSI ARTUSI ARTUSI AR
ARTUSI ARTUSI ARTUSI AR
ARTUSI ARTUSI ARTUSI AR
ARTUSI ARTUSI ARTUSI AR
ARTUSI ARTUSI ARTUSI AR